新时期嘉定作家群
文学丛书

魔窟76号

赖云青 —— 著

文汇出版社

新时期嘉定作家群文学丛书序

孙甘露

此次由文汇出版社出版的这套丛书,是在 2010 年由上海文化出版社出版的《新时期嘉定作家群——资料卷、作品卷》的基础上,为进一步全面深入地回顾新时期以来嘉定作家的文学创作成就,以作家个人作品或作品集的形式,梳理展示嘉定作家在文学创作上的探索和贡献。同时,也令我们深思嘉定这一具有深厚的历史文化底蕴的古城如何在今日延续文脉,养育了风格如此多样的作家,他们的作品透露出对时代和生活的细致观察,叙事沉着从容,不为喧嚣的潮流所动,而角度和笔触又是迥异多姿。

此次收录文丛的殷慧芬、张旻、楼耀福、龚静、须兰、许佳、戴达、魏滨海、戴臻、陆棣、赖云青、赵春华、陶继明、葛秋栋、王威尔十五位作家的作品,涉及了小说、散文、儿童文学等诸多领域,作家的年龄和创作经历也伴随着新中国的发展而来,他们的作品既表现了当代中国日常生活的巨大变化,也反映出时代变迁下不同阶层、不同领域人群的内心生活的细微演化;同时,在不同时期和各自领域文学创作的流变中保持了敏锐的观察和高度的警惕,不为时俗所迷惑,又新意迭出,触动人心。深厚的生活积累和对文学历史的深入研究使这些作品周正、持重、谦逊而意蕴绵长。

对这些作家、作品的研读和品鉴，应该更多地着眼于上海文学乃至中国当代文学的视野中，更应该仔细地探寻滋养他们嘉定的历史、文化、地理的特质和氛围。在某种意义上，特殊的地理位置，也使他们获得了有效的距离和冷静的观察，这种文学上的大城小镇正是孕育史上无数重要作家、催生重要作品的得天独厚的土壤。

正如许多专家、学者一再提及的，嘉定作为人文荟萃的名城，产生过钱大昕、陆俨少等著名的学者、艺术家、教育家等，我们深信，随着时间的推移，文丛所收录的嘉定作家的写作，会在历史的眼光中被不断地再发现、再阐发，也为后来者接续传统树立有益的典范。

2019 年 5 月 19 日

目录

001　引子
002　重光堂招魔遣狗
020　丁默邨闻腥而来
048　营建大魔窟76号
067　大小汉奸讲斤两
088　朱惺公血洒通衢
103　"军统"二刺汪精卫
122　魔鬼窟里开"六大"
140　血沃大地几烈士
163　"后汉"篡了"前汉"位
176　"上海区"全军覆没
191　吴世宝暴死姑苏
207　生死度外闯魔窟
224　独与魔妖巧周旋
240　母大虫施虐沪上
254　李士群啖饼丧命
270　争交椅鬼哭狼嚎
285　尾声

289　后记

引子

20世纪30年代末40年代初,上海滩头、洋场巷尾,曾掀起几场人、鬼、魔大战。

在这东方第一大都会里,秦楼楚馆依旧,歌舞靡靡中却有人血溅粉墙;章台柳巷无恙,雕梁画栋间往往鬼哭狼嚎;寻常职工宿舍、店铺、报社、银行,会突然飞沙走石、天昏地暗、血肉横飞。

这是人与鬼的鏖战,也有魔与魔的厮打。若放胆窥视一下制造这些罪恶的渊薮——魔窟,虽然那儿是"月昏灯焰绿,鬼啸风声酸",但可揭开它们的内幕,洞悉它们的伎俩,倒可以使善良的人多几个心眼。

古人说,贪游名山者,须耐仄路;贪食熊掌者,须耐慢火;贪看月华者,须耐深夜;贪见美人者,须耐梳头。那么,探究这魔窟,亦应耐得血腥,带包橄榄。

重光堂招魔遣狗

一

大风降温，白霜染地。虹口新公园后边的树林里，黑压压地落着一群弓腰缩脖子的乌鸦，似乎舌头冻僵了，默不吱声。树林深处躲着一幢灰不溜秋的小洋房。门窗紧闭，断裂三处的台阶上，青苔黑中显碧，灰里透黄。正中的门额上，吊着块长方形木板，写着"重光堂"三个毛笔字，算是匾额，油漆已有几处剥落。

此堂是鬼魅出没的地方。就在个把月前，身着和服的日本陆军军官今井武夫和伊滕芳男与重庆来的汪精卫的秘密代表高宗武和梅思平在这"堂"里会谈了八天，达成了卖国协议五条，就是后来臭名昭著的"重光堂会谈""重光堂密约"。

这会儿是1938年初冬的一个上午，漫天浓云笼罩着这片树林，使这座灰房子越发阴森了。一个五十来岁身着和服的男子站在窗口，手里抓着几张纸片，仿佛一个老道身穿道服手执拂尘口中念念有词，在作法。他就是这个"堂"的主人，名叫土肥原贤二。这人虽是太和矮种后代，可长得有点儿拔节，细高个儿，马脸，尖削的鼻梁。不过，他并不在人中之处留一撮粗而短的小胡子，来显示武士道精神，这也许与他的职业有关，是一种保护色吧！透过窗玻璃，他凝视着公园里的那面膏药旗，心事重重。他想起自从去年12月13日日军占领中国南京以后，内阁就发表宣言："今后不以国民政府为对手，期望新政府成立。"大本营便委任自己为中将，来上海设立"土肥原机关"，任务是物色新政府的首脑人物、搜罗情报、镇压地下的抗日分子。至今武汉、广州亦被我皇军占领，可是自己的战绩呢，虽然不能说一事无成，却也令人丧气，还被大本营训斥哩！

是哟，他手中抓的几页纸片，便是大本营的训斥令。昨夜，又来电报，说本部已派给他一个助手，今天上午便到。这助手的到来，对自己的事业地位会有怎样的影响呢？他还没有从一堆乱麻中理出个头绪时，一辆黑色轿车在"重光堂"前戛然刹住，惊起几只老鸦，哇哇乱叫，亦把他惊醒了。他见车上下来一个年轻军官，便离开窗口，回到写字台前端坐着。

开门进来的是个三十六七岁的少壮军官，叫晴气庆胤。这人毕业于日本陆军大学，以前跟从土肥原在中国东北活动过七八年，半个中国通。看到来人是自己的部下晴气，土肥原有点放心了，心想总不会由他取而代之吧！

"晴气少佐，路上辛苦了！"土肥原点点头，算是对少佐立正敬礼的还礼，"坐，坐下谈。"

在军衔高于自己三个档次的将军面前，允许坐下谈话，这是一种礼遇。不过他是从大本营派来的，有来头，得礼让三分。晴气在写字台左边的单人沙发上坐下，但没忘乎所以，仍然挺直了腰杆，显出毕恭毕敬的样子："中将大人，大本营军务课长影佐祯昭大佐要我向您致敬！"

"好，谢谢！他好吗？他对这儿的工作有何评价？"

"影佐大佐对上海情况了如指掌。他说您辛辛苦苦结交上的人，让国民党的军统特务挨个儿杀掉了，我们好似黑瞎子掰玉米棒子，掰一个丢一个，大本营很不满意……"

"是的，责任在我。"土肥原烦躁地站了起来，低头踱到窗前。心想自己的确像老笨熊，"棒子"掰一个丢一个。这时他的脑海里像拉洋片似的立即浮现出一幕幕血淋淋的景象：伪华中维新政府的外交部长陈箓，在大年夜从南京回到上海愚园路家里，换上长袍马褂，刚刚跪在三牲福礼齐全的祭祖香案前，便被三个军统杀死，身上的枪洞，像蜂窝一般；还有土肥原的老朋友唐绍仪，被利斧劈死在法租界自己的客厅里——脑浆从破裂的额角汩汩流出来，歪斜的长脸上挂着令人作呕的青白色痰液，一把一尺来长的纯钢斧头丢在他的胸前。原打算通过唐绍仪来筹建中央政府，泡汤了，这怎么不令土肥原伤心呢！还不止这些呢，曾任国民党第二十六军军长的周凤岐，正打算到南京去参加"维新政府"，出任军政部长。他在上海刚出寓所，就被一记冷枪击中，丢了老命。清末赫赫有名的李鸿章的孙子，刚刚与日本人勾结上，就在新闸路住宅里，被军统杀死……

"中将大人，大本营要您改变策略。"

"嗯，"土肥原从一堆血淋淋的乱尸中挣扎出来，回到现实，转过身来，问，"有什么具体指示？"

晴气打开手上的皮包，取出一封信，站起来恭恭敬敬地双手呈给上司。土肥原从无字信封中抽出一张纸来，那上面既无上款，也没有下款，只在当中写了十几个毛笔字：丢开黄道会，另起炉灶,以华制华,以牙还牙。

说起"黄道会",那是由老牌汉奸常玉清组织的帮会,成员全是地痞流氓恶棍,只会扔炸弹、送匿名信,在公共场所制造混乱、恐怖、杀人、抢劫,抢到钱钞后吃喝嫖赌,而对付军统,毫无办法,这是个不中用的汉奸走狗组织。土肥原如今要的不是"狗",而是急需杀人不眨眼的"魔"。当然啰,狗也有狗的用场,不过,以后得把圈养改为放养,让它们自己去觅食。

在中国多年的特务活动经验告诉他,大本营的这个指令是正确的。他抬起头来,直视着晴气,说:"大本营的决策万分英明,我们得坚决照办。"

"中将大人,影佐大佐说动作要快,"说到这儿,晴气从沙发上起来,凑近土肥原,躬下腰来近乎耳语,"南京之战获得大胜后,原定下三个月征服支那的目标落空了!攻武汉、打广州我们皇军损失了十几万。预算的一百四十亿元军费,已用了一百三十七亿元。所以大本营要我们加紧工作,把平津政府、南京维新政府、汉口与广州的维持会,再加蒙疆(1939年,在日本侵略者策划下,蒙古四个傀儡政权,合而为一,成立了所谓蒙疆联合自治政府),赶快组成个统一的中央政府。从支那取得兵源、财源与物资,再来征服支那……"

"可军统就是与我们作对。"

"那就以华制华来消灭它。"

"好主意,让支那人自己来消灭它们!"

大本营的这番交底,使土肥原感到自己肩头更觉沉重,然而对军部的指令精神理解得愈加透彻了。土肥原伸了个懒腰,说:

"你乘飞机来,还没用餐吧?先去吃饭休息!"

等晴气走了,土肥原在写字台前按了按电铃。

门口进来卫兵。

"你快请大迫通贞少将与和知鹰二大佐来我这儿。"

"哈依!"卫兵脚跟一并,转身退了出去。

二

在土肥原机关里,还有两个高级助手。一是大迫通贞少将,他负责联络与策划吴佩孚下水当汉奸的事;另一个和知鹰二的任务是拉国民党广西军投降。

几分钟后,两人同时来到。

"大迫将军,你的十八子好吗?他在哪儿?"土肥原在大迫与和知两个坐定以后,劈头就问。

"中将阁下,问的是李士群吧,目前还在'中统'里。怎么,要动用他?"大迫回答。

"是的。"

"据卑职所知,这李士群原来还当过共产党哩,恐怕不可靠!"和知大佐表示异议。

"不,不不,"土肥原摇头说,"这样的人,大大地有用。共产党的叛徒,中统的特务,又愿意与我们合作,这样的人,我们是要打灯笼找的。可惜,军统里拉不出人来!"

"将军,卑职倒有个门路,可以拉出个军统头头来,只是此人像个魔鬼……"和知说到这儿把话止住,看看上司的反应。

土肥原哈哈大笑起来，兴奋地连连点头说："魔鬼，我要的正是魔鬼。用中国人的老话说，便是以毒攻毒。快说，他是谁？在哪儿？"

听这语气，真是迫不及待。和知并不直接回答，只是站起身来，提笔在写字台的台历空白处写了"丁默邨"三个中文字。

"你认识姓丁的？"

"我这里有份材料，"和知从上衣口袋里掏出一个小本子，翻到第17页，双手呈给上司，"将军，在这儿。"

本子上的字小，有些潦草，土肥原只得架起老花镜，读着下面一段摘录：

> 丁默邨1903年生于湖南常德县。中学毕业后，接受国民党特务训练，成为国民党特务组织的骨干。1932年在上海领导一个直属情报小组，在文化界进行特务活动。1935年，担任国民党军事委员会调查统计局第三处处长（第一处处长徐恩曾，第二处处长戴笠）。1938年8月，第三处撤销，丁只在"军委会"挂个少将参谋空名，如今正郁郁不得志，在昆明"养病"……

"你能断定这姓丁的会与我们合作？"土肥原两眼直瞪着和知，显然有些疑惑。

"他会的。"和知十分肯定地回答。接着，他摆出一副中国通的架子，分析起国民党军统局的内幕，让上司觉得这个大佐并不落在大迫少将的后头。

他说，1938年3月国民党临时全国代表大会在武昌珞珈山召开后，蒋介石决定改组军事委员会调查统计局，进一步加强和扩大特务组织。原来的国民党中央俱乐部（即CC）系统和力行社（蓝衣社）特务系统，一道编在军事委员会调查统计局内。可是由戴笠掌管的第二处力行社，实际上并不受军统局长陈果夫的领导。往往在争地盘、抢功劳、捞好处等方面，与CC派一直明争暗斗，闹得不可开交。今年8月改组后，第一处CC系统从军统局分出来，单独成立一个组织，名叫中国国民党中央执行委员会调查统计局（简称"中统"）；第二处，扩编为军事委员会调查统计局（简称"军统"）。陈果夫、陈立夫兄弟俩当然还是CC的头头，手里捏着"中统"，戴笠呢，上升为"军统"的局长了……

"不对，是副局长，"被晾在一边的大迫，耐不住寂寞了，插了一句，"局长是贺耀祖。"

"那是挂名的，实际上是戴笠主宰一切，人们称之为'老板'。"和知马上扳回自己的发言权。

其实这些情况，土肥原亦清楚。他不动声色地让和知讲下去，是想更多地知道丁默邨的事，便急切地问："这与丁默邨有何关系？"

"丁默邨原来与戴笠是平起平坐的处级干部，现在戴升为局座了，丁却被搁在一边，无职无权。再说戴笠将军统局扩展为四室（秘书室、督察室、会计室、技术室）、八处（军事情报处、党政情报处、行动处、电讯处、司法处、人事处、经理处、总务处）、一委员会（设计委员会）。有这么些官位子，就没让丁默邨坐把交椅。何况丁是把好手，军统就是不用……"

"那我们用！"土肥原听到这儿，"啪"的一声合上本子，摘下老花镜，兴奋得站了起来："和知大佐，我要你在两个月内，把他弄来——大迫少将，你的使命是加紧做李士群的工作，一个月内成功。"

"哈依。"两个下属同时立起，皮靴后跟一碰，立正回答，而后告辞。

三

现在让我们的叙述时间倒回一年。

1937年11月25日下午，南京中央路大树根86号门口，两个二十来岁的妙龄女郎揿了老半天门铃，没人开门。当她俩正要转身离开时，小板门吱呀一声打开，露出一个中年男子的长脸，将两个女郎上上下下打量了一番后，问：

"你们找谁啊？"

"我们要找夏仲高先生。"

"找他有什么事吗？"

"听说夏先生要雇两个女佣，我们来试试。"

"我就是夏仲高，你们进来吧！"

两个女郎进门以后，随手把门带上了。

她们中一个年纪略大些，名叫黄翠香，长得壮实一些；另一个是高挑个子，身材匀称，皮肤白皙，有六七分姿色，小名阿环。她们进客厅后取出荐头店的条子递给夏仲高。夏接了条子后,让她们等着,自己上楼去见另两个男人——李士群与石林森。

原来,蒋介石在上海失守以后,调兵遣将部署兵力守卫京城,并且高喊"誓死保卫南京"!而在他心底里,早就觉得南京难保,暗中准备着国民党中央政府、党部的撤离,命令陈立夫布置特务,在南京城里"潜伏"。这李士群、石林森与夏仲高三个,便是奉命者。三个临时光棍,见了这两个尤物,正合胃口,便一连声地说:"好,好,留下留下!"

李士群是组长,把两个女人做了分工:黄翠香采买烧饭,阿环洗衣、清扫与整理内务。两个女人干得十分卖力,特别是阿环,十分乖巧,把李士群的二楼卧室,收拾得窗明几净,一尘不染。三个光棍晚上打麻将,三缺一要凑个"桌脚",阿环借口不会,推黄翠香凑一门。阿环就给他们煮咖啡、点香烟、递毛巾,空下来便坐在李士群的旁边看牌。那一阵阵的幽香,从阿环的脖子上、袖管里透出来,直钻入李的鼻子,扰得李士群有点儿魂不守舍,往往该"吃"的牌忘了"吃",可"碰"的失"碰",甚至错过了"和倒"。他的一只手摸着骨牌,应付场面,另一只手悄悄地揉捏着阿环的大腿。

每当这个时候,阿环总是叫一声"啊哟——咖啡烧干了",便跳起来逃到厨房间去。临出房间门时,回过头来冲李士群一瞪眼。那副娇态逗得李士群心痒难搔。麻将打到夜里十二点,门铃响了,那是她们的家里人蹬着三轮,接两人回去,这是因为她们的阿爸吩咐了的,"女孩子家不许在外面过夜"。

第二天上午九点,李士群半睡半醒懒洋洋地躺在床上,脑海里老浮现出阿环那狡黠的媚眼，嘴角咧开着，显出想入非非的神态。猛听得"笃笃"两下叩门声，他睁开惺忪的睡眼，朝门口说了声："进来吧！"

门轻轻荡开，阿环进来取脏衣服去洗。

"阿环，来，"李士群从床上坐起来，脱下衬衣递着，"来呀，帮我换件衬衫。"

阿环迟疑了一下，低着头，在五斗橱里取出一件洗熨好的亚麻布衬衫，走到床边，眼睛故意不看主人，别着头递了过去。李士群见着她那羞羞答答的模样，着实可爱，便不去接衬衣，一手抓住她的手腕子，一拉，阿环顺势跌进了李士群那毛茸茸的胸脯。不容她再挣扎，李士群伸出另一只手把她揽进被窝里……

从此，两人如胶似漆，难舍难分。

野鸳鸯的甜蜜日子，大约过了两星期吧，有一天清早，阿环匆匆地跑来，带着哭腔说：

"士群，咱们快逃吧，听说日本人已打下句容，昨夜分兵三路，来打南京啦！"

李士群觉得奇怪。日军12月3日突破丹阳阵地后，昨天傍晚刚打进离南京三十公里的句容县，自己还是刚才收到情报，怎么她一清早便得知这消息，莫非她是……想到这儿，心头一惊，脱口而出：

"你？你听谁说的？"

"表哥。"

"你表哥干啥的？"

"做生意。他说，南京城里的大官、老板、有钱人早就逃到汉口去了。若我们俩要是走水路到汉口，船票他可以想办法。群，我已是你的人了，你可要有良心，快点带我逃吧！"

阿环双臂围拢，围住李士群的脖子，撒娇，哀求，也带点提醒。

李士群让她坐在自己的膝上，哄她："小宝贝，我怎么舍得丢开你呢！到天涯海角，我俩都不分离。嗯，好吗？不过眼前走不了。"

"为啥？"

"第一，要有钞票呀！离开南京到汉口什么地方去，没有大笔款子，寸步难行。再说，我一走，还有两个兄弟怎么办？"

"钞票吗，我求求表哥，请他想法子先垫垫，我们以后还他。那两个兄弟的事，你动脑筋打发吧！俗话讲，兄弟好比同林鸟，大难到来各自飞呗！"

"好，好，小宝贝，我依你。这会……"李士群拉住阿环亲嘴，大嘴唇压住她那樱桃小口，使她喘不过气来，"你要依我，咱们再玩一会儿。"

"嗯——"

十天以后，也就是南京陷落后的第三天，李士群带着阿环来到汉口，住在祥符巷5号的阁楼上。过了一星期，李士群找来一件破棉袍，阿环替他打扮成难民模样，腰里系一根绳子，头发弄成乱草似的，胡子茬儿满腮帮，这才敢摸到"中统"总部找陈立夫，谎称自己坚持到最后南京沦陷，房子被烧，日军开始大屠杀了，再也无法潜伏下去，才逃出城来，经过千辛万苦，来到汉口的。石林森与夏仲高两人，在逃难中失散，下落不明。

因为南京陷落后，大火烧了一个多月，在惨无人道的大屠杀中丧生的人达三十万以上，青壮男人留在城内的，不是砍杀枪毙，便是活埋。在这种情况下，陈立夫相信了李士群编造的谎话，要他住在汉口待命。

1938年的春节，在凄风苦雨中来到。住在阁楼里的李士群，心里实在不是滋味。上午九点了，一个人躺在被窝里自叹着："出无车，食无鱼；居陋屋，无大衣……"

"喂，懒虫，快起来！别发愁了，这会子有鱼有肉有大衣啰！"阿环推门，兴高采烈地咯咯笑着进来。

"亏你还笑得出来，我呀，哭还来不及哩！"李士群卷着被子一翻身向里装睡。

阿环从手提包里掏出一大沓票子，扭着屁股走到床前坐下，将钞票在他的鼻子上扇着。李士群微睁开眼睛一瞧，一骨碌坐了起来：

"阿环，你哪来这么多钱？"

"昨夜来了个财神爷，看到我这儿有个落魄英雄，便扔下这锭大元宝。"

"别开玩笑，我问你真话呢，"李士群见阿环讲话躲躲闪闪的，起了疑心，一把抓住她手腕，瞪着眼追问，"你说，是不是卖屄的臭钱？"

"啪"的一声，一个巴掌掴在李士群的脸上。他被这突然的翻脸巴掌打蒙了。一向百依百顺温柔文静的阿环，这会儿虎起了脸，倒竖着蛾眉，眼珠子射出凶光，简直换了另一个人。她转身闩上门，关好窗，冷笑了几声，说：

"怎么，有了几沓钞票，不认人了？连陪你困觉的阿环也不认得了？哼，便宜巧宗尽管捡，我的身子，能值几毛钱？老实告诉你，这是你的卖身钱。香与臭，要不要，随你便！"

"我的？"

"是啊，你的情报很准确：守南京的宋希濂的七十八军、俞济时的七十四军、邓龙光的八十三军、孙元良的七十二军、王耀武的五十一师，他们的兵力布置、防线方位你报得一点不差，立了一功，按功论赏……"

"你是谁？"

"我什么时候递过情报？"

"你忘了？那天你从南京卫戍司令长官唐生智府上回来后，对我讲的话啦？"

"那是我同你说说的。"

"可我把这些话告诉了表哥。"

"你表哥？"

"是啊，他帮你从南京逃出来，帮你保守秘密。不然的话，你早就吃粒'卫生丸'啰！"

一切都明白了，阿环根本不是什么女佣，而是日本人派来的特务。"也好，有个日本间谍当姘头，日后也多条路。"李士群心里想。可是一直被闷在鼓里，又觉得自己被愚弄，有些恼火：

"阿环，你可真会做戏，假装黄花闺女，装得这么像，那天……"

"你的演技也不坏呀，明明有老婆在上海，还装作没家小光棍一条。"阿环冷冷地还了他一句。

"你都知道了?"

"不但知道,连你的小命都捏在我表哥手心里。只要他向你的顶头上司写个条子,或挂只电话,你就得去见阎王。要是乖乖地听我的,保你升官发财,前途无量。"

阿环说完,坐在椅子上,跷起腿,掏出一包白金龙香烟,抽出一支点着抽起来。这是几个月来她第一次抽烟,那架势,那吞吐的功夫,显然是个老枪。她抽着烟,偷眼瞅着坐在床上耷拉着脑袋,滴滴冷汗往下掉的姘夫,心里有种自豪感油然而生:我又征服了一个男人。

在日本女间谍的引诱威胁下,李士群改换了门庭,卖身投靠日本侵略者。这个"年",自然过得富裕,有吃有喝有玩。只是有一件事,今后的去向未定,心里总有十五只吊桶在打水,七上八下的。直到年初七,从"表哥"那里来了指示:十八子(李士群的代称)留汉口待命,阿环即日赴香港。

阿环临走时,悄悄地告诉李,他的夫人叶吉卿与孩子,已在上海日本领事馆保护下,安全不成问题,一切放心好了。

李士群听了,心里一惊。他清楚,老婆孩子已做了人质。不过,他还是挤出一句感激的话来:"多承关照,请代我致以谢意!"

阿环抿嘴一笑,说:"你在这儿别乱动,听我的好消息!"

四

脚下是一片光滑的柚木地板,右边是客厅,上面铺着粉红色的地毯,橙黄色的天鹅绒窗帘,衬配着浅棕色的两只双人沙发。

左边是饭厅和一个小酒吧。开着暖气，一踏进屋里，暖烘烘的，舒服极了。阿环披着件米色长睡衣，随随便便地拢着条腰带，胸口袒露着。下身似乎什么也没穿。头发束在脑后，像条马尾巴，光着脚板丫，连拖鞋也不穿，迎了出来。

"嗨——真把你等来了！"她招手，让呆站着的李士群进了客厅，坐在软绵绵的沙发上，"你到家了。"

"这是什么地方？"李士群揽着阿环斜倒过来的身子，疑惑地问。

"这是香港，你的家。"阿环伸手一按电灯开关，顿时房里一片漆黑，然后，她在什么地方再一按开关，墙壁上映出了夏威夷的迷人风光。酒店、海滩、夜总会里的大腿舞……

突然，客厅门上射进啪啪两颗子弹，李士群急忙抱住阿环，往地下一滚，"啊呀"一声，醒来一看自己抱着枕头，伏在破阁楼的床上，原是南柯一梦，已惊得一身冷汗。

笃笃，真的有响声。那是有人敲门。

"谁？"他习惯地伸手到枕下摸枪。

"有信。"门外人回答了两个字后，留下一串脚步声，走了。

李士群拿着枪，打开门瞧了瞧，没个人影儿，却在门板上，钉着一封信——其实是张条子。点起灯一看，上面写着一句没头没尾的话：

见条立即来佛堂。

佛堂是中统机关的临时联络点暗号。李士群一看表，已是深夜十一点半。这是上峰的命令，不得不去。可是仔细一想，这儿又没沦陷，怎么要在深夜约见，难道他们已掌握了阿环的情况？

也许此去凶多吉少。阿环去香港个把月了，如石沉大海，消息杳然，总不会出什么事吧？

李士群狐疑起来了，他一边想，一边硬着头皮走着，夜风刮来，透骨地凉，接连打了几个寒噤，急忙竖起大衣领子，缩着脖子，双眼在呢帽檐下，发出幽光，像一只离群的饿狼。路上没有行人，有几只狗伏在黑暗里。他拐进小巷，有个人在屋檐下的阴影里站着，显然是等他的。

"李先生别紧张，我是传话的。表哥要你从党部回来后，马上到江边来一趟。"那人说完，走了。

李士群提心吊胆地进了"佛堂"，不大一会儿，满面春风得意地退了出来，又惴惴不安地来到江边会见"表哥"。只是手上多了只黑皮包。

江水拍打着堤岸，江风刮着岸边衰草，发出呼啦呼啦的响声。走惯夜路的李士群，顺着江岸往东走了百来米，远远地看见点灯光忽明忽灭地闪烁着。又走了几十步，模糊中看见一只小船停泊在岸边，灯光是小船里漏出来的。他加快脚步向小船走去。

"不准动，扔下皮包，举起手来！"

他身后的草堆里钻出个人来，一支手枪抵住，轻轻地喝令着。李士群乖乖地将皮包扔在自己脚跟前，举起双手。

那人上前两步，侧身弯腰去地上捡皮包的时候，李士群身子往后一挫，飞起一脚踢掉了那支手枪。对方就势往地上一滚，轱辘辘地滚下岸去，到江边一个鹞子翻身，站了起来，沿着跳板，上了小船。李士群也不去捡那手枪，两手一展，往岸下一跳，追了上去。见那人上了船，正要掀去跳板，李一个飞步踏住跳板，又跃,也上了小船。

船内却迎出一个人来,三十开外,笑嘻嘻地拱拱手,说:

"李先生多有冒犯,请进吧!"

"你是……"

"我是'表哥'派来见您李先生的。"

两人低着头钻进船舱。刚才抢皮包的那人,这时亦恭恭敬敬地向李一鞠躬,跷起大拇指摇了几下,称赞道:

"李先生身手不凡,小弟佩服,佩服。哎,两万美金,完璧归赵。"

"你怎么晓得两万美金?"李士群抓过皮包,惊奇地问。

哈哈一阵大笑。三十开外的人指了指舱内铺的芦席:

"坐下谈吧!"

两人面对坐下,抢皮包那汉子趴在舱口上望风。盘腿相对坐着的两人,相互对视了几秒钟,三十开外的人先开口:

"他们派你去当国民党株萍铁路特别党部特务室主任,又给了两万美金活动费。李先生有何打算?"

李士群听这话,心里直发麻。"中统"方面刚刚布置下来的任务,怎么这边全晓得了?看来,什么也逃不过日本人的眼睛。

他随口回答:"我听'表哥'的。"

"那好。表哥有安排,让你躲开'中统'在广州一带布置好的耳目,你得绕道广西、云南,经河内、海防,到香港去。阿环在那等你。"三十开外的人掏出一张字条,递给对方,"这是她的地址。快走吧!"

"告辞了。"李士群站起来一拱手。

"那两万美金您可落腰包了。祝一路顺风。"

"多谢关照!"

第二天,李士群便上路了。

经过辗转迂回,历时一个多月,李才到香港。在阿环的陪同下,当天就拜见了日本驻香港总领事中村丰一。中村又让阿环陪他到上海去见领事馆的书记官清水董三。李士群在汉口破阁楼上梦想的别墅洋房沙发,连摸也没摸着,只在三等客栈里待了一夜,第二天便上船了。阿环安慰他,到上海打出了天下,你要什么便有什么。

丁默邨闻腥而来

一

"吉卿，日本人真够朋友，"李士群身穿长衫，口含雪茄，站在一幢洋房的阳台上，对他的妻子说，"清水董三书记官给了我三处房子……"

"三处？"叶吉卿兴奋起来了。

"是啊，"李士群得意地卖着关子，"他让我选一处！最后我选中了这里。"

"嗬，原来……这儿有什么好！"叶吉卿发现丈夫在逗她，便故意嫌起这房子来。

"有什么好？那你来看。"李士群指点着四周环境。

这幢洋房坐落在大西路67号（今延安西路65号），的确是个好地方。房子的对面，隔着条马路，是"云飞"汽车行的围墙，有四十多米长，墙边的人行道上，寸草不生，树无半棵，一览无余，要隐藏什么刺客，万万不能的。它的西邻69号，住着经济汉奸谢筱初，属于同类，只有相互照应的义务，绝无加害的可能。那东邻呢，是美国军队驻沪的兵营，门前日夜有卫兵站岗。"中统"也好，"军统"也好，他们是决不会在美国人房子边上开火的。左邻右舍可靠，前后出入进退有便，这使李士群感到最理想。为了预防万一,他又在房子后墙靠马路的楼梯转角处,巧妙地搭了一个隐蔽的瞭望哨,由他的保镖张鲁日夜警戒。

看着自己做了这一番精心部署以后的房子,似乎有铜墙铁壁固若金汤之感,李士群一下子飘飘然起来:"吉卿,这是保险房,你住这儿笃定泰山。那些军统、中统,动不了我们一根汗毛。我现在是房子、车子、娘子全到位了,我这一步是走对了……"

"不要忘记还有'两子':顶顶重要的官位子没捞到手,更得时刻防着'中统''军统'的枪子!"叶吉卿这女人,的确比丈夫厉害。她想得周到深远,如无稳当的官位子,房子车子难保;若吃了枪子,连娘子亦要分离。

李士群的叛逃,"中统"还蒙在鼓里,"军统"上海行动组却已得到"除奸"的命令。

一天傍晚,李士群乘着自己的汽车,经过南京路四川路口向北拐弯,正要上四川路桥。对面桥堍上冲下两辆黄鱼车,堵住了去路,坐在司机边上的张鲁看苗头不对,忙将司机手臂一拉,喊了声:"倒车!"

正在这时,砰砰两声枪响,车窗玻璃哗啦一声碎了。李士群早已滚下座位,伏在车里,拔枪还击,张鲁甩出一梭子快慢机,挡住了板车后边几个人的冲击。司机打倒车,车后亦有一辆黑色轿车横挡着,似乎不怀好意,急忙往右一打方向盘,向东沿南苏州河路直奔。果然,后边黑色轿车紧紧追来。眼看快追上了,李士群抓过张鲁的快慢机,右手伸出车窗,"叭、叭、叭"三个点射,轿车的前轮穿了个洞洞,噗——,气漏光了,车子歪在一边。这时,李士群的车子已到外白渡桥桥头,往北一拐,冲过了桥，到了日本人的辖区，车子才刹住，张鲁在车内点头如捣蒜，双手递出"特别通行证"。

自从1937年11月日军占领上海后，英、法租界便在日军的包围之中，时人称为"孤岛"。一条东西向横穿上海市中心的苏州河，成了南北区的界河。横跨在苏州河上的泥城桥、河南路桥、四川路桥以及外白渡桥的北堍，有日军把守，南堍则是英军守着。李士群的车子一逃过河，到日本地界，便算是安全了。

日本兵看了一下"特别通行证"，一挥手让车子通过。车子一直开到四川北路天潼路口新亚酒店门口停下。绰号"江北杜月笙"的常玉清，已在门口等着，他一见李士群到来，便拱一拱手，似笑非笑地说声"受惊了"，便算是欢迎词，向门内一摆手，说了声"请"。等李走上台阶，常回头对跟在屁股后的保镖张鲁说：

"到了新亚，我这'黄道会'的总部，好比进了东京，万无一失，用不到屁保护。去，到酒吧喝几杯，记我的账。三点钟，来305房间接李先生。"

张鲁听了这吩咐，并没有走开，只是拿眼看着主人。李士群一点头：

"去吧，常先生这里保险的。"

这次常、李见面，双方各有打算。

常玉清呢，近来日子很不好过。他手下那些流氓白相人，只会捣乱胡杀一气，哪里是训练有素的"军统"的对手！他从日本顾问小林那里听到李士群来上海，就想拉李过来，作为自己的助手，助他打天下。在李士群看来，常玉清的汉奸牌子是老的，地面上的情况熟悉,可是要动动刀枪,那是外行。见见面,可以了解些"行情",说不定可以利用"黄道会"的一些关系,搞出些局面来。

"常言道,强龙难压地头蛇。你这条强龙,可斗不过'军统'这些地头蛇哩!刚才尝到滋味了吧?"常玉清边抽烟边说。

"你断定是'军统'干的?"

"我有耳报神。小老弟,你可晓得我的绰号?他们叫我'江北杜月笙',我是假老包,还有个真老包——莱阳梨杜月笙在作怪……"

"杜月笙不是逃到香港去了吗?"

"那就叫阴魂不散!他的人去了,可留下一大批徒子徒孙,全归到'军统'门下了。要晓得,他与戴笠是把兄弟哩!"

"哦,原来是这样!"

常玉清以为李士群被吓住了,便进一步提出:"李先生,你住大西路不保险,还是搬到我这新亚来吧,咱们俩合起来干。怎么样?"

"……"

"我这头把交椅让给你,也无所谓。"

"哪里,哪里!玉清兄一片好心,小弟心领了。只是我做不了主呀!"

"要夫人同意?这好办,请她来白相一趟,这儿吃的日本饭,穿的日本衣,困的日本床,保证满意,勿想回去。"

"不,我的一切行动要听大迫将军的指挥。"

"喔!"

常玉清这一声"喔",似乎是恍然大悟,觉得李的背景比自己硬,又像是耻笑对方吹牛皮,拿大迫少将来吓唬自己。不过,李既然掮出了大迫的来头,常玉清自然不好再纠缠了。下面的谈话,总是不投机的了。当然啰,在对付"中""军"二统问题上,他俩的利益完全一致,还具体地商量了些对付办法。

分手的时候,常玉清还代李士群雇了辆车子,让李士群在张鲁的保护下,从泥城桥过河回家,李自己的汽车,由原路驶回。吃一堑长一智,他从老狐狸常玉清那里学到了金蝉脱壳的办法。从这一天起,李士群把面向马路的车库大门故意敞开着,停放着自己的汽车。他本人外出,就临时打电话雇车。这一来,对他的行踪,别人难以捉摸了。

李士群赤条条地躺在浴缸里,让45度的温暾水抚摸着自己的身子,双眼眯着,似睡非睡。这是他最喜欢的一种休息方式,特别是在一场苦斗之后。今天的遭遇,冷汗、热汗出了一身,自然要泡一阵子。可是,他这会儿心里怎么也静不下来,"军统""黄道会""杜月笙"这些字眼,老在他的脑袋里打转。"上海大亨杜月笙倒是会过面,他又是我师傅的朋友,吉卿还与他来往过;或许可以……"他想入非非了。

提起李士群的师傅,那也是上海滩有名的大亨。这还得从李士群的身世说起。李士群1903年3月20日生于浙江省遂昌县。幼年时在乡下读私塾,20年代初到上海进上海美术专科学校,后来又入上海大学,还到苏联留过学。1925年加入中国共产党。大革命失败后,他以"蜀闻通讯社"记者的身份,在上海做中共地下工作,被公共租界巡捕房逮捕。为避免巡捕房将他移交给国民党政府，他的老婆——在复旦大学读书的叶吉卿，托人走通了青帮流氓大亨季云卿的门路，让李士群投了"门生"的帖子，拜季为师傅，才由季云卿转托杜月笙，将他保释出来。从此，他便与上海青帮搭上了关系。1932年，李士群被国民党中央组织部调查科的特务机构逮捕，关了三夜，还没有动刑便自首叛变，"中统"委任他夫妇俩为上海区直属情报员，成了夫妻双档CC特务。这叶吉卿确实了不起，她比丈夫更有交际手腕，仅半年，与上海滩的头面人物，什么黄金荣啦，张啸林啊，杜月笙、虞洽卿、王晓籁等等，都打得火热。所以，上午常玉清提起"军统"埋伏在上海的，有一半是杜月笙的人，他的脑子便转开了。

"嗳，你中了什么邪啦！两眼瞪着天花板，傻愣着。"叶吉卿穿一件紫红色的长摆睡衣，腰间随便打了个松结，袅袅婷婷地进了盥洗室，"炖好的海参莼菜汤凉了，孩子说，爸爸准是在浴缸里困着了。"

"吉卿，"李士群从浴缸里伸出一只手来，拉住老婆的袖子管，几滴水洒在她的睡衣上，女人皱起了眉头，"你听我说，咱们要在上海滩立住脚，还得攀一攀水果月笙……"

"啊哟，把衣服都弄湿了。"女人甩了甩袖子，娇嗔起来，"水果月笙早在香港享福，你要攀他，手臂没那么长！"

"我手短，他的手臂可长啦，人在香港，可遥控着上海滩的徒子徒孙，连'军统'也受他的影响。得想个法子……"

"法子嘛，总会有的。"

"说说看。"哗啦一下，李士群从浴缸里坐了起来，顺手捞过条大毛巾披着。

"吃了饭再说。"

"不,说了吃!"

"唉,真没办法。——也许有个人可利用。"

"谁?"

"汪曼云。他刚才给你来电话,要你注意一下马路对过。"

"什么?又有情况!"

李士群从浴缸里一跃而起。

二

李士群爬上瞭望哨一瞧,一条白花花的马路,空空荡荡的,什么也没有。对过人行道上,未种一棵行道树,真所谓一览无余。马路上偶尔有辆汽车驰过,卷起几尺尘土。67号门前,有个瞎子拉着胡琴,咿咿呀呀地一路响过来。一个女孩用一支细竹竿,搭在瞎子的腋下,在前头引路。汽车过去了,瞎子的胡琴声听不见了,一切又归于沉寂。

"天下本无事,庸人自扰之呀!这个汪曼云,吓唬人!"李士群摇着头,自言自语。

可是到第二天,便有戏了。对过围墙转弯角里,两根竹竿靠水泥墙撑出一方白布,下边摆一张条桌,后边坐着个中年人。一只卜课筒、一把展开的白纸扇放在桌上。嘿,67号对过,竟摆上了测字摊。李士群见了,心里有数,觉得汪曼云言之不虚。对老婆说:

"汪曼云够朋友!以后我拉他一把。"

他叫过张鲁,附耳低语几句。张领命来到测字摊前,咳嗽了声,向测字先生拱一拱手,笑着说:

"喂,测字先生,你可真有本事啊,拣这么一块风水宝地落脚。"

那中年男子见一彪形大汉站在摊前,不敢怠慢,立起还礼:

"岂敢,岂敢。借此块宝地弄几个子儿,混口饭吃,——先生是问婚嫁呢,还是功名、财物、人口?请坐下叙谈。"

张鲁把测字先生上下打量了一番,嘿嘿一笑,说:

"我问的是枪法准不准。不过这儿风忒大,不便说话,不妨请到对面房子里去谈谈。"

测字先生吃了一惊,知道对方已得了风声,做好防范,便堆下笑来,连说"改天拜访,改天登门拜访"。慌忙收了测字摊,跟跟跄跄地走了。

测字先生一走,汪曼云的汽车便进了67号。这汪曼云,是大亨杜月笙的门生,国民党上海特别市党部委员,他与"中统""军统"、青帮以及"黄道会"方面,都有联系,在上海滩头属于"兜得转""吃得开"的人物。汪之所以送一个情报给李士群做见面礼,自有一番打算的。他越来越感到租界"孤岛"的危险。英、美、法处处退让,日本人咄咄逼人,日本宪兵队冲入租界抓人,租界当局也只提个不痛不痒的抗议了事。在这多事之秋,要学学狡兔,多找几个窝儿。他拍李士群的马屁,是想与日本人拉条线,可为自己留条退路。

两人见面,寒暄一通以后,便在小客厅里坐定,叶吉卿亲自送上咖啡,还为汪夹了两块方糖放在杯子里,笑容可掬地说:

"汪先生,这咖啡是东京货,味道纯正,您尝尝。好,你们谈吧,我去厨房看菜。"

叶吉卿把腰扭成一条曲线,轻盈地飘到门口,回过头来招呼丈夫:

"士群,汪先生难得来,留伊吃饭。"

她说完,带转小客厅的门。

喝了几口咖啡,李士群开门见山地告诉对方:

"我投日本人,是因为'中统'里容不得我。他们对我的手段太毒,借此报复一下,出出闷气。同时,也因我太穷了,除了在'中统'那里弄几个子儿,还想在日本人那里骗个几十万,以后便滑脚溜走,不想长干下去。希望老兄能了解我的苦衷,如有不谅解的人,也请兄长代为解释。总之,在上海地面上,我请汪先生多多照应。"

这一番"坦率"的表白,打动了汪曼云的心,这便是"心有灵犀一点通",相互间既理解又同情,差不多已经成为知己了。汪对李的要求自然一口应承,同时也直言不讳地提出交换条件:

"万一我被日本人抓住,老兄将何以善我后?"

"简单得很,只要说与大使馆书记官清水董三有联系就行了。"李士群毫不含糊地表示,而后去打开保险箱,取出一份材料,递给汪曼云,"你看看这个吧!"

汪曼云接过材料,翻开封面白纸,一个惊心触目的标题显现在眼前:《杜月笙在上海的势力》。材料很厚,汪约略地翻了一下各部分的小标题,大致地浏览了些内容。李士群冷眼瞟着对方脸上现出万分吃惊的神色,觉得火候到了,便装出气愤的神色说：

"汪兄，我是激于义愤，才让你看这份机密材料的。这张师石也太没良心，老杜待他不薄呀！你看，一转眼他就出卖主人了，把老杜的底细全抖露给日本人。这份东西很厚，你带回去看吧！不过看了以后要原件归还，那上面有日本人签字，一旦要缴回，便得送去。"

汪曼云立即起立，向李恭恭敬敬地一个鞠躬，口里不住地说"我代杜先生谢谢你"。坐回原处后，又笑嘻嘻地说：

"我想把原件带到香港去，给杜先生看一看，你看这事？"

李士群听了，沉吟起来。故意在客厅里踱起方步，装出为难的模样来。汪曼云的目光跟随着他的步子，在小客厅里移动，觉得自己提的要求十分冒昧，有些歉意，便讪讪地说：

"要是您觉得……"

"不，为了杜先生，我可以担血海般的干系。你送去吧，只要他心里有数就行了。"

李士群实际上巴不得汪曼云走这一着棋，现在汪主动提出，便装出大义凛然模样做了个顺水人情。

这一来，着实逗得汪曼云感激涕零，便压低声音，悄悄地告诉李士群一个"军统"方面的机密：

"新得到情报，丁默邨已逃离'军统'，恐怕已来到了上海。"

"呃——，想法子见见他。"李士群得着这么个情报，确实有些吃惊。正想进一步打听时，门外传来叶吉卿那娇滴滴的请吃饭声音，便收住话头，手一摆，说："咱们边吃边谈吧！"

午餐以后，汪曼云马上动身去香港，亲自将这份材料送给杜月笙过目，并极力美言李士群的好意。杜月笙很重视，让几个秘书关在房间里分头抄写了一天一夜。在汪曼云离港时，杜月笙取出金挂表一只、西装毛料两套，让汪转交给李士群。从此，李、杜挂上了钩，李、汪的关系更加深了一层。

三

却说原在昆明"养病"的丁默邨，正在百无聊赖中，有一天突然有个姓蒉的湖南老乡登门拜访。姓蒉的三寸不烂之舌，真是舌底生花，将李士群在上海交的好运，说得个天花乱坠。车子、房子、金子、女子与官位子，样样齐全，可谓"五子登科"，称心如意，只是一个不理想——特工行动打不开局面，要请丁出山，去坐第一把交椅。丁默邨听着听着，表面不露声色，内心却动了。他想自己被"军统"如此冷落，空有一身本事无处施展。再说现在"军统"内部，原来平起平坐的戴笠抖起来了，自己被挤到这个田地，或许还要遭这拖鼻涕的戴老板的毒手呢！何不趁此改换门庭，大干一番，这正是飞黄腾达的好时机，与烂鼻头比个高低。

俗话说，哪只猫儿不吃腥？在这么个乱世，有腥不吃，才是个傻瓜蛋哩！也许这一次，正是自己出头的时机了。想到这儿，丁默邨左手一拍大腿，说了声"我去"！伸出右手与姓蒉的相握着，抖了几抖。

丁默邨从小嗜好腥味，可以说是爱腥成癖。他对鱼肉荤腥、女人胯下的臊腥、杀人的血腥，都喜欢闻，真是"腥腥入鼻"。

也许他参加特务组织，与这个腥癖有关。在这些冷落的日子里久不闻其腥，真是"嘴里淡出那鸟来了"！现在有个大好机会，可以去吃腥、闻腥，能杀人看看血腥，不但心痒，手也痒了。

丁默邨到上海后，住在外白渡桥北首的百老汇大厦（今上海大厦）里。李士群得到清水董三的指示，便准备派汽车接来67号招待，却遭到叶吉卿的反对：

"不好。你想想，以前我们在上海'调查科'做事，老丁是你的上司。现在日本人把他弄来了，很显然是要重用他，你怎么可以马马虎虎地派辆车子随便接来？"

"我的好夫人，依你怎么办？"

"依我啊，你得亲自去拜访，重要的是表态。"接着，这位能干的大学生夫人，在丈夫的耳边叽叽咕咕地教导了一番，李士群觉得夫人比自己多个心眼，不得不言听计从，这才乘车出发。

车子在繁华的南京路上行驶，李士群的脑海里涌起不堪回首的往事。大约是1932年吧，李士群向国民党特务自首以后被人带到公共租界白克路（今凤阳路）同春坊。在门口挂着一块"新光书局"牌子的一座房子里，见到一个人。那个长着瘦长脸，耸着肩膀的瘦个子，就是丁默邨。

丁默邨见了李士群，嘴巴一动一动的，好像要说什么，可是什么也没说，只是打了打手势，让李士群在他对面坐下。他像只狼，静静地伏着，不扑、不咬、不嚎，耐心地等在那儿，用一双绿幽幽的眼睛吞噬你。李偷眼看他，觉得这人冷酷阴险，令你的背脊冷飕飕。过了好一会儿，他才听到几句湖南话：

"你的任务是编《社会新闻》杂志，把共产党里的内幕写出来，让糊涂人看了能明白过来，不受共党欺骗。"

这本《社会新闻》杂志，是国民党特务组织直接主办的。它用无中生有、极尽诬蔑的手法，诽谤共产党，挑拨共产党与进步人士的关系，是当时国内最有名的"造谣"刊物。丁默邨说的糊涂人，便指倾向进步的人士。到了1933年春上，有天夜里，国民党"调查科"上海区区长马绍武，在广西路小花园一家长三堂子（高等妓院）里打牌吃花酒。闹到半夜，他已喝得醉醺醺，在丁默邨与李士群的陪同下，从弄堂里跟跟跄跄地走出来，遭到共产党中央特科"红队"（1927年后，由党中央直接领导的武装除奸队。它的主要任务是打击叛徒特务，保卫党中央安全）的伏击，一枪毙命，陪同的丁、李两个安然无恙。这就引起上司的怀疑，于是两人作为重大嫌疑犯，一并被捕。因为丁默邨地位较高，由他的老友、国民党上海市党部常委兼上海社会局局长吴醒亚保释，而李士群在朝中没有靠山，被押到南京道署街（后改名瞻园路）"调查科"总部审讯后，关押在走马巷南京区侦行股办事处。还是靠了老婆叶吉卿的奔走送礼、贿赂，走通了"调查科"科长徐恩曾的门路，才被保释。

这个案件还有另外一种说法。那是丁默邨与马绍武发生矛盾，丁串通了李士群，将马枪杀后，向南京上司谎报是中共的"红队"干的。丁、李两人，此案前是相互勾结，此案后，丁逍遥，而李吃苦头，还差点送命。而后李对丁的感情就十分微妙了！

"如今，这个瘦猴会是什么样子呢?"李士群这么想着，车子已过了外白渡桥，往左一拐，在百老汇前嘎的一声刹住。李士群刚下车,从旋转门里迎出了丁默邨。

两人相见,有些特别。在相距五六步之间,双方拱一拱手,再紧赶几步,紧紧握手,而后进门上电梯,相互对视,而不说一句话,等到两人进了丁下榻的603房间,才哈哈大笑着问寒嘘暖,互道别后"情思"。这也许是特务们见面时特有的方式吧!

寒暄客套一结束,李士群直截了当地说:

"听说国民党已经不要你了。这种乱世,我们哪里不能打天下?还是吃饭要紧,什么名誉不名誉!我已经同日本人挂上钩,决心跟他们干。"

话说得赤裸裸的,一点也不掩饰,不拐弯抹角。这种思路与表达方式正合丁默邨心意,他听了并不感到刺耳或失礼。他喜欢一针见血言语,讨厌拖泥带水、吞吞吐吐的婉转修辞。这是李士群摸准了丁的脾性而打的第一张牌。初来乍到的丁默邨,这会儿尚未摸透对方的心思,不便轻易表态,只是点头微笑着。

李士群见丁默邨迟疑着,便从皮包里取出一沓钞票,放在面前的茶几上,又从腰间掏出一支手枪,搁在那沓钞票上,然后双眼盯着对方说:

"怎么样?你愿意干,就收下这钞票,可做这个月的开销。我们一起干,你仍然是我的上司,一切听你的。如果你不肯干,也不打紧,我李士群是汉奸了,丢了你的面子,你就拿这支手枪打死我吧!"

丁默邨还是不动声色,随手拿起茶几上的勃朗宁手枪,掂了掂,在手心里抛了抛说:

"这枪劲大,可是也笨。我还是喜欢美国左轮。不过干我们这一行的,勃朗宁也好,左轮也好,枪口都得套上消音器……"

"什么,消音器?"

"是啊,这是欧美特工最新装备。只要枪口套上消音器,砰砰的枪声消掉了,最多是噗噗响,像放几只臭屁。"

说得两人哈哈大笑起来。

议论过手枪以后,丁默邨左手捞过这沓钞票,捏住半截,用右手的枪管在票子上头缓缓划过,崭新的票子富有弹性,啪啪作响。

"这两件宝贝,我都需要,只是不能拿你的。"丁默邨将枪与票子交还李士群,"俗话说,君子不夺人之好。我们都得向日本人要。"

"那你同意干了?"

"目前,当务之急是要找一个窝窝。"丁默邨并不回答李的问话,实际上也用不到回答了。

"这好办,暂时住到我那儿去。我那儿宽敞安全,大嫂也搬过去住,一切都很方便。过几天,向日本人要枪要票子外,还得要幢花园洋房。就这样!"

这回是李士群不管丁默邨的半推半就,弄了两辆车子,把上司接到自己家里住下。

丁默邨夫妇刚刚在67号的二楼住下,清水董三就给李士群挂来了电话,通知他与丁默邨,明天上午有要人接见。

"不知道是什么要人,兴许是东京来的。"李士群叨念着。

"说接见,可能是个大头子。事业的成败,也许在此一举,咱们得准备准备。"

"准备什么?"

"礼物,见面礼呀!"

"哦,对了。"李士群恍然大悟。

"这样吧,你到清水董三那儿去一趟摸摸底。让吉卿嫂子带刚才给我看的材料,来我这儿。我与她准备准备。"

"把我支开,让我老婆同他'准备准备'。真他妈的,称起'老大哥'来了。却不知葫芦里装的什么药?"李士群心里酸溜溜地想着,可是嘴上还是爽快地答应:

"好吧,我听你的。"

四

外面雨夹雪,重光堂的会客室里,一只炉子烧得通红。屋里整洁,没有一点摆设,显得空空荡荡。三个人挺直了腰板,端端正正地坐在那里。

一个身穿灰鼠色西装,系着紫红的领带,看上去三十四五岁,宽宽的额角,瘦瘦的个儿,但眼睛像蛇一样,发出幽光,寒气逼人。这人是丁默邨。为了弄份像样的见面礼,他与叶吉卿一道熬了夜,如今眼珠子上还布满了血丝。

另一个穿着件玄色丝葛长袍,一顶呢帽放在膝上。似乎比丁默邨年轻些,又白又胖,显得富态,满面春风。他是李士群。在他的长袍夹袋中,珍藏着他的老婆与上司合作的"礼物",他像"三国"里的张松,是来献地图的。

在他们俩的上首,坐着清水董三书记官。

隔壁房间的时钟，当当当……一连敲了十下，一扇边门轻轻地打开了，进来一个五十多岁的男子。他身穿皮袍，长脸，两颊红润，拖着慢腾腾的脚步，向客人踱来。面对着小门坐的李士群第一眼看到，还以为是一个中国高参什么的，先出来应酬。丁默邨抬头一瞧，瞥见来人后边跟着个年轻军官，毕恭毕敬的，便断定这个身穿中国服装的便是日本要人。丁、李首先站起来，紧跨几步，彬彬有礼地迎了上去。背向门坐着的清水董三也赶忙起立，鞠躬。

"我是土肥原。欢迎，欢迎！"土肥原中将笑容可掬地点头，做自我介绍，操着一口流利的中国话，轻轻地摆摆手，请客人坐下，回头对站在身后的军官介绍道，"这是晴气庆胤少佐，我的助手——少佐，敬烟。"

晴气打开一包纸烟，一个个递过去，并且为客人弯腰点火。丁、李两人，简直是受宠若惊。他们原来想象中的土肥原，是个牛魔王那样的人物。因为这个人，是一个凶恶的谋略家，30年代初，他策划了个伪满洲国；如今，又在阴谋组织中央汉奸政府。用他名字的谐音，东北百姓憎称他为"土匪源"，是个令人生畏的魔头。丁、李两个这回是下了与魔鬼合作的决心来到重光堂的。可是眼前坐着的却是文质彬彬的谦谦君子，原来拘束的心态，一扫而光了。言谈措词早已盘算停当的丁默邨，这时勇气倍增，猛然站起，向土肥原深深一鞠躬，说：

"今天见到将军阁下，三生有幸。我知道您很忙，但要打扰一下，表明我们的立场，今后务请多多关照！"

土肥原点点头："愿听高见。"

"那就恕我直言了。在上海,你们的好朋友唐绍仪被人活活砍死,南京维新政府军政部长周凤岐与外交部长陈箓,都在上海死于非命,到现在,朋友中恐怕有百来个被暗杀了吧?你们也抓了不少人,可是暗杀活动照样发生。可见,你们是取缔不了上海的恐怖活动的!"

丁默邨眼睛里充满了血丝,脸孔涨得通红通红。他用单刀直入的措词,反问与惊叹的语气,越说越兴奋。坐在一边的李士群大为紧张,手心冒汗。他掐灭了烟头,惊讶地瞪了同伴一眼,又目不转睛地注视着主人的表情。

听了最后一句话,陪在一边的晴气少佐觉得丁默邨把日本军当作傻瓜,无礼至极,不禁大为生气,将身子挺直了一下,斜眼瞟着土肥原。土肥原不愧是个老手,脸上仍是一副满不在乎的神气,毫不介意,只是提了个问题:

"那怎么办呢?"

丁默邨两眼放光,照自己的思路讲下去。

"上海恐怖活动的罪魁祸首是进行幕后操纵的'军统'。日本军警可能逮捕现场凶手,但抓不到主使者,摸不到根,也难捣他们的窝!"

为了谈话的气氛缓和些,清水董三附和了几句:"我听上海宪兵队特高课林秀澄课长说,'想抓蓝衣社,但弄不清他们的真面目,摸不清他们的底细'……"

"是呀,过去叫蓝衣社、力行社,如今称'军统'。它是活跃在中国社会上的最神秘的组织。在上海地区他们又钻入地底下活动,要日本军警去对付他们,那是可笑的。这个组织……"

"丁先生，请等等，照您的看法，谁去对付他们合适？"土肥原问。

"我，我们，"丁默邨直言不讳地回答，并向旁边的李士群点点头，意思是包括他在内，"也包括从蓝衣社、CC那边过来的人。"

那种自信的口气，简直不可一世。

这时，仆役从门外端来了红茶与水果。土肥原请大家吃水果喝红茶，他自己一边搅茶杯里的方糖，一边问丁默邨：

"那么，对付的办法呢？"

丁默邨一口红茶刚进嘴，来不及接腔，一直被冷落一边的李士群正好候着一个空当，抢答道：

"以牙还牙，以血还血！"

"索过！"土肥原不禁脱口叫好，因为与他想到一处去了。

隔壁传来钟声，李士群瞧了瞧手腕上的表，时针已指到十一点零三分，便与丁默邨交换了个眼色，丁点点头，立即向土肥原告辞：

"太打扰您了，对不起，我们该告辞了。但有一个请求。我们知道敌人力量所在，也晓得它的弱点所在，我们一定会取胜。但是一定要在您的指导与援助下，才能开展工作。"

土肥原回答说："听了很多有益的话，谢谢，这对我有很大启发。本来想听你们谈得更详细些，可是已同别人有约在先，感到遗憾。未为你们准备午饭，又没好好招待，很抱歉。希望以后多来玩。至于援助的事，我个人不能立刻做出回答，请稍等几天吧！"

李士群听后，兴奋地用日语说了句"谢谢"，便要伸手到口袋里掏样东西出来，丁默邨见了，瞪了一眼，下巴一撇，阻止着。

李士群要掏的是一份珍贵的礼物，那是丁默邨与叶吉卿花了大半夜时间，编成的《上海抗日团体一览表》。这表，本当作为见面礼，献给主子的，只因听了土肥原说"援助"的事，要过几天才回答，丁默邨多一个心眼，怕日本人变卦，便临时决定暂不亮出去：对日本人得留一手呀！

"这几天我也许要出门旅行，请你们同晴气少佐联系。"土肥原冒着蒙蒙细雨，将客人送出门外时，才向丁、李交代今后的联系人。

土肥原回到会客室，和衣倒在双人沙发上，闭上双眼，似乎十分疲惫。晴气站在一边，看仆人收拾茶具烟缸。等室内只有他们两人时，土肥原突然问：

"你对丁默邨这个人怎么看的？"

"这人很厉害，看来挺难对付。"

"我倒觉得有意思，说话不绕弯子，没有中国老狐狸习气。但也令人担心，他是步步逼人。"

"如果能收服了他，倒是把好手。"

"明天，对，就在明天，你再去看看，谈谈。按支那人的礼节，那叫——回访！"

说完，土肥原张开大口，露出黄牙，哈哈大笑起来，刚才那副温良恭俭让的风度一扫而光。

"将军，刚才您发现没有，那姓李的临别时一只手插进口袋似乎有不轨举动,让姓丁的目光制止了。"

"不,不不。我觉察到了,姓李的口袋里有什么宝贝要送给我,被姓丁的阻住了。你明天去探探口气看。"

"是。将军英明!我这就去给67号打电话。"晴气少佐边说边敬礼,一个向后转走向会客室门口,显得年少气盛,办事雷厉风行。

"回来。"土肥原把走到门口的少佐叫住,"你不要直接打电话,让清水书记官给你联系,知道吗?"

五

第二天清早,细雨蒙蒙。晴气少佐拎着一口旅行皮箱,在大场飞机场送土肥原上飞机去北平。土肥原机关的设立,主要是物色所谓"中国第一流人物"唐绍仪、吴佩孚、靳云鹏等人组织"中央政府",预算经费拨了一千万日元。可是在半年的活动中,唐绍仪被劈死,靳云鹏要价太高,吴佩孚耍花招要想死灰复燃,重起炉灶,趁机招兵买马,扩充自己势力。于是,老牌特务土肥原陷入了困境,不得不亲自飞往北平,研究对吴佩孚的善后对策。

晴气冒雨送别了上司后,便驱车绕道向兆丰公园(今中山公园)而来,因为昨夜的电话联系中,李士群提出"我们在兆丰公园恭候光临"。

这兆丰公园,地处沪西。要到那儿去,必须进入公共租界,经过南京路、跑马厅、静安寺路。这些地段,都有抗日的机关,军统的活动很频繁。晴气坐在车子里很是紧张。他知道，上海租界里，住有不到10万的外国侨民和300万中国人。所谓公共租界，就是各国公共居留地，实权却操控在英国人手里。在公共租界的南边与西南，有一大块法租界，是法国专管的居留地。那时各国驻屯军订有《公共防守租界条约》，划分的势力范围是这样的：苏州河以北以东的虹口、杨树浦地区，是日本海军陆战队防守；苏州河南岸西段一片由租界义勇队和美军警备；沪西北部为意大利军队警备；英军警备公共租界。

狡猾的晴气，让司机由机场开车回虹口，再从四川路桥过苏州河。

上午九点多，繁华的南京路上，即使在淅淅沥沥的阵雨中，仍然熙熙攘攘，净是人群。晴气把车上的丝绒帘子拉起来，不使人们认出日本人在招摇过市。车子穿过静安寺，来到愚园路底的转弯处，他下了车，身着西装，戴副墨镜，装作悠闲姿态，踱到公园门口。

从铁栅门间望进去，园内那满满的一池碧水，面上洒着水点儿。游人稀少。在离大铁门不远处，有棵高大的榆树，枝干高高地伸向灰色的天空。晴气若无其事地站在树下，掏出香烟，默默地抽着。这是他们约定秘密会晤的地方。

突然，一辆黑色的大型汽车向大榆树底下冲来。一个中年男子的白脸在车窗里一闪，向晴气连连招手。当车子减速掠过晴气面前时，车内跳下一个彪形大汉，高叫一声："危险，快上车！"紧接着一刹那，晴气被推进汽车后座，一阵风地开走了。

这是一辆防弹汽车，车体包了钢板，车窗的特种防弹玻璃足有半寸厚。

"快，快……"李士群铁青着脸催司机加速。汽车发疯似的沿着大西路飞驰，路上不听任何交警阻拦，冲过英人的警戒线。四个大汉睁大双眼，监视着前方与两边。李士群挨着晴气坐在当中，一言不发。

"嘀嘀，嘀嘀……"一阵喇叭声响起，李士群抬头，指着一幢高大住宅的黑色铁门说："就在这里。"

可是车子并不进门，径直从那扇铁门前冲过，全速向前，发狂般地疾驶了五分钟后，才绕回来，嘎的一声冲进了阴森森的铁门内。不用解释，晴气知道这是为了甩掉尾追的人。

丁默邨在门口迎接。车子一进门，他便厉声高叫："关上大门，加强警戒！"

车子刹住，李士群用手帕擦掉额上汗珠子，丁默邨点头哈腰躬迎着客人下车，将晴气迎入会客室。

当他们在室内坐定，李士群马上解释：

"今天太失礼了，请不要往心里去。我们见面的消息泄露了，'军统'有行动，公园门前差点发生危险，看来是昨夜联系电话出了毛病，让人窃听了。害您受惊！"

晴气听了，将信将疑，心想也许是丁默邨在故弄玄虚，吓唬吓唬我吧！不过真的如他们所说那样，在阴暗处闪闪发亮的枪口对准我，多么危险啊！想到这儿，晴气亦不由全身战栗了下，马上表示：

"是吗？蓝衣社这帮家伙这么厉害？多亏照顾，谢谢！"

一直没开口的丁默邨转换了话题："昨天在重光堂，承蒙盛情招待,深表谢意。"

"这是一所好住宅,丁先生夫人也来了吗?"晴气问。

"不,这是士群的住所。我流浪不定,同内子是来寄居的,暂住二楼。"丁默邨流露了一丝不满,把寄居两字,拉得挺长。

"沪西住房相当困难,贵军将一些房子一概当作敌产查封,不准使用。我正在想办法为丁先生弄幢好房子。"李士群趁机解释道。

"笃笃",门上叩指声过后,门轻轻地荡开,进来一位美貌的女子,她身穿素雅的黑缎子旗袍,十指尖尖地端着一盘浓香四溢的咖啡,轻盈盈地飘了进来。

"这是我的妻子,——这是晴气先生。"

晴气定神一看,那是个三十来岁,身材小巧,皮肤白净的美人儿。听丈夫的介绍,她嘴一抿,两颊随即造出一个酒窝,笑容可掬地伸过手来,白净而柔软的手指上,钻石戒指闪闪发光。在与晴气握手的当儿,她身后钻出个五六岁的男孩来,冷不防地向客人一个九十度鞠躬。活泼可爱的孩子,脖子上还系条黄领带,见人不怕陌生。晴气的右手从叶吉卿那儿抽出来,抚摸着孩子的平顶头,称赞道:

"真会打招呼啊!"

小孩经这么一表扬,似乎腼腆起来,有点儿难为情的样子,李士群疼爱地抱起低着头扑过来的独苗爱子,亲了亲他的脸蛋,说:

"过奖了。"

说完,又从盘子里捞过一只橘子,剥开皮,细心地剔除橘瓣上白丝筋络，而后一瓣一瓣地掰开，塞到孩子可爱的小嘴里去。边塞橘瓣边耳语，似乎是劝诱孩子什么。橘子吃光，小孩勉强地点了点头，于是李士群高兴地站起来，招呼叶吉卿过去，三人一起低声合唱一支日本歌。虽然调子走了样，词咬不清楚，还是逗得晴气哈哈大笑起来，唱完后，晴气与丁默邨拍起了巴掌。

在欢乐的气氛中，叶吉卿拉了孩子，说："你们谈吧，我去厨房看看。阿米，我们去外边白相。"

阿米是这孩子的乳名。孩子很不情愿地哭丧着脸，但终于跟妈妈出去了。李士群目送着母子俩出门后，装出一副难以启齿的模样，趁机对晴气笑笑道：

"这孩子任性惯了，我拿他真没办法。不知能不能寄养在您身边，请您管教一番。我厚着脸皮提出这种请求，实在惶恐不安，但愿您看在我们真心诚意的面子上，务必请收留下来！"

说这话的时候，李士群双目炯炯发光，久久凝视着晴气，脸上充满了诚意。晴气明白，这就是春秋战国时，盛行的质押法。这个中国特务，是豁出去了，连掌上明珠都肯做人质，那可以说是死心塌地了，可以信任。于是也报以微微一笑，婉转地拒绝：

"孩子是母亲身上的肉，又是这么活泼可爱，怎么好离开娘呢。再说，我又不会照顾孩子。这可不行。不过，这孩子很可爱，我会经常来看他的。"

"那就叫您干爹吧！"李士群抓住机会再次攀亲。

"不敢当呀！"晴气客气起来。

一直在一边微笑不言语的丁默邨，突然拍手叫好，说：

"快叫阿米来向干爸爸磕头呀！"

其实，等在门外的母子俩巴不得一声招呼，马上可以进去认"亲"。不过，要装得自然一些，还是默不作声地待在走道边，等李士群开门出来扬声叫了几下，才答应着进门去。

在晴气的坚持下，孩子没有下跪，只是行了三个鞠躬礼，叫了一声甜甜的"爸爸"。晴气在身上摸了半天，后来在屁股袋里掏出一把象牙柄的日本折叠小刀，作为见面礼，说：

"没带什么东西，不好意思，改天再送。"

几分钟之内，李士群便与日本特务攀上亲了，好不得意啊！便是旁观的丁默邨也心花怒放了，笑眯眯地向两方祝贺，而后又向李使了个眼色。李士群急忙去书房壁角打开保险箱，取出公事皮包，从里面掏出一份东西来，双手捧递给晴气。

这就是上次欲献而未献的《上海抗日团体一览表》。

丁默邨目光炯炯，兴奋地站起来，弯腰向晴气介绍："这张图表是我们深入调查后精心绘制的。我来说明一下吧。首先是反日势力的核心，它是国民党上海特别市党部。"

在丁的手指指点下，晴气看到党部下属十个分党部与学校工会和文化团体组织详细地址、名称、人数。

丁又啪啦啪啦连翻几页，说：

"看这儿，青年抗日会、妇女抗日会、抗日除奸团以及共产党系统的抗日救国会、人民战线，它们是独立行动单位，多半是民众团体。有武装力量的，看这儿……"

丁默邨指着下边两项提请主子特别注意：一是指挥上海周围游击队的机关"江南游击总司令部"，负责游击队的联络、交换情报、补给武器弹药；二是特工组织的军统、CC团、三青团。

在晴气点了几下头之后，丁默邨才坐回沙发，捧起冒着热气散发香味的咖啡，用小调匙搅了几下，呷了一口，便以总结的口吻道："自从去年国民党武昌临时国大以后，特别是成立军统局以来，戴笠那小子坐上军统局副局长这把交椅，局内大权独揽，妄想在上海打开个新局面，给他的上司蒋介石看看自己的能耐，就对上海区不断加以扩充，现在已成为军统所辖的百余个地方组织中最大的一个。区本部设有两三处办公所，联络站二十二个，直接与本部通报的电台三座，预备电台一座。据说，戴笠还先后分派了三个头头来上海，各自独立活动，竞相立功。他们以法租界为中心地，网络笼罩到杭州、南京各地。租界工部局内、南京的维新政府里、陆上的铁路、水上的码头、电话局、市场、戏院、百货公司、钱庄银行等等地方，全有他们的耳目……"

"那他们的总部在哪儿？探出来了吗？"晴气问。

"为了逃脱皇军宪兵的追踪，他们狡猾得很，时时变换落脚点，没一定的住所。头头机关往往钻在某一个国家领事馆的地下室里，或者在某一个国家开办的银行大楼里。总之，居无定所，行无常规，诡得很哩！"待在一边的李士群抢着回答。

"奉上这份材料，谨供少佐参考。"丁默邨怕李士群多言多语，便来个刹车。

晴气捧着这个宝贝，惊喜交加。他清楚，这些机密单凭日本方面怎么努力，也是无法收集到的。这些价值很高的东西，如被皇军宪兵队的林少佐搞去，重光堂方面就被动了！看到晴气的惊异神色，李士群得意非凡，丁默邨笑而不言。晴气禁不住引用中国成语叹息道：

"他们可真厉害啊!想陷我们于'四面楚歌'哩!怎么对付呢?"

丁默邨雄心勃勃地答道:"消灭蓝衣社,收买市党部……"

"报告!"房门被呼地一下撞开,一个黑大汉闯了进来,上气不接下气地说,"张、张老三吃、吃枪子啦!"

营建大魔窟76号

一

现在上海的金陵东路,那时称公馆马路,是法租界仅次于霞飞路的闹市区域。这一天上午,这条马路上有个身穿蓝缎长衫,颇有绅士风度的人,从外滩方向匆匆地往西走着。在他身后大约十来米距离的地方,一个青年人尾随着他。这人戴副墨镜。街上的人流,行色匆匆。当时谁也不注意这两人之间,将会有什么事要发生。

快到八仙桥附近了,戴墨镜的青年突然迈开大步,飞快地靠近绅士背后,接着是乒的一声枪响,那绅士身子往前猛一冲,一个踉跄,扑倒在地。街上人群一阵骚乱,而后是嘟嘟嘟,警笛大作。柏油马路上血流汩汩……

在混乱中,安南巡捕发现戴墨镜的青年像松鼠般地蹿过人堆,直向一辆停在一家杂货铺门口的黑色汽车奔去。那汽车引擎早已发动着,半开着车门。那青年往车门里一钻,车子后尾放出一股浓烟屁,急往霞飞路逃去。几个巡捕边追边放枪,警告停车。留下一个巡捕在尸体边守着。这时,一辆克莱斯勒牌汽车从对面驶来,在尸体边停住。车上跳下两个人来,将尸体翻看了下,内中一个俯下身子贴在死者胸口处听了听,抬头对巡捕说:

"快去打电话叫救护车!这人兴许有救。"

当巡捕跑去打电话工夫,两人将尸体抬上克莱斯勒车,向外滩方向开走了。等巡捕回来,发现尸体被盗走,急得直跺脚。

"法租界捕房这些辰光还蒙在鼓里呢,我可晓得,"黑大汉唾沫星子乱溅,叙述了暗杀的全过程后,得意地评论道,"这是军统干的,操他娘的×,为水果月笙报仇。"

"那,谁盗了尸体?"李士群关切地问。

"我们这一边的,黄道会那帮人。他们怕张老三身上有什么皇军的文件,所以就来个先下手为强……"

黑大汉还想滔滔不绝地演说下去,李士群皱了皱眉头,觉得在日本客人面前,这人太粗野了,便打断了他的话:

"世宝,你去挂个电话,问问常玉清,张老三有救不?"

这张老三就是张师石,原是法租界纳税华人会秘书,是杜月笙一手培育起来的,是杜的心腹,并参与杜月笙、戴笠秘密组织的江浙行动委员会工作。"八一三"事变以后,投靠日本人,写了份《杜月笙在上海的势力》,把杜月笙埋伏在上海地下的抗日人员,全数抖落给日本人。这份材料却由李士群通过汪曼云的手,转给了杜月笙。今天的枪杀张师石,李士群自然心里有数,他怕手下这个黑大汉吴世宝多嘴多舌,便支使了开去。

不知就里的丁默邨,却借着这桩暗杀事件提醒晴气少佐:"军统太猖狂了,要是贵国全力支持,由我们来对付,保证彻底消灭它。"

"丁先生准备从何下手呢?"晴气对丁默邨的大言不惭,心有疑问。

很快就觉察了对方心情的丁默邨，马上从提包里掏出一份厚厚的文件，封面上写着《上海特工计划书》，拿在手里说：

"这份计划书，是在设想得到你们的经费前提下制订的，请过目。"

晴气接过，翻过扉页一看，上方恭恭敬敬地写着"呈土肥原、晴气先生，乞斧正"，下边具"二月五日 李士群、叶吉卿写丁默邨审定"两行毛笔楷书。再翻一页，才是目录，列着方针、要领、据点、情报、行动队、管理与编制、武器、车辆以及经费来源与运用等等项目，全用钢笔楷书誊写。

这是一个血腥的野蛮杀人计划，字里行间杀气腾腾，别人看了，会寒心，可是晴气读着，正合胃口，不禁点头叫好起来：

"等土肥原将军回来，立即转告。至于我个人的看法，这是个大胆的计划，很过瘾！"

晴气的话还未讲完，丁默邨便兴奋地站起来，伸出发抖的双手，握着主子的爪子抖着：

"太感谢了，太好了！只要您支持，我们就有了信心，一定能制服军统的。"

当晴气怀里揣着两份东西，兴冲冲地回到重光堂，和衣躺在床上反省着当日的言行时，觉得自己有点儿冒失，因为他想起了前辈酒井隆的告诫。这酒井隆也是个中国通，担任过参谋本部的中国课课长，后任第二十三军司令官。他在晴气来中国时，曾告诫说："日本人不应轻易听信对方的话。中国人的花言巧语如不加特别警惕，就会上当失败。"

"万一上当呢？"晴气想起了以前军部传闻着的一件事：似乎

是在皇军占领广州之前吧，内地什么地方有一个名叫李福林的土匪，曾通过关系向澳门的日本特务机关告借武器和经费，说是正在策划一场某地的独立运动，并拉出两个团的兵力。参谋本部迅速作了调查，结论是可行的。于是就满足了他的要求，李福林得到大批武器和经费后，杀死了皇军联络人员，投向国民党。据说现在已升为少将。

"如果丁默邨是李福林第二呢？我非被大本营枪毙不可。"想到这一层，晴气毛骨悚然，不禁打了个寒噤。接着又转念一想："如果得到土肥原中将的同意，送大本营批准，个人就没责任了！"

想到这儿，他从床上一跃而起，去挂电话到北平请示土肥原。电话听筒里断断续续地传来了土肥原的声音：

"……华北方面军在山东似乎发现了吴佩孚仍在招抚土匪扩充势力，对此极为恼火。本人正在设法圆满解决此事，一时不能返沪。丁默邨的事，你明日即去东京，向大本营报告。如问起我本人意见，你转告大本营，他们是些精明特工，优良杀手，在上海滩可以打开局面。"

第二天，晴气直飞东京。大本营陆军部军务课长影佐祯昭亲自接见并审阅材料，三天后，晴气庆胤接到参谋总长的命令，抄录如下：

致晴气少佐的训令

一、大本营确定，将援助丁默邨一派的特务工作，作为对付上海恐怖活动对策的一个环节。

二、你在上海立即与丁默邨进行联络，援助特务工作，协助华中派遣军推行其对付租界的对策，并处理土肥原机关所遗留的各项工作。分派塚本诚宪兵大尉和中岛信少尉，作为你的部属。

三、在援助特务工作时，宜就下列事项与丁默邨进行联络：

1. 专事杜绝在租界内发生反日活动时，尤应避免与工部局发生摩擦；

2. 不得逮捕与日本方面有关系的中国人；

3. 与汪兆铭和平运动合流；

4. 三月份以后，每月贷与三十万日元，借与枪支五百支、子弹五万发以及炸药五百公斤。

从此，土肥原搜罗的两个恶魔头头，总算在东京大本营的"魔鬼登记册"里正式挂上了号。晴气回到上海的当天，便召来塚本诚宪兵大尉和中岛信少尉两个助手商量了半天，而后亲自选定一座房子，作为特工总部，这就是时人称为魔窟的76号（今万航渡路435号）。

地处公共租界之外的沪西极司菲尔路76号那一带，抗战时期是意大利军队警戒地区。二战时，意大利与日本是沆瀣一气的轴心国，在轴心国军队警备地区设据点，自然万事方便。再说，这一带原是公共租界的越界筑路地区，马路上的治安由工部局巡捕房管理，马路两侧的治安，则由中国警察负责。这种阴阳界，正是地痞流氓盗匪作案的好去处。他们在马路上作案，只要逃入路旁的弄堂,巡捕就无权追捕了;反过来,在居民区或弄堂里犯罪,一蹿上马路,中国警察只好干瞪眼了。所以这儿被人称为"沪西歹土"。在这片歹土上营建座魔窟,当然再理想不过!

这个极司菲尔路的76号,原是陈调元的花园洋房。陈调元,原是北洋军阀直系将领,1927年春在芜湖起义,宣布归顺北伐的国民革命军,被委任为国民革命军三十七军军长。后在蒋介石手下当过山东、安徽等省政府主席。抗战时期在重庆出任军事参议院院长。日本人就以敌产的名义没收了这座房子,如今正好派上用场。

"这是座民房,要做总部还得改造一番。"晴气说。

"晴气先生,两个月之内,您来视察,76号便成铜墙铁壁,固若金汤的城堡。我们打包票!"丁默邨自告奋勇地抢着说。

"好,一言为定。"

三个人,六只手,抓在一起,尽抖着。

二

故事叙述到这儿,各位读者一定会问:丁默邨、李士群的特工计划,怎么这么快就被大本营批准了?晴气从东京一回来就马不停蹄地选址、划经费、调拨枪支弹药,急吼吼地搭起魔窟的架子,又是为了哪般?

这得从离上海千里之外的一件大事说起。自从1938年11月12日,汪精卫的秘密代表高宗武和梅思平同日本的今井武夫和伊藤芳男在本书开头所描绘的"重光堂会谈",达成的"重光堂密约"五条以后，梅思平将"重光堂密约"缝在西装马甲里面，带到重庆给汪精卫。汪就在 1938 年 12 月 18 日上午 8 时许，带着陈璧君、曾仲鸣、何文杰、陈常焘、桂连轩、王庚余六人，由重庆珊瑚坝机场飞抵昆明，再飞逃至越南河内，走上了公开叛逃投敌卖国的罪恶道路。12 月 29 日汪精卫发表了臭名昭著的《艳电》，向全国人民公开宣言自己当儿皇帝的野心。之后，这批汉奸由大本营准备派中国通的影佐祯昭乘日本轮"北光丸"带他们到上海。这群"国人皆曰杀"的无耻之徒在河内时，已遭军统的暗杀，可惜只打死国民党中央政治会议副秘书长、汪的高级秘书曾仲鸣，汪精卫漏网。军统自然会追踪到上海来。这一大批人人喊打的"过街老鼠"，得有批人马去庇护呀！这个任务便落到 76 号头上。所以大本营在给睛气的指令第三条第三款中，特别申明"（丁李特工）与汪兆铭和平运动合流"。

可见，这魔窟 76 号是"应运而生"的。

再说这条极司菲尔路，像是当时闹猛的静安寺地区的一只胳膊，横斜着伸向沪西北，抓牢另一个闹猛地带曹家渡。这条柏油马路，路不长，道不宽，可花头浓而透哩！除了工厂、商店、洋行公司之外，一些官僚、资本家、下野政客、失势军阀、汉奸的住家也在这儿聚集。于是乎，妓院、赌场、大烟馆、舞厅、戏院、茶馆因势而开，生意兴隆。盗匪多如牛毛，流氓窃贼白相人，正如垃圾堆上的蚊子苍蝇，嗡嗡嘤嘤，日夜哄闹着，这条马路便成了沪西歹土中的"神秘小道"。

76 号就坐落在"小道"的东侧，对过是一幢洋房的后墙。大门口外的马路，属于工部局控制的势力范围，自然设不得岗哨，布不成重兵。却也难不倒丁默邨这个特务头子,他灵机一动,门外限制门内补,便在大门顶上做起文章来,垒起个瞭望岗楼,紧贴大门修了两座左右对峙的碉堡为二道门。堡上凿有两排暗藏枪眼,架起四挺机枪。而后又在整座花园洋房四周,筑起钢筋水泥的两丈来高围墙,墙上拉着电网,密密麻麻,连一只野猫子也休想钻进去。修造、加固窟穴外围的同时,又改建、扩建、新建了内部设施。

在丁默邨挖空心思营建魔窟的时候,李士群亦使出浑身解数,日夜奔波,像捡垃圾似的在上海的流氓、绑匪、瘪三、窃贼等等人类的渣滓中招兵买马,扩建行动队三十名。又在租界巡捕、包打听中搜罗了一批眼线。再把上海滩头的党棍、恶霸、地痞、马路政客、失意军人等三教九流,招收到魔窟的麾下。

当窟穴初具规模后,踌躇满志的丁默邨、李士群打算出门去向主子报喜请功时,吴世宝进来了。

"丁先生,别走,门口有人。"

这话简单,却令人扫兴。丁默邨立刻上楼,拿起望远镜凑在窗口察看了半晌,发现76号门前的马路上,武装巡警队增加了,正在盘查来往的行人。路侧的小摊子,看来全是军统布下的眼线。"娘的×,铺子刚刚开张,老子还没开杀戒,就来找死了!"丁默邨放下望远镜,心里狠狠地骂道。接着,眨了几下眼睛,转念一想,又笑了:"这样更好,让日本人瞧瞧,该由他们去对付这些猪头三。"

原来日本人的算盘珠子是这么拨的:抗日分子由76号去暗杀,军统特务让76号去对付,情报得由76号提供,自己躲在幕后操纵。在这一点上，主子与奴才之间有了分歧。丁、李的想法却不同，先让日本人堂而皇之地进驻76号，可借此吓吓外国人，工部局的武装巡警对76号就奈何不得，门口前那班耀武扬威的巡警，会乖乖地撤走。这便是以洋治洋的法子。丁默邨正是抓住了这个时机，他笑了。他回头对跟随在身边的吴世宝说：

"世宝，你去打个电话给'泰利'汽车公司，叫两辆车子来。"

"好咪。"

"泰利"汽车公司的司机，都是吴世宝的小兄弟，丁、李要外出用车，都由"泰利"车子接送，从未泄过密，这使得他们俩十分满意。不到二十分钟，两辆出租轿车驶进76号。

丁默邨、李士群分别钻进76号自己的车子，拉上车帘，而后叫吴世宝与另一个打手各坐进"泰利"的出租车。

"还是你们两个坐出租车保险点。"吴世宝建议。

"不，我们要虚虚实实，弄得那班瘟生晕头转向。"丁默邨摇摇头说，"上车吧，拉好车帘。"

76号大铁门一拉开，四辆轿车如蜻蜓咬尾巴般飞驰而出。

盯梢的军统特务，最近也摸熟了76号的用车花招：丁、李两个不坐自己的车子的。他们见门内开出的第一、二辆是76号车子，第三、四辆才是出租车，军统的车子在后面紧紧盯住出租车。丁、李两个的车子在虹口乌鸦林子里的重光堂前停住了，而出租车还在外滩一带绕来绕去兜风。

丁默邨与李士群下车后，就让车子开回76号去。晴气少佐在重光堂接待他们。当李士群汇报过76号改建情况后，丁默邨接着提出邀请：

"在那幢房子里，也给您准备了一套房间，请少佐随意使用。我们还要雇一名好厨师，对膳食加以注意，决不会让您感到拘束。"

76号的顺利开张，晴气自然开心，提出用一名"好厨师"的事，也在他意料之中，只是要他住进去的邀请，却婉言谢绝：

"谢谢两位的关心，那边的事就拜托你们了，你俩放手大胆干吧！不需我去插一脚的。不过，两位提起厨师一事嘛，我这才想起有一名熟悉的日籍烧菜师傅。说实在的，他的手艺不亚于中国厨师，现在正好失业，经济上困难些。我想，他正合适。能不能雇他在76号工作呢？"

李士群随即拍手称好，丁默邨亦连连点头。

"我们76号对付军统与抗日分子是有把握的，只是这工部局也来围困我们，简直是咄咄逼人，要是没有皇军的支持，不好对付啊。请少佐考虑这种情况。"李士群仍然坚持原先的邀请。

晴气搔了搔后脑勺，觉得这一回是要自己单独做出决定的了。因为随着对吴佩孚工作的中断，土肥原中将和大迫少将于三月初调走了。参谋本部任命他全盘负责76号工作。另外，还委派塚本大尉和中岛少尉做他的助手。现在，这儿他是说了算的人物。晴气在桌边按了两下铃，仆人送进咖啡来。他客气地招呼：

"两位喝点咖啡，我到隔壁去打个电话。"

约莫过了二十分钟，晴气带一个人进来："我介绍一下，这位是中岛少尉——这两位是丁默邨先生和李士群先生。坐，大家坐，咱们坐下来谈。"

等大家都归座后,晴气下决心道:"两位先生再三邀请皇军进驻76号。中国有句俗话,恭敬不如从命,那我只好从命啰。中岛先生去住着吧,明天,我请上海宪兵队特高课课长林少佐再派四个宪兵准士官进驻。过些日子,我抽空去76号做客。你们两位看,这样满意吧!"

"太好了!"丁、李两个高兴得从座位上跳起来,同时向中岛伸出手去。

丁、李俩有个默契,在日本人那里,正事一完,便当告退。丁、李一出重光堂,门口等着的"泰利"出租车一前一后开过来。李士群钻进吴世宝一辆,丁默邨坐了后一辆。回76号的路上,他们心里想:明天皇军进驻了,看你工部局巡警还威风不!

有了魔王的撑腰,又有这阴森森的魔窟庇护,大小魔鬼们在上海滩抓人、杀人、吃人,更加肆无忌惮了。

三

几个月后的一个早上,76号里充满着异乎寻常的紧张气氛。日光下,刺刀和手枪令人可怕地闪闪发光,行动队严阵以待。

九点半光景,一辆黑色轿车驶抵76号大门,铁门咯吱一声打开了。在铁门里面,两座钢筋水泥碉堡的机枪口上,闪出惨淡的光亮。坐在车内的晴气庆胤心想,倘若有人胆敢从正门进攻,那就犹如"飞蛾扑火"一般。车子过了双双对峙的碉堡以后,丁默邨与李士群迎了上来。丁、李的后边,是五十来个全副武装的行动队,紧挨两座碉堡夹道列队。晴气一下车便看到这些威风的杀手，打从心里暗暗叫好，可是脸上不露一丝笑意，只是微微一点头便向前走去，丁、李随在后边。在一块草坪上，百来个小特务正在进行巷战搏斗训练，晴气停住脚步，李士群立即凑上前，报告：

"这支行动队已训练完毕，武器也配全了。两支队伍，全由他带领。"

李士群说完，向后一指。一个满脸黑疙瘩的大汉，上前几步，脚后跟啪地一靠，立正敬礼：

"报告少佐大人，行动队队长吴世宝为皇军效劳！"

"好，好。"晴气上下打量了一下吴世宝，他突然想起这个大汉，"我们见过面，在67号李先生家里，对吗？"

"您的眼力真厉害呀，可谓过目不忘哩！"一旁沉默不语的丁默邨亦上前凑趣，"请往这边走。"

他们走向草坪东边的一幢整洁平房。那是特意新建起来，给日本主子住的招待处，现在作为中岛少尉的住宅。当中是会客室，摆设新颖而又不很富丽堂皇，在当中的紫檀圆桌上，放着只大玻璃缸，美丽的热带鱼成群地游动，使房间更显出豪华。

晴气在一只单人沙发上坐下以后，对一边的中岛少尉告诫："对于军人来说，这房子太奢侈了。"

中岛少尉忙站起来解释："我原来也觉得……"

"这是为您准备的房间，现在中岛先生住着。我想，这会给您增添一些麻烦，但望暂时包涵一下。自中岛先生他们进驻76号以来，这儿的工作焕然一新。下面，让李先生向少佐汇报一下情况吧！"丁默邨话语间显出自己是主持决策身份，让副手李士群处于具体干事地位。

"我看还是先用餐吧，"李士群呢，亦露出不受羁勒的口气征求意见，"让我们76号的几个好手，都见一见晴气先生的面。饭后，边参观内部边谈工作吧！"

"这样好。"晴气同意。

在小餐厅里，76号的主要人物聚集一堂，美酒佳肴，摆满餐桌。原来一本正经的晴气，这时也干脆脱下上装，敞开肚皮吞食山珍海味，大杯大杯地往嘴里灌酒。坐在晴气左边的李士群卷起袖子，用筷子点着刚端上来的热气腾腾的一盘烤乳猪，文绉绉地让菜道：

"晴气先生，这是日本厨师的拿手好菜，趁热吃，请！"

晴气用筷子夹向乳猪的后腿，向上一提，盘子里的那只油光焦黄的小猪崽子骨架立即散开，随着酥肉里的一股热气，冒出一阵异香扑向吃客们的鼻子。晴气夹了一块放进嘴里一边大嚼，一边鼓着腮帮子不住地赞许："好吃，好吃！"等主子动筷尝鲜后，陪员们才将筷子伸向乳猪。

陪在晴气右边的丁默邨抓住时机凑趣："李先生真是小气透顶啰，这么高明的日本厨师只管自己留着用，谁也不让借！少佐先生，您训斥他一顿吧！"

"实在对不起呀，在这方面请多多包涵。"李士群故作惊慌，一本正经地道歉，引得小餐厅里人们忍不住哄堂大笑起来。之后是互相祝酒碰杯，唱日本歌，直闹到午后一点才散席。

会餐后，李士群领头，丁默邨陪侍，请晴气参观76号内部。在这大宅子的中间，有两幢主楼。东面一座楼称"高洋房"，底楼是76号总部，有会议室、会客室、贮藏室、电话接线室、办公室等等。窗子全装上了铁栅，入口和楼梯上装有铁栅门。门后有个秘密地下通道。二楼是丁默邨与李士群的寝室与办公室。诡诈而满腹狐疑的丁默邨，平常不睡在床上，而钻在浴室里困觉。他的浴室四周装有防弹钢板，睡时，只在浴缸上放张棕绷，早起后，把棕绷拿掉，使人不易发觉。三楼空着，临时派用场。

西边一幢主楼是三开间、两进的石库门楼房，四周有走马楼。在走马楼中间的天井上新搭了一个玻璃棚，把楼下前后两厢与客厅打通，改为一个大厅，再搭上一个讲台，权作"大礼堂"了。这幢房子的东北角上，有一排二十来间的平房，那是拘留所。李士群领着晴气走过这儿时，做了介绍：

"我们称它为反省室。重要人物，住单间，现在关着市党部几个。其余的房间关的是军统的顽固分子，他们若不反省归顺我们，就毙了。"

牢房里透出股股臭气，晴气取出手帕捂住鼻子。丁默邨见了，赶忙向李士群使了个眼色，开口道：

"有几个顽固分子总认为'老子不开口，神仙难下手'，可我们虽不是神仙，却有先进的耳报神。晴气先生是否去看看我们的情报部？"

"呵，情报部也弄起来了，去参观参观！"晴气装出十分惊异，快步离开。

在宅院的东侧，排列着长长一溜机密房，房前耸立着三座二十来米高的铁塔。晴气看到在无线电室里排放着十台崭新的短波接收机，头戴耳机的人在埋头记录，他们监听着对重庆与上海军统的秘密通信。密码破译室里鸦雀无声,二十名男女聚精会神地在破译,试图揭开对方的通信秘密。鉴别室里摆满了红红绿绿的药水,一批密信正在化验显影。

晴气深深地感动了,他真想不到短短几个月之内,两个中国特务竟如此神通广大,营就了这么齐备的特务机关,几百万日元没有白费!

"咍,呱呱叫!"晴气跷起大拇指来晃荡,"我们定叫戴笠哭鼻子!"

"军统那笔账,明朝就开始清算。"丁默邨咬牙切齿地说,"我要血洗……"

"报告少佐大人,家里来电话,说有份加急密电等您去处理。"一个日本宪兵准士官气喘吁吁地跑来禀报。

晴气听了,回头与丁、李两个耳语了一阵子后,转身对准士官说:"备车!"

四

桌上摊着一份令人费解的电报:

请到"浅间丸"上来收领佛像一尊、梅钵一个。

香港发

晴气庆胤双目紧闭,皱着眉头呆呆地坐着寻思:"发报人不详,又是用密码拍的,可能是回香港的阿环。这女人,尽玩花样。这'佛像'和'梅钵'指的什么呢？那艘'浅间丸'的航线是？"

想到这儿，他睁开眼，抓过桌角的电话听筒拨了几个号码后，问：

"林少佐吗？我是晴气。"

"你的成绩大大的哩，哈哈！"听筒里传出对方大笑声。

"你指的是什么呀？"

"自然是76号啰，有吃、有喝，又可以杀人。可惜少几个花姑娘，啊呵呵！"又是一阵狂笑。

"下次请您一道去，让他们准备花姑娘，好吗？"晴气不等对方停住笑，便转入正题，"今天，有件事要向您请教。您可晓得我们的'浅间丸'走的航线？"

"旧金山—香港—上海—横滨，明天有班船到。怎么，要安排人去日本？"

"是的，有几个家属要回日本去，顺便问问，麻烦您了，再见！"

晴气放下话筒，拍拍脑门，恍然大悟，不禁哈哈大笑起来。他想起了去年12月18日汪精卫从重庆飞到昆明，19日逃到河内。29日发表"艳电"，公开宣布响应"近卫三原则"后，蒋介石派军统特务到河内暗杀，结果另一个亲日派曾仲鸣做了替死鬼。前些日子，东京大本营派影佐祯昭去河内，正想法子接汪精卫来上海哩！

"对了，这'佛像'，不正是周佛海么！如佛像指的是周佛海，那么，'梅钵'无疑是指梅思平了。这两人，是汪精卫的左右手,他们一直待在香港。他们是来打前站的。"

晴气相信自己的判断。他按了一下电铃,助手立即推门进来:

"少佐阁下有何吩咐?"

"你给我找一下周佛海与梅思平的材料。"

"哈依!"

不到五分钟,两张卡片送来了。晴气拿起一张,看着:

> 周佛海,湖南阮陵人。1897年生。毕业于日本京都帝国大学经济学专业。参加过共产主义小组,1921年出席过中国共产党第一次代表大会,一度参加过"孤军社",信奉过国家主义。1924年任国民党中央宣传部秘书兼广东大学教授,于同年脱离共产党。1925年参与西山派的反共分裂活动。南京政府成立后,为蒋介石看重,历任中央陆军军官学校总教官、军事委员会训练总监部政训处长、总司令部政治部主任等职。1931年,当选为国民党第四届中央执行委员会委员。1937年以来,任国民党宣传部代部长、侍从室第二处副主任。1938年12月初以视察宣传工作名义,先期到昆明,为汪先生出奔河内打前站……

"嗨,有意思!共产党—国民党—亲日派,有意思,我们还可以用日语交谈哩!"晴气边自语边放下这张卡片,随手又拿起另一张,眯起眼瞧着。

第二天傍晚,豪华客轮"浅间丸"在公平路码头渐渐靠岸。

苍茫的暮色中，接客的、拉生意的、探情报的各色人等，喧嚷着涌向栈桥边。改穿西装的晴气，戴了黑色礼帽，鼻子上架副茶镜，悠闲地坐在自己的轿车里，轿车停在码头的一角。他透过车窗帘子，看着混浊泛黄的江水，不时侧过头来，瞟一眼人群中的褚民谊。褚民谊是汪精卫老婆陈璧君的妹夫，他与汪是连襟。头戴礼帽，身着长衫，架副眼镜在鼻梁上，正与身边的一个中年绅士耳语着什么。装出一副学者派头的中年人，晴气也认得，名叫傅式说，是上海某大学的教授，如今已是褚在上海"和平"运动的得力助手。他们俩，竭力分开人群，挤到前头，双眼瞪得大大的，想从熙熙攘攘的甲板上，寻找什么人似的。拥在舷边、身穿五颜六色盛装的乘客们，挥舞着手帕，拉长了脖子朝下望着，寻找自己的目标，正与栈桥两旁的人群呼应着。

舷梯放下来了，乘客们争先恐后地推搡着下船，与前来迎接的人们握手、拥抱、亲吻，然后随着人流淹没在门外车夫、小贩、招客员的包围中。

甲板上的客人都下完了，褚民谊与傅式说没找到要接的人，摇着头，扫兴地离开了栈桥，走了。在离他们不远的一个青年，装作脱帽搔头的样子，往什么地方打了暗号后，也匆匆走了。

这一切，晴气全看在眼里。他凭自己的嗅觉，嗅出了军统在盯褚民谊的梢，要是周、梅这会儿下船的话，非吃军统的枪子不可。他边想边登上"浅间丸"，事务长领他到一间暗舱前。门口一个大汉站着，见了事务长领人来，即转身笃笃笃，叩了三下门，门开了，两个穿西装的中国绅士迎了上来。晴气一打手势，跨进门去，事务长与大汉留在门外。

"我是周佛海,见到阁下,太荣幸了!"四十多岁的绅士操着一口流利的日语,边打躬边说。

"欢迎两位!"相反,晴气却弯着舌头,讲起生硬的汉语来,并摆了摆手,"坐下谈。大街小巷布满了军统特务,白天上岸危险,得待到断黑,咱们去礼查饭店。"

礼查饭店是幢英国式的房子,非常阴暗,坐落在外白渡桥北堍,由日本人经营。旅馆内,由林少佐的宪兵暗中严密警戒;屋外,流着混浊的苏州河水;不远,日本海军陆战队哨兵刺刀在桥头灯光下闪闪发亮。在刺刀的掩护下,晴气安排76号的正副主任丁默邨、李士群与周佛海、梅思平通宵达旦地会谈。

"至于周、梅两位的安全问题,放心好了,我派76号的大将吴世宝负责。"会谈接近尾声时,丁默邨设法解除周佛海的重重忧心,"他是我们的行动队长。"

"可靠吗?"周佛海低声问。

"这人我了解,是把好手。他跟我多年了。"李士群觉得有必要在晴气与周佛海前,将自己的干将演说一番。

大小汉奸讲斤两

一

在重光堂的西边,越过淞沪铁路线,有片杂树林,树林尽头藏着一幢别致的别墅。别墅的小客厅里,烟雾弥漫。周佛海一支接一支地吸纸烟。

"思平,上次你在礼查饭店里说过,你认得吴世宝的老婆佘爱珍,她的外号叫什么来着?"周佛海吐出白色烟圈,向旁边深埋在沙发里的梅思平问。

"外号叫'双枪骚'。怎么,你感兴趣?"

"别胡调!她怎么会有这样一个绰号?"

"你看,还不是感兴趣了呗!"

两人仰面哈哈大笑。

"不瞒老兄说,这个'骚货',我还见过一面哩!"梅思平点起一支烟,回忆起来,"这个佘爱珍,现在是横行上海滩的'风云人物'啰,十几年前还是启秀女子中学学生呢!她父亲是广东人,在虹口武昌路开了一家茶叶庄,她是个女小开,还在启秀女中竞选过校花哩!在毕业典礼上,她上台致答谢辞的时候,我正好应邀坐在主席台上,看她那股风流辣骚劲儿,令人想起《红楼梦》中的王熙凤来。后来不知怎么搞的,让上海著名的三大骗子之一、开设'神功济众水'的药号老板施德之骗到手,做了施的小老婆。你想,施老头子的'神功水'再有效,也养不壮自己那根阳货,哪里满足得了这女人的骚劲!"

梅思平把烟蒂扔进烟灰缸里,掏出手帕揩揩嘴唇,起身给自己沏了杯龙井茶,问:"你要茶吗?"等周佛海摇摇头,他端着茶杯,回到座位,又埋进沙发里。

"哎,后来呢?"周佛海等得不耐烦了,问。

"后来,"梅思平似乎才想起刚才的话还未完,接着说,"后来嘛,吴世宝向施老头敲竹杠,这个小妾自告奋勇出面讲斤两。两人一交手便生出一段姻缘来。女的看中阿宝的大码子,男的中意爱珍的骚劲,气味相投,一拍即合,就做起露水夫妻来了。女的做了季云卿的干女儿后,便从施德之那儿下堂,嫁给了吴世宝。世宝得了这个'贤内助',如虎添翼,言听计从。许多绑架的事,多半是她设计安排的。她还是76号的干将之一哩!据说女人整治女人,最厉害,更歹毒。"

"昨天,我见到她的芳容了,她求我帮帮忙,为张国震留条后路。"

"张国震,她怎么好不保?"

"什么意思?"

"那是她的候补男人。"

"哦,我懂了,怪不得叫她'双枪骚'了。"

"听说还有一个叫李祖莱的,也是她的姘头哩!——好了,闲话不讲啦,咱们谈正经的,张国震这小子,你救还是不救?"

"要救。"周佛海回答得干脆。

梅思平摇了摇头，有些疑惑地问："佛海兄，我们搞和平救国，何至于把流氓、地痞、无赖、绑匪都一律招来，任其横行上海滩，弄成声名狼藉呢？"

"哈哈，老兄真是教授头脑。"梅思平当过中央政治学校教授，一度荣任过江宁实验县县长，周佛海善意地打趣他，"大凡历史上任何一个政权草创之际，鸡鸣狗盗之徒，应该无所不容。汉高祖刘邦的股肱樊哙，是个杀狗的地痞；朱元璋的大将……好，远的不说，以近事来论，譬如北伐军定鼎南京之初，三大亨（黄金荣、杜月笙、张啸林）也曾因此脱颖而出，助老蒋一臂之力呀！"

这一通"流氓创世说"，说得政治教授梅思平频频点头称是。

周佛海又接着说："如今正是用人之际，汪公就要来沪，你我与汪公的安全，亦得赖这些人保护。我何不做个顺水人情，请日本朋友高抬贵手，放姓张的一码？何况人已死，财已掠，杀个把绑匪，也不过是出出气而已！"

"老兄说得有理——晴气先生约我们几点去？"梅思平突然想起主子的召见来。

"九点。"周佛海一瞧手腕上的表，"哟，八点半了，走吧！"

两人在门口上了汽车，直往重光堂去商量迎接汪精卫的事。

当重光堂里主子领着奴才，研究如何迎接汪精卫的时候，上海滩的另一头——法租界祥庆里的一幢石库门房子内，军统上海区区长王天木正在向部属布置刺汪任务。到会的有副区长兼行动总队长的赵理君，区书记陈明楚，特工詹森、刘戈青，等等。

抗战初期，军统上海区是由周伟龙任区长的，1938年11月，周伟龙被法租界警务处拘捕以后，戴笠委任赵理君代理区长。后来又派王天木为区长，赵理君改任副区长兼行动总队长。因为王天木是"外来户"，任上海区长后的第一件大事，便是刺汪，正好是显示自己的极好时机。于是他在会上，做起了报告，介绍汪精卫近几个月来的活动情况。他从1938年11月16日，汪、蒋吵架讲起。

1938年11月16日，国民党中央开会，会后聚餐。汪精卫借着相互敬酒机会，手捧杯子走到蒋介石面前说："自从国父逝世十二余年，党国重任一直落在你我二人肩上。开始是由我主政，但我很惭愧，没有把党国治理好。后来由蒋先生主政，你同样没把党国治理好。如今，祖国半壁河山沦陷在日本人手里，千百万同胞惨死在日本人的枪林弹雨之下，你我应该感到有愧祖宗，有愧同胞，有愧子孙！因此，我提议：我俩联袂辞职，以谢天下！"他说完，高举酒杯，面对蒋介石，等着答复。受着这么个突然袭击的蒋介石，面色铁青，两手哆嗦，将盛白开水的玻璃杯往桌面一砸："如果我辞职了，谁来负起抗战责任？"他亦离开座位，站到汪的面前，双手叉腰，吼道，"逼我辞职，办不到！哼，一万个办不到！"说着离开餐厅，走到门口时，又加了一句："日本人正梦想我下台哩！"

这场争吵，汪精卫没捞到半根稻草，反而更显狼狈相。他回到上清寺官邸后，便与老婆陈璧君说："我再也无法与蒋介石这流氓在一起干了！无论台上台下，我都受气。思前想后，只有逃出重庆一条路可走了。"

汪精卫脱离蒋介石后逃至河内。其间，戴笠派唐英杰、陈邦国、陈步云等人在河内高朗街27号刺汪，未果。汪已于4月25日深夜逃出河内，在海防附近港口乘上小货轮"凤安号"。4月28日，在广东汕头洋面，爬上前来接应的日本"北光丸"轮船。这条"北光丸"是日本人为了把汪精卫的"和平运动"中心转到上海来，特意向山下轮船公司征调来的货轮，船上还有众议员犬养健、外务省书记官矢野征纪和军部军务课长影佐祯昭大佐三个。汪精卫只带老婆陈璧君与秘书周隆庠两个。

"他们身边没有得力保镖，"王天木滔滔不绝地讲了一通，这时才涉及问题的中心，"据精确计算航程，他们可于5月6、7、8三日内到达上海。戴老板（戴笠）命令我们，伺机下手，不可击而不中，更不可重蹈河内行动覆辙。现在请赵总队长宣布一下具体计划。"

王天木向待在一边的赵理君点点头。赵理君对王只称他为总队长而不称副区长，有些恼火。语气冷得很："我拟了个方案。第一步是趁船靠码头，汪上岸时干；如果无法下手，第二步路上杀。若让他一进到王八窝，动手就难了。船可能停靠的几个码头，都要布置埋伏。至于行动时间，听我的命令。"

"王区长，咱们的枪是否换一下，换成快慢机。"特工詹森提议。

"现在你们操的是什么家伙？"王天木问。

"大部分用左轮，32口径的与42口径的史密斯韦森牌。"赵理君回答，"我看不用换。下手时，要是第一第二枪不命中，再想开枪，恐怕也无济于事啰。这不是巷战，用不到扫射。再说，现有的毒弹，也只有这两种口径的。王兄，你看呢？"

王天木点点头说："总队长说得极是。瞄住目标，我们要一弹致命。到时大功告成，戴老板与蒋委员长，一定重赏。"

"假如没有别的事，就这样定了。分头准备吧！"

"等等，还有一件事得提一下。刚才讲的汪与日本人有份《重光堂密约》，据我们得到的情报，汪精卫在重庆时，将它交给老婆保管，陈璧君先是藏到自己妹妹陈淑君那里，后来又觉得不保险，取回烧掉了。若在座各位有门路从日本人那儿搞到它，戴老板说，立刻可以升官发财。机不可失呀！散会。"王天木讲这番话，目的有二：一是显示自己与军统核心联系密切；二是表示，散会应由他来宣布。

等几个特工人员陆续退出，王天木将赵理君袖子管一拉，轻轻地说："你留一下。"

两人重新坐下后，王天木从西装背心的小口袋里掏出一封戴笠的亲笔信来，递给对方。赵理君打开一看，内中只一句话："有人通敌，速查出，处死。"他看了两遍，摇摇头叹道：

"不至于吧！"

"鸭肫难剥，人心难托呀，在这个乱世，难保没人见利忘义的。老弟，别大意失荆州啊！老板就怕你手太软啰！"王天木以特派区长的身份，隐含教训的口气说。

"你懂个屁，老三老四。"赵理君心里骂道，可是说出口来的却是，"王区长说的是，我是有失警惕。容我几天内，查个水落石出。"

"那好，我等你的消息。以后我们俩尽量少碰头，联络的办法——"王天木说到这儿，从西装胸袋里取出一块装饰手绢，递了过去,"在这上头。"

两人出了石库门,一个朝西,一个往东,各人想着同一个心思:"戴老板重用他还是重用我?"

戴笠的情报是准确的。军统上海站内部的确有人通敌,王天木一到上海,76号就知道了。等丁默邨与李士群从重光堂回来,一份密报已放在李士群的桌上:王的任务——刺汪。

李士群看过,皱着眉头交给丁默邨。丁看过,划根洋火烧了。他耸耸瘦削的肩膀,显得轻松,背起手踱了几步,而后走到李的旁边,在耳朵边上咕噜了几句,两人哈哈大笑起来。

二

5月8日下午三点,"北光丸"到了吴淞口,影佐祯昭脱下军服,改装起来。一抹漂亮的唇髭,忍痛剃掉,扁平的大蒜鼻子上,架上一副金丝边眼镜,穿起咖啡色毛哔叽的西装,俨然绅士派头,可是那双凶光毕露的鹰眼,是无法遮掩的。

他穿戴好了,一步三摇地踱进轮船的大餐间。

他一进门,汪精卫夫妇与秘书周隆庠立即起身点头致意,犬养健也放下手里的咖啡杯,站了起来。周隆庠赶忙过去拉开一把椅子,掏出手绢抹了抹,请影佐坐。用人也立即端上一杯午后浓咖啡来,放在桌子上。

影佐向大家点了点头,但并不就座喝咖啡,而是向他们招一招手,自己先走到一排玻璃窗前,汪精卫、陈璧君与犬养健随即跟了过去。

"现在，我们进黄浦江了。"

影佐显出欣慰的神色。汪精卫望着浑浊灰黄的江水，听那轧轧急响着的轮机声，感触万千。船头激起几尺高的白浪，左右舷边卷起两条白练，拖得远远的。江水撞着堤岸，啪啦，啪啦！黄浦江怒吼着。

"大佐，收到晴气少佐来电，让'北光丸'在江心抛锚。"外务省书记官矢野征纪毕恭毕敬地向影佐大佐报告。

影佐理解晴气的决定，那是为了不让军统有接近汪的机会，不用码头，不用栈桥。他满意地点点头，吩咐：

"你去通知大副。"

"是！"矢野答应了一声，退出大餐间去。

待在一边看江景的汪精卫听了，感激地说："这位晴气先生，想得真周到！"

"在上海的军统还这么厉害？"陈璧君问。

"贵国有句老话，叫'小心没有过分的'，为了您与汪先生的安全，我们的晴气少佐恐怕'夜不成寐'哩！"犬养健卖弄着几个成语，显出自己是个中国通。

"实在不敢当，要晴气先生如此操心，兆铭于心不安！"

"汪先生是远东第一伟人，贵宾到沪，自然要做到万无一失的呀。再说，为了日中共同利益，为了和平事业，那就难分彼此啰！"

影佐说着，冲汪精卫夫妇哈哈大笑起来。猛然间一声汽笛怪叫，把舱里的几个人吓了一跳，接着，船身猛地一震，往右边侧，桌上的咖啡杯盘哗啦一声全掀落在地板上。震得五个男女东倒西歪，他们的脸都青了，陈璧君一屁股跌坐在地板上，影佐扶着舱壁跑到门口，大声问："出了什么事？"

没有人回答。水面上隐约传来了喊声：

"救命呀！救命！"

"北光丸"在黄浦江上横冲直撞，一条出港的木船扳艄稍微慢了一点，被撞翻了。一个人湿淋淋地扳住木船后艄，透出水面，喊着"救命"。"北光丸"上的大副、水手，没一个理睬的。

船恢复了平稳，照旧往前开，并不减速。影佐掏出白手帕，擦拭了脑门的冷汗，回身招呼汪精卫与犬养健到桌子边坐。汪精卫先是听到喊声，而后将头伸出窗口，看到了木船的翻底、沉没。他庆幸自己坐的"北光丸"撞翻了小木船，而不是什么万吨巨轮或航空母舰来撞"北光丸"。

"没事，没事！"

汪精卫转身扶起自己的老婆，似乎安慰她，也在对自己说。

几分钟后，船减速，轧轧声消失，"北光丸"停在公平路码头对过的江心里。

半个小时后，晴气带着周佛海、丁默邨与李士群坐着小汽艇赶来船上拜见。过了会儿，褚民谊与梅思平也赶到了。

在大餐间里，这些人在"初次见面，幸会，幸会""请多多关照""久仰，久仰"的客套的寒暄语声中，相互鞠躬、握手、让座，乱哄哄地闹了刻把钟，才安坐下来喝咖啡。大家似乎都有点儿拘束，只有褚民谊活跃些。他坐在陈璧君与汪精卫之间，一会儿咬着陈璧君的耳朵，姐姐长、姐姐短地说个没完，一会儿又附在汪的耳边嘀嘀咕咕。善于外交场合应付的汪精卫觉得在众人之间几个人窃窃私语，不太礼貌，便微笑着向在座各人点点头，说：

"承蒙各位前来迎接，实在不敢当。我与璧君感激万分！刚才，我们谈了谈上岸后住哪儿的事。璧君与民谊的主意，是住到沪西去。看看大家的意见吧！"

周佛海第一个摇头，他想起唐绍仪被暗杀的情景，不禁汗毛直竖。他认为得等到在租界里清除了军统后，汪以及其他人再住到沪西，较为理想，因为那儿容易接触中国人，可以开展"和平运动"，特别是可借重"76号"的威力。接着，他便介绍了"76号"的工作情况。汪精卫听了开心，站起来隔着桌子与丁默邨、李士群握手，并鼓励他们："我期待76号在上海滩更加活跃起来，为和平运动做更大的贡献。你们两位是有功之臣！"

李士群听到这位他所敬佩的党内元老赞扬，已是感激之至，表示今后愿效犬马之劳。然而，丁默邨却只是略点了点头，神情冷漠。

"要在租界里清除军统，"李士群解释道，"目前还只是个愿望而已。汪先生马上要住沪西，实在危险的。请忍耐一下，暂时住到虹口日本海军陆战队的宿舍里去，等我们……"

"李先生说得好，我们欢迎汪先生住到我们陆战队去！"

"好，我听影佐先生的。"汪精卫在影佐祯昭做了决定以后，马上表态。

影佐与坐在旁边的晴气用日语轻轻地交谈了几句以后，宣布：为了保卫远东第一伟人的安全，夫妇俩得在陆上警备工作一切就绪后，第二天早晨上岸，今晚得留在船上过夜。他又告诫其他人，为了防止"为山九仞功亏一篑"，要大家注意自己一举一动，万勿失密。

在暮霭四合中，人们纷纷告辞汪精卫，各自分别离船。军统计划在码头或路上狙击汪精卫的打算，落空了！

影佐在晴气的陪同下，驱车来到重光堂。为了欢迎明天上岸的汪精卫夫妇，重光堂的准备工作忙个不停。傍晚，影佐大佐在晴气少佐的招待下，吃饱了，喝足了，正斜靠在小客厅的沙发上用火柴梗剔着牙缝，打着饱嗝，听着晴气向陆战队打电话。

"报告！"门外响起卫兵的声音。

"进来。"晴气搁下电话听筒，说。

"报告大佐，汪夫人来访。"

"什么汪夫人？"影佐吐掉咬在牙齿间的火柴梗，不解地问。

"就是汪精卫先生的夫人，陈璧君女士呀！"卫兵口齿伶俐地解释道。

"她怎么这会儿上岸？"影佐眉头打结，向晴气看了一眼，摊了摊手，说，"请吧！"

到底发生了什么事？不是已经说好了留在船上过夜吗？两个日本军佐都吃惊了。他们慌慌张张地跑到大门口，陈璧君已站在那里等着。她向影佐嫣然一笑，说："影佐先生，实在打扰。我要上法租界我女儿那儿去一趟，想借用一下您的汽车。兆铭在船上，多多拜托您啦！"

影佐无奈，只得借给她自己的座车。

原来，在影佐与晴气离船后不久，陈璧君就向日本的警卫员提出她也要上岸，没有得到同意。到傍晚，天黑下来以后，她便疯疯癫癫地说："如果没有驳船可上岸，就是游也要游到岸上去。"警卫员无法抵挡女人的撒泼,只得把她送到重光堂来。

陈璧君坐车一走,晴气马上打电话给丁默邨,要他们派人暗中保护。丁、李自然照办无误。等吴世宝亲自带人出动以后,丁默邨在办公室里踱着方步,向正在查看上海地图的李士群说:"你怎么看这位夫人的这个突然袭击?"

"歇斯底里。"

"不,内中有奥妙。"

"呣?"

"投石问路。"

"此话怎讲?"

"是老汪的一步棋子,试一试日本人能给他多大自由,是不是一切行动全受日本人监视。也可以说是一次讨价。"

"哼,难道我们不可以也来要个价?难道……"

桌上的电话铃响了,李士群抓起听筒:"我是啊,哦,晴气先生,您好,您好!呣……呣……呣,我记住了,明天下午两点。好,再见!"

李士群放下听筒,告诉丁默邨,影佐与晴气他们的意见,让我们与汪先生他们正式商谈两方面联合的条件。日本人不参加。地点是百老汇大厦。丁默邨听了,开心地笑了,这是他见汪以后第一次笑。

三

百老汇大厦的九层楼,日本人已把它辟为"和运"的大本营。汪的"和运干部"每日到这儿碰头。这一天下午,丁默邨、李士群按时到达,由周佛海和褚民谊两个接进904房间,沏茶敬烟。过了刻把钟光景,大约是两点半吧,里间的门开了,汪精卫容光焕发,笑容可掬地踱了出来,双手在胸前拱了几下,连声说:"坐,坐,不必拘礼,不要起来。"

他自己在一只单人沙发上坐下,顺手打开茶几上的一个红木匣子,取了支吕宋雪茄在鼻子底下擦了擦,闻了闻香味,又放回原处,抬头对大家说:"在我这儿尽可以随便一些。茶与咖啡,香烟与雪茄,凭各人喜欢自取,不必拘束。今天都是自己人交换意见,大家随便谈,有什么说什么。你们看,这样好吗?"

周佛海点点头:"这样好,这样好!丁、李两位是上海滩的老土地,还是请两位多多发表意见吧!"

一阵沉默。李士群向身旁的丁默邨看了一眼,丁从口袋里摸出一张纸条,递给周佛海,并说:"我们拟了两条,请汪公过目。"

周佛海先把条子送到汪精卫面前,汪打开来看,那上面写着两条——

一、承认"76号"为汪先生领导下的国民党的秘密警察组织,并以此为基础,成立特务工作总司令部(特工总部),10月份以后,经费由汪先生供给;

二、如果新立中央政府,希能取得内政部部长和上海市市长、江苏省主席的席位。

汪将条款看了两遍,再递给周佛海与褚民谊看。周、褚两个看了,不由得张开了嘴,面面相觑,觉得对方要价太高了。两人看着汪精卫,微微摇头,显出吃惊神情。汪精卫却不动声色,从沙发上站起来，走向套间里去。走到门口，又回过头来，向周、褚两个点点头，示意他们也跟着去。

等房间里剩下两个人的时候，李士群一支接一支抽烟，丁默邨走到窗口，眺望着外滩那迷人的景色。看那外白渡桥上来来往往的汽车，细小得像甲壳虫在爬，桥头北堍荷枪实弹的日本兵，宛如几只臭虫叮着。丁默邨心想，过不了多少日子，这些小甲壳虫全得听我这个市长的，桥南的租界统统收回，整个上海滩全捏在我的手心里……

当——当——当的钟声，从远处海关大钟楼上飘来，打断了他的思绪，抬起手腕上的表一看，三点了。套间的门开了，踱出汪精卫来。

"我们考虑了一下你俩的意见，很高兴把76号改为特工总部。经费问题，同影佐大佐商量后再定，会使你们满意的。只是上海市市长和江苏省主席位置，不能给76号。因为上海和江苏是和平运动的基地。至于内政部长，我觉得这个部范围广泛，由特工方面来兼任是困难的。不过警察行政可由特工去搞，可以把警察行政从内政部划分出来，新设个警察部，部长、次长全由你们安排。你们看，这样好不好？"汪精卫在里间与亲信们商议后，就站在丁、李之间，笑容可掬地协商着。说完这番话后才坐到李士群身边，翘首等待对方的反应。李士群正想开口表达，丁默邨从窗口走过来，抢着说："汪先生，市长这个位子应该给我们，否则，上海滩头许许多多事体，不好办呀！"

汪精卫摇摇头："这事，我也不好办！"

丁默邨脸色阴沉，回转到窗口，紧咬牙床，向远处眺望着。

李士群站起来跟到窗口，两人轻轻地交换了一下意见，李劝丁妥协，丁不住地摇头。房内气氛沉闷。特务头子丁默邨是单刀直入，讨价还价不避赤裸裸的字眼，咬定价格不松口。谈判老手汪精卫却善于打迂回战，碰到此路不通绕道走。他的左手无名指在自己油光闪闪的发丝间理了几下，一个主意来到心头，他打破尴尬的沉默：

"丁先生，我这人就喜欢你这种脾气，有一说一，不含糊。没有把握的事，我也不轻易开空头支票，哄人。市长这位置，咱们从长计议吧！我还得与另外几派努力协商后，才可定。要不然我贸然应允，别人闹将起来，又摆不平了。这事搁几天再议，好勿好？"

汪精卫斜眼瞥了一下窗口的丁、李两个，李士群已在微微颔首，丁默邨木然不动，没有表示。

"我想在8月底召开国民党全国代表大会，请你们务必做大会的发起人。到那时，你们是和平运动的功臣了，分几个好位子不成问题。"

从2月份以来，丁默邨就希望亲自主持召开国民党代表大会，他在前些日子搜罗市党部的成员，也不过是为开这次大会做的准备，现在听汪精卫这番话，正中下怀。原来迷恋上海市市长这把金光闪闪的交椅心情，也开始活络起来。他转过身来，点头同意。

"那大会就放在你的76号开，准备工作没问题吧？"汪精卫看到僵局打开，进一步敲定。

"愿用性命担保，一定不辜负您的期望。"丁默邨起誓了。

"还有一件事,"周佛海从里间抢出来,提出尽快"清除"租界里的抗日势力,让汪精卫以及周佛海、梅思平一伙,早日搬到沪西居住,以此来消除人们心目中"日本傀儡"的印象,有利于和平运动的开展。李士群认为租界里的抗日势力,到7月份才能彻底肃清。与此同时,沪西的住宅区也就改造完成,可以迁居。一切保安保卫工作,由76号包下来。

谈到这一步,双方才算拍板成交。

接着是由汪精卫招待请客,双方欢欢喜喜地乘电梯到五楼小餐厅赴晚宴。在餐桌上,汪精卫将自己的决定悄悄地告诉丁、李:他想利用这段迁居前的空隙时间,访问日本,摸清日本主子的真心实意,商定建立汪伪政权的一系列重大问题。丁默邨放下筷子,拍着胸脯说:

"等汪先生一行由东京归来,便可乔迁沪西了。"

"好,一言为定!"汪精卫举起酒杯一饮而尽。同席的也举杯仰脖子灌下,相互亮亮杯底,发出一阵哈哈大笑。

5月26日,汪精卫带了周佛海、梅思平、高宗武、陶希圣等人,乘日本专机飞往东京去了。

四

抗战前,沪西愚园路上有条"乌衣巷",那就是1136弄。东晋时,南京秦淮河南岸的乌衣巷,是高门士族的聚居地。开国元勋王导和指挥淝水之战的谢安,都在这儿建造亭台楼阁,富家大户跟着在此筑起安乐享福的香巢。巷里洞洞朱门,日夜闹盈着流水般的车马。而愚园路的1136弄，也净是国民党军政要员大富大贵者们的花园洋房，共有十三家。时人称它为"乌衣巷"。长长的弄堂断着头，只有愚园路一个出口。

国民党政府原交通部长王伯群就在这弄内营造了一座"金屋"。一些老上海，说不定还记得当时轰动一时的"大学校长与女生吊膀子"的丑闻来。那是20年代末，王伯群当上海大夏大学校长时，有一次做总理纪念周，王校长上台训话，他向来以口才出众，才思敏捷自负。他演说从不带讲稿，滔滔不绝几小时，不在话下。这次他向台下的莘莘学子训话，真是一泻千里，台下听众鸦雀无声，仰头承训。他在得意间，突然发现坐在台下第一排第三个位子上的女学生，美貌惊人，她正是校花保碧秀。真是秀色可餐，美艳吸魂，弄得校长的灵魂出了窍，于是演说不知所云，后来干脆停住了，一下子哑在讲台上。等他回过神来，台底下的学生已是窃窃私语着，礼堂里一片嗡嗡作响。不过，他是久经沙场的老将，在此场合亦能随机应变，当即许诺：

"同学们辛苦了，下午每人发两只肉包子！"

台下一片哗然。

陪同一边的总务处长，头子活络，当即便轧出苗头，觉察到校长对校花产生了浓厚的兴趣。现成的马屁，不可不拍，抓住机会，硬是将保碧秀撮合给王伯群做了老婆。王得此美人，便特意选定这"乌衣巷"内，建造了一座花园洋房，为"藏娇"之所。1931年主编《生活周刊》的进步作家邹韬奋先生，对这种丑恶现象，十分气愤，还将这座洋房拍成照片，登在刊物上曝光。如今，这所大住宅，已作为"敌产"被日本人没收。丁默邨与李士群对愚园路1136弄早已垂涎三尺，特别是这所"金屋"，更是向往。现在借着给"和平运动"要人落实住宅的机会，由76号出面，从日本人手中讨了过来。之后，他们觉得这弄内环境清幽、僻静，鸟语花香，设施完整，又靠近76号。干脆把弄内所有住户统统轰走，终于把1136弄改造加工成为清一色的汉奸巢穴。经过改建后的"乌衣巷"，多了几分魔窟的阴森气。你看那几幢别致的洋房周围砌起高墙，墙上架起铁丝网，门窗上钉上了铁栅栏。在给汪精卫与周佛海的两所住宅后边的假山旁，用钢筋水泥堆起个瞭望楼，大门前还筑了碉堡型的哨所。76号委派张鲁带领一个警卫大队，日夜在弄内巡逻，专门保卫全弄的安全。于是，花木凋零了，鸟儿吓得噤声不敢叫了，乌衣巷变成了藏污纳垢的"污泥凼"。

6月29日，汪精卫一行绕道天津、北平回到上海后，就迁入这新窝窝里。同时，周佛海、陈春圃、林柏生、汤良礼、罗君强、梅思平也都迁到这1136弄里居住。日本人不放心，又特地派了日本宪兵队的一个特遣小组进驻弄内。这儿便成了地道的汉奸中心。弄内岗哨重重，街头弄口便衣累累，如果没有特别通行证，或者预先约定，外人无法进入弄内一步的。

后来，在伪"六大"以后，汪伪国民党中央党部与伪中央政治委员会上海通信处也设在这儿，这儿便成了汉奸政治大本营。这是后话。

却说汪精卫为了酬劳76号替他们辛苦营建巢穴，除赏了一些香烟老酒钱之外，特意在新亚酒家请来厨师，备了一席蛇宴招待丁默邨与李士群两个，出席作陪的只有一个周佛海。汪是广东人，喜欢吃蛇，而且在他的心目中，最好的酒席首推蛇宴。再说新亚新近专程从广州聘来一位姓谭的高级厨师，这谭师傅最拿手的便是炮制三蛇，有独特之秘：炒三蛇片，不用冬笋、香菇，是谓"白描手法"；做三蛇羹，令人不见蛇肉。汪以前在广州、香港吃蛇宴，最欣赏的是这谭师傅。如今从日本回来，"和平运动"又较为顺手，那就一带二便，既做人情请客，让对方服服帖帖为自己卖力，又借机享受享受，可以轻松一番，所以在送去的帖子上，只字不提"偕夫人或女伴光临"之类的话。这样，那晚来赴宴的四个，全是光杆子。

汪精卫看看人到齐后，向周佛海点了一下头，周会意，便起身去隔壁拨电话，让贾老板送四个上好的小姐来。

不到一刻钟，四个千娇百媚的女郎送来了。她们有的穿高衩白纺绸旗袍，有的着一件敞胸的连衣裙，领口敞到奶奶头上边点儿，看得见那条深深的乳沟。四个光杆各搂了一个，围着圆桌在"胜饮""辛苦""干杯"声中喝着白兰地，吃起蛇片子，个个乐得合不拢嘴。几个姐儿，都似生了软骨病，柔若面团，整个身子黏在主儿身上，像一对对热恋的情人。那种妩媚妖冶的风情，弄得政治讲坛上道貌岸然的汪、周两个，也飘飘荡荡起来。至于丁、李两个魔头，也早已心痒难搔，只是碍着主人面子，不好过分乱来，便悄悄地将手伸到姐儿的大腿上去拧。浙江人李士群第一次尝到蛇肉，夸口不绝："真想不到这长虫可以吃，还鲜得掉眉毛！味道哆！"

"我们广东有句俗话：天上飞的，除了飞机，都可以入宴席；地上有脚的，除了桌椅，全可以进肚皮！这小龙没有脚，味道呱呱叫来!"汪精卫学着上海话打趣话语一停,红焖三蛇就端上来了。周佛海便吩咐用人:"出去的时候,把门带上。"

汪精卫多喝了几杯,浑身发热。姐儿抽出香水手绢给他擦汗。他用手臂环抱着姐儿的腰肢,问丁、李:

"'二三'开工,两位筹办得怎样了?"

李士群知道汪要引入正题了。这"二三"便是国民党"六大"的代称,筹办"开工"是指"六大"的会场、宿舍、宴会等等事务,李自然要用隐语回答:"万事俱备,尚欠一缕东风。"

"欠多少?"

"少说也得五万。"

"还要这么多啊,"周佛海有点急了,"满打满算,再花上两万也就够了。"

"汪先生说,不是要办得风光些吗?花纸头少了,排场就寒碜啰!"李士群寸步不让。

汪精卫用无名指搔了搔油光闪闪的头发,爽快地答应:"就五万吧,下星期一送去。"

"倷在讲啥呀?'二三啦,开工啦,花纸头啦',阿拉一点也听勿懂。"在汪怀里的一个姐儿嘟起小嘴,瞟着主人抱怨。

"哈哈,在谈生意哪,你们几个小美人听不懂的。等生意成了,我们再接你们姐儿几个好好地乐一乐,好吗?"周佛海哄着她们。

"好是好,等倷搭发了大财,也许早就忘了我伲了!"

一直埋头吃着红焖三蛇的丁默邨,这时接过话头,对自己身边的姐儿说:"等这票生意做成了,发了大财,汪先生再请你们来……"

四个美人儿不约而同地拍起手来。

"汪先生,要做成这桩买卖,看来还得动点手术,放点血。"丁默邨从怀里掏出当天出版的《大美晚报》,递给桌子对面的汪精卫。

汪精卫摊开报纸瞅了头版上的一条大标题,脸色顿时青了下来,在报纸第三版上瞟了一眼,鼻孔里哼了一声,将它丢给周佛海,随手端起面前一杯白兰地,一仰脖子灌了下去,切齿道:"这种小报,可恶!"

"你看?"丁默邨问。

"放手干吧,杀只鸡给猢狲们看看。"汪精卫点头同意,"来,再干几杯!"

连干三盅后,周佛海转身去壁上按了几下电铃。进来两个用人,送给每人一条热毛巾,等客人擦过嘴、手以后,便领着他们去五楼原先订好的四个房间。

朱惺公血洒通衢

一

从"76号"到天主堂街，吴世宝对汽车夫大骂了七次："你他妈的，是在赶马车啊！加大油门。"

一辆大型装甲军用卡车，在车流中疾驰而过，吼叫着往东向爱多亚路（今延安东路）与天主堂街（今四川南路）相交的法租界驶去。汽车排气管喷出股股臭气，喇叭嘀嘀响着，车轮轰隆隆地朝前滚动着。

车子在爱多亚路19号《大美晚报》馆门口刹住，车未停稳，吴世宝就领着一群打手跳下来，冲进报馆。接着是一阵子密密扎扎的乱枪，夹杂着几声手榴弹的爆炸声。

这是汪精卫授意下的一次大报复。

1939年6月27日晚上，汪精卫看到当晚出版的《大美晚报》头版上刊出的题为《汪精卫在东京签卖国协定》一文，把汪的卖国阴谋底盘全抖落了出来，其中最见不得天日的五条是——（一）"联邦政府"首都仍设南京；（二）党旗国旗仍旧保存；（三）"联邦政府"与日签订防共协定；（四）日本仍在华南华北驻军；（五）"联邦政府"与日签订经济公约。

汪贼读了此文后，气得咬牙切齿，又看到副刊"夜光"栏上连载《汉奸史话》中，朱惺公撰的淋漓酣畅的骂贼文章，直恼得七窍生烟，于是决定来个血洗。

在吴世宝领队出发时，丁默邨再三交代，要提朱惺公的脑袋来。

令汉奸丧胆的朱惺公，表字松庐，江苏丹阳县人。他早年丧父，家里贫穷，中学上到初二年级便辍学了。后来他由亲戚介绍到一家布店当学徒。他白天做工，夜晚自学，几年后，苦学成才，写得一手好文章。1928年友人推荐他出任《浙江商报》副刊编辑。30年代初，来到上海，担任中国化学工业社广告课课员。1937年"八一三"时，工业社被日寇炮火炸毁，他由此失业，只得在法租界大马路边上摆旧书摊度日。第二年2月，由朋友介绍，才进《大美晚报》任副刊《夜光》编辑。《大美晚报》创刊于1933年1月，原来是英文版。抗战时，上海租界成为孤岛以后，以洋商名义向租界当局登记注册，出中文版，为宣传抗日的一大阵地。朱惺公意识到在国难当头，敌伪气焰嚣张的上海接编副刊，正是自己施展才能，为抗日出力献身的大好时机。他一接手《夜光》后，马上接连刊出两期"傲霜篇"，以菊花喻抗战勇士们的气节。特意在副刊《前言》中庄重宣告：

> 我以为菊花生来是一个战士。它挺起了孤傲的干枝，和西风战，和严霜战，和深秋的细雨战，更和初冬时的冷雪战。抗战时期的国民，皆宜效法。

从此以后，副刊上振奋人心的文章，像支号角，给上海人民极大的鼓舞,激发了人们抗日救国的热忱。后来他又多方组稿,在《夜光》上刊登《民族正气——中华民族英雄专辑》,介绍岳飞、文天祥、顾炎武等人事迹,弘扬民族大节。宣扬爱国正气的同时,鞭挞汉奸卖国的丑恶,专门辟了《汉奸史话》栏,连载卖国贼的丑恶行径,把大小汉奸的嘴脸暴露在光天化日之下,任千夫指斥万人唾骂。

丁默邨、李士群一伙对他自然恨之入骨,曾在1939年6月15日派人送去一封恐吓信,要他小心脑袋,讹判他的"死刑"。当天的《大美晚报》第四版上,即予以揭露:

汪派投函,恐吓报馆

《大美晚报》等工作人员因彼等所服务之报纸,反对汪精卫和平主张,今晨同时收到被判"死刑"之恐吓信函。具名部为中国国民党铲共救国特工总指挥部。

敌人的威胁恐吓,不但没有封住朱惺公的嘴,反促使他更加大义凛然地发表了一篇署名惺公,题为《将被"国法"宣判"死刑"者之自供》,针锋相对的讨贼檄文,在文中大声疾呼:

这年头,到死能挺直脊梁,是难能可贵的。贵"部"即能杀我一人,其如中国尚有四万万五千万人何?余不屈服,亦不乞怜,余之所为,必为内心之所安、社会之同情、天理之可容!如天道不灭,正气犹存,余生为庸人,死为鬼雄,死于此时此地,诚甘之如饴矣。

魔鬼们听到这样掷地有声的铿锵宣言，见到这样无所畏惧铁骨铮铮顶天立地的硬汉，哪有不胆战心惊的。他们害怕，他们发抖了，才不顾一切地要血洗《大美晚报》馆，要杀朱惺公。

报馆的排字房到处都是血，排字工人们倒在血泊里，股股令人作呕的血腥味，直往捣毁了的门窗外冒着，几具被手榴弹炸得残缺不全的尸体，压在铅字架盘的底下。有个排字女工，开膛剖肚后，竟被一把匕首插进了她的心脏……

在一间编辑室里，混世魔王吴世宝坐在写字台上，架起二郎腿，枪口指着一个戴眼镜的书生。

"这里面装有六颗子弹，"魔王轻轻地晃一晃手中的马格南型左轮手枪，凶残地奸笑着，"朱先生，我要一颗一颗地射进你的身子，第六颗才让你彻底开心。"

"我不姓朱，姓曾。你们这班强盗……"那书生毫无惧色。

"妈的，还骂人，给你手臂蹭个痒吧。"魔王一抖手，砰的一声，射出一颗子弹，穿过书生的左胳膊，带着啸声，又钻进身后的板壁。黏稠的血，像一条热乎乎的大蚯蚓，沿着那书生的左臂爬下来。

"你还装蒜，不姓朱！"恶魔凶相毕露地咆哮着，"那么朱惺公在哪儿？"

"我姓曾！"

"管你姓真姓假，老子先毙了你。"

他把枪口对准了书生的肚子，右手食指一扣扳机，砰的一声响，书生倒在地板上了。

"总队长,巡捕!"门口有人伸进头来叫唤。

当报馆内血肉横飞时,报馆外面骤然警笛四起。魔王估计租界巡捕房的人出动了,他几步抢出房门,狂叫:"潘公亚!"

潘公亚领着打手杀戮工人,捣毁了排字房后,便冲到印刷车间拿枪乱扫一气。正在杀人兴头上哪会理会别人叫喊,直到有人跑来通报租界巡捕来了,他才让扔个手榴弹,炸毁一架印刷机以后,跑来找总队长。总队长命令他带头冲出报馆,狙击租界巡捕,掩护自己撤退。

吴世宝吩咐完了,转身出门,走了几步又回到编辑室,看那书生正躺在血泊里呻吟,他便提起左轮来,补一枪。当他的食指将要扣动扳机的刹那间,他改变了主意,收起枪,从靴筒里拔出匕首,狞笑着切下书生的头来:"我可要拿去交差啰!"

潘公亚持枪从报馆大门冲出来的时候,跑在最前头的一个安南(今越南)巡捕对准他开了一枪,潘公亚一闪,腿上中了一弹。他倒在门口,立即开枪还击,击中巡捕的额角,当即死在马路上。躲在门里的吴世宝见有空当,立即带特务们冲过爱多亚路,逃入公共租界,钻进已经发动的汽车,狼狈逃窜。

潘公亚腿肚上穿洞,不能走更不能跑,只能爬。他咬着牙,极力挣扎,妄图爬过爱多亚路,便是公共租界地面,可以逃脱,可是爬到马路当中,瘫了下来,动弹不得,这时,正好一群巡捕涌来。他知道自己无法脱身,便使劲地把手枪扔到马路对面的公共租界里去,算是销毁掉了罪证,束手就擒。

再说,还有几个特务,当头头们逃出报馆的时候,他们还在用锒头砸一只保险箱,想从箱里捞些美钞银圆什么的,结果来不及逃走，落网被抓。

且说魔王逃回到魔窟，急匆匆地提着一个包袱小心翼翼地走向"高洋房"二楼丁、李的办公室。这当儿，他的心里喜忧参半。喜的是朱惺公的脑袋，到底给提来了；忧的呢，那是几个喽啰落网被抓，而且其中还有行动大队长潘公亚，这事非吃排头不可。也许可以凭着这颗人头将功补过扯扯平。他这么低头想着，一步步挨上楼梯来。

"阿宝，货带来了？"楼梯口站着的李士群，喜滋滋地问。

"报告李主任，终于砍来了！"

"好，拿进来给丁主任过目。"

吴世宝随李士群进办公室，把包袱提到丁默邨的写字台前，像进献什么连城宝贝似的递了过去。丁并不去接，只是说了声"打开"。他要欣赏欣赏这个骂遍了汉奸的脑瓜。

吴世宝将包袱放在地板上，蹲下身子解开斑斑血迹的布片，一颗双眼圆睁、嘴唇半张半闭的人头，赫然呈现在丁默邨桌前。丁从椅子上站起身来，两手左右撑在桌面上，上身向前俯出，目不转睛地看着这血污凝结着的头颅，发出呵呵冷笑来：

"朱惺公啊朱惺公，看谁治得了谁！现在服帖了吧？还能骂吗？"

丁默邨凝视了一会儿，得意地坐回座位，乐呵呵地说："吴总队长，你为我们76号出了口恶气，你立了个大功呀！"

李士群踱过来拍拍手下的肩膀，打趣道："这会儿阿宝总算把《大晚报》与《大美晚报》拎清爽了！怎么样，这次没碰上麻烦吧？"

"麻烦……可有一些，"原先扬扬得意的魔王一听这句问话，顿时心往上一提,身子凉了半截,结结巴巴地说,"娘的贼尸,法国佬插一手。百把个巡捕包围过来,我们拼死冲出来……"

"我们有伤亡吗?"

"伤亡倒没有,只是潘队长与另外几个,动作慢了一拍,被高卢人抓走了……"

"什么?潘公亚被抓了?"丁默邨啪的一声扔下茶杯,脸色铁青地问,"你是死人啊!"

"……"

"饭桶!"

李士群见丁默邨怒火上升,怕对他的亲信毫不留情地训斥起来,弄得手下人下不了台,受不了,生怕这个难以驾驭的坯子会生出什么乱子,便立即出来打圆场。

"我看别的事以后再说,向巡捕房讨人要紧。"

"怎么个讨法?"丁默邨暴躁地反问。

"事到如今,只好请日本人出面了。"李士群奔到电话机旁,抓起听筒。

丁默邨烦躁地在室内来回踱着,他斜眼瞧瞧这跟前站着的蛮汉吴世宝,皱了皱眉头,突然想起一件事来,跑到自己桌边抄起电话听筒,拨了几个号码:"情报室吗?叫阿英把《大美晚报》朱惺公照片送来。"

"丁主任,日本宪兵队林少佐答应保他们出来,看来问题不大。"李士群打好电话,便向阴着脸,火山正要爆发的丁默邨打招呼,以便自己的亲信少受点训斥。丁默邨正要接腔说什么,却听到笃笃笃的叩门声,而后是一声"报告"。

"进来！"

身穿军服，脚蹬高跟鞋的摩登少妇阿英，推开门，扭着腰肢咯咯咯地走到丁默邨台子前，双手呈上一帧照片。丁默邨接过照片放在台子上，点点头说："你去吧！"

阿英退回一步，转过身来要走，一低头猛然间瞧见了地板上的人头，不禁啊的一声惊叫，随即用手掩住嘴巴，急急地逃出门去。室内的三个男子，不约而同地撇了撇嘴唇，心想：女人总是少见多怪！

丁默邨抓起桌上的照片，那双老鼠眼从照片到人头，又从人头回到照片上，来回地溜了好久好久，然后一拍台子，吼道：

"见你的鬼，这是朱惺公？"

二

一张照片丢在呆若木鸡的吴世宝面前。吴弯腰拾起来，比着看了看，摇摇头。心想，我原来也是应付差事，随便弄颗人头来交差的，谁会想到这瘦猴还真的这么认真，竟来个"验明正身"。他双唇嗫嚅着："这……"

"混账东西，我撤你的职，还不把地上东西拿走！回头再找你，去吧！"李士群表面是训斥，实际上打圆场，支使开亲信。

吴世宝耷拉着脑袋，拎着包袱，退了出来。

却说潘公亚与几个当场被抓的小特务，先是关押在公馆马路（今金陵东路）的大自鸣钟巡捕房，而后又解押到薛华立路（今建国中路）的灵家湾总巡捕房。过了几天，日本宪兵队林少佐亲自出面要保全体被抓的人。法捕房坚持要严办这伙凶手。双方谈判中，日本人提出潘公亚是他们的特派员，这有潘的身上当时带着日本宪兵队的"派司"为证。在审讯中，潘公亚也一口咬定自己是路过《大美晚报》馆门口，误中流弹，是一个"无辜"的受害者。这番骗人鬼话，哪能蒙得住法租界巡捕房呢！可是潘有日本宪兵队作后台，租界当局不敢硬顶，只得妥协。日本人硬是将他保释接走了。

其余的特务，法租界巡捕房便将他们移交给国民党江苏高等法院第三分院与第二特区地方法院去审讯判刑。

敌人的枪弹，压不住抗日的烽火，魔鬼的血腥屠杀，并没有吓退血性男儿朱惺公，相反，他胸中的怒火燃烧得更加猛烈了。朱惺公编的《大美晚报》副刊按时出版，照样痛骂汪伪汉奸，朱还特地在6月29日"夜光"副刊上题诗，表明自己舍生取义的决心：

懦夫畏死终须死，
志士求仁几得仁？
此身等是百年寄，
史笔千秋有后人。

老子说过，"民不畏死，奈何以死惧之"？朱惺公是个不怕死的斗士，誓为民族存亡而战斗，早已将生死置之度外。敌人血洗《大美晚报》馆以后，他照样写文章揭露，与平日一般坐黄包车或步行上班。

1939年8月30日（星期三）下午，他在自己的寓所里正埋头奋笔疾书着另一篇声讨汉奸走狗特务的檄文，大约是下午四点钟光景，弄堂口传呼电话站来通知：报馆张总编有紧急要事相商，请朱惺公马上去一趟编辑部。

朱先生放下笔，洗了把脸，披上件长衫。临出门时，又拿了顶巴拿马草编礼帽扣在头上，匆匆离家。这正是上下班时辰，弄堂口正好没有空车子经过，他就像平时那样安步当车，走着去报馆。他沿着公共租界北河南路从容地往南走，当他走上每日必经的天潼路附近时，突然，惨遭76号特务杀害。

中华民族的优秀儿子、不屈不挠的抗日英雄、铁骨铮铮的硬汉，被罪恶的子弹夺去了年轻的生命，他在人间仅活了三十九个春秋！

朱惺公的壮烈牺牲，激起了全国人民的愤慨。中国共产党在重庆出版的《新华日报》发表专文，赞扬他的民族气节，号召全国军民向他学习。在人民的抗日激情鼓舞下，《大美晚报》愤然反击。当晚，即1939年8月30日夜，《大美晚报》突发号外，哀告全市全国抗日军民朱惺公牺牲经过。第二天，即8月31日，《大美晚报》头版上，并列刊登两篇文告与一封题为《崇拜朱惺公读者来函并惠赠金》的来函。在第一个公告上，印有朱惺公先生遗像一帧，并且详细记叙了当时目击者报告朱氏惨遭杀害的情景，今将公告两则抄录在下面，供读者细阅。

朱惺公遗体定明日下午大殓

地点在胶州路万国殡仪馆

本报组织治丧委员会

本报夜光版编辑朱惺公先生，于昨日下午四时二十分，在公共租界北河南路天潼路附近遇害后，各方闻者，均极震惊，认为此一凶案与上海租界治安前途，极有关系，现正密切注视其发展。租界捕房当局，于出事后曾捕获一人，据闻此人确系真凶，盖正当暴徒三人行刺朱君以后，拔步飞逃时，适捕房之警备车一辆，路过其间，瞥见行凶暴徒之一，正在奔逃，遂将其捕获，当晚即移解中央捕房，闻已获得相当口供，惟以案情重大，今晨尚不及移解法院讯究。又朱君遗体，已于今晨移送胶州路验尸所检验，其大殓地点，现决定于明日下午三时在胶州路万国殡仪馆举行。《大美晚报》现因朱君因公殉难，除为料理一切善后外，并已组织治丧委员会，并将为朱君遗族，妥筹生活办法，各界人士如有致送赙仪者，敬请概惠现金送交本报发行部，以便转交朱君遗族。

关于朱氏惨遭奸徒狙击之详情，据目击者之报告称：朱氏遇难以前，甫自其寓所外出，缓步而行，未及十数步，即有暴徒三人，由路旁一跃而出，拦阻朱氏去路。其中二人，旋即转至朱氏身后，紧挽朱氏两臂；面对朱氏之另一暴徒，则举枪直抵朱氏之左太阳穴。此时，该一目击者，曾遥见持枪暴徒，口中喃喃有词，似向朱氏有所诘询，但朱氏则坚缄其口，置之不答。至是，持枪暴徒，乃即发枪轰击。讵意枪弹竟被轧住，致连发二枪，竟无子弹出膛。持枪者见连发二枪，均无效果，内心突感惶乱，持枪之手，竟抖颤不能自已。直至第三枪，始闻砰然一声，一弹飞出，因系瞄准朱氏头额开放，致被贯穿左太阳穴，朱氏中弹之后，立即重创仆地，遂其成仁之愿。暴徒三人，见目的已达，乃即拔步飞逃，不谓此辈恶贯已盈，开枪真凶，正在舍命飞奔之际，适有警备车一辆迎面而来，此一泯不畏法之凶徒，遂乃束手就擒。此外尚有一事足可记述者，当朱氏遇难之前一日深夜十一时许（即29日），曾有一形似工人模样之跷脚华人，前来本馆，向本馆工友某君，询问朱氏之住址、电话，及办公时间等等。据此一怪客自称，彼为汪姓，前在江海关任茶役之职，彼此来目的，据云系因在某茶馆中聆悉二衣黑西装者密议加害朱氏，彼为爱国心所驱使，爰特赶来报告，俾朱氏得以知所趋避云云。讵意甫越一日，朱氏遽遭不幸，回首前情，则此一跷脚怪客之来踪去迹，实亦大堪研究者也。

朱氏成仁之后，噩耗传出，此间华人各界，咸均同深悲愤。朱氏现年三十九岁，籍隶丹阳，遗有一妻一子。子名庸庸，年才七龄耳。

朱惺公君讣告

朱君惺公（松庐）惨于中华民国二十八年八月卅日下午四时二十分在上海公共租界遇害。兹择于九月一日下午三时在胶州路万国殡仪馆大殓，特此奉闻。

朱惺公君治丧委员会
收件处爱多亚路十九号
《大美晚报》馆发行部

同一天的第五版上的"夜光"副刊里，报馆同人，以《踏着鲜血前进——悼念朱惺公先生》为通栏标题，揭露、声讨76号特务的凶残罪恶,决心踏着烈士血迹,战斗到底!

9月1日,《大美晚报》第七版整版刊出了《朱惺公先生遇难特辑》。9月2日,《大美晚报》中文与英文版在第一版上同时刊登《给汪精卫一封公开信》,揭露汉奸们的罪恶行径。原文如下——

给汪精卫一封公开信

汪精卫先生:在过去数星期和数月中,我们以及上海其他方面都获得匿名恐吓信,而这恐吓信的发信人或团体都对你表示忠诚。这些团体采取暴力。本星期三(八月三十日)我们中文版一位工作人员被击毙,生前他曾接到恐吓信,谓他不拥护阁下的政治主张,将被枪决。

守法人士,无论是中国民众或外侨,对于这种手段,都非常震惊,同时,各方面对于阁下都予以激烈的攻击。因为他们觉得关于暗杀和恐吓政策,阁下负有明显的责任(这种政策与阁下平时所申述的和平政策,绝对相反)。的确,假使你愿意做一个正直,诚实,有良知的人,阁下应即否认是一群暗杀暴徒的首领。

关于这一点以及其他有关公共利益的事件,我们素来是采取公正态度。我们不以为匿名信就能证明阁下是与暗杀案有关。我们认为凡是企图获得负责地位的知识分子,决不会鼓动或赞成这种威胁和暴动的行为。因此,我们现在建议阁下两种办法:其一是继续保守缄默,自认"罪状";另一即为告知本报声明与暗杀朱惺公和其他多人(包括美人一名)

事，完全无关。我们对于阁下的声明，决予以登载。

我们认为这种建议，对于阁下是有利的。它可以给予阁下一个机会，洗刷犯罪的污辱。并证明阁下只为政治意见而活动。照我们看来，阁下不应再予暗杀犯以政治借口，而应该使他们成为普通的犯人。

假使你愿意接受我们的忠告，而洗刷一切嫌疑，《英文大美晚报》和《中文大美晚报》美籍总主笔愿意单独，并且不携带武器访问阁下。时间由阁下决定。这种建议决无阴谋，我们不要求阁下先把会晤地点通知我们。阁下所讲述的我们将尽量宣布。我们唯一的条件是所有通知确系阁下所发出。

《中文大美晚报》

《英文大美晚报》同上

做贼心虚的汪精卫，敢于杀人，却不敢站出来为自己"洗刷"罪名，因为他知道，在该案件中，会越洗越脏的，罪恶愈加暴露，于是干脆来个"沉默是金"。

声势浩大的愤怒声讨、抗议，把抗日怒火燃烧得更加旺盛猛烈，促使抗日军民在相持阶段里意志更加坚定，可是76号魔窟里的恶魔们，也就更加疯狂了。自此之后，他们制造了一连串的暗杀事件：

《大美晚报》总编辑张似旭先生，在静安寺路（今南京西路）起士林咖啡馆二楼餐厅，遭枪杀身亡；时隔不久，《大美晚报》总经理李英骏先生喋血于四川路上；之后，守卫报馆的白俄巡捕突然失踪的同时，机器房里扔进了一枚炸弹；后来，《大美晚报》记者、国际新闻编辑程振章先生，在西爱咸斯路（今永嘉路）、金神父路（今瑞金二路）口，又遭76号特务杀害。

这一系列的血腥屠杀，妄想将《大美晚报》搞垮，可是，它毅然坚持抗日立场，坚持按时出版，直到太平洋战争爆发，日寇占领租界以后，才被迫停刊。

"军统"二刺汪精卫

一

她走向第五节车厢——餐车。这儿座无虚席。她的秋波一转溜,在一个角落里发现了目标,猩红的两瓣嘴唇一抿,两颊上漾出个浅浅的酒窝来,便侧过身子擦过跑堂的,朝角落走去。

"请原谅,"她抱歉地低声问,"我坐到这儿,您不反对吧!"

餐桌对面的男人抬头,眼前一亮,冷不防,一朵盛开的鲜艳花朵呈现在他面前,她那俏丽健美的胴体上,一件米色束腰中庸套衫下面,露出一段鹅黄裙子,短裙里伸出双修长匀称的光腿儿。那线条好美呀,走过来时,又是微微扭动着胯,多性感!他的目光像被磁石吸住了,再也挪不开她的身子,魂不守舍了。过了好一会儿,才回过神来,随即站了起来,"啊,欢迎,请坐,很荣幸!"

"我叫陈斌。"她报了假名。

她的真名叫郑蘋如,父亲是上海高等法院首席检察官,母亲是日本人。这个混血美人儿,好胜的性格使她十六岁那年就参加了"军统",已有三年"特龄"了。如今奉上峰的密令,要完成桩特殊使命。

"我叫陈承纶,"那男人马上通报自己的大名,扬一扬左手招来了跑堂的:"来瓶香槟,一只冷拼盘。"

酒与菜上来了,他殷勤地给她斟酒布菜,她报以浅浅一笑,边吃边垂下眼睑,不胜娇羞。

"上海有亲戚吗?"陈承纶关切地问。

"姑妈。"

"姑妈住哪儿?"

"南市。"她似乎毫不经意地随口回答,小嘴一噘,问,"陈先生,您到上海有事?"

"有事。不,不,去白相相……"

"那好,我们可以一道白相大世界、外滩、老城隍庙……"

"是啊,是啊,我们一道白相。你姓陈,我也姓陈,五百年前是一家嘛。来,干一杯!"陈承纶兴奋异常地托起高脚杯,瞟着对方。

"不要说五百年前,咱们现在也是自家人呀,干!"

"啊——对,对,现在也是自家人,自家人。"陈承纶浑身的骨头已酥了半边。他一仰脖子,灌下酒去,呆呆地望着她。当一瓶香槟喝光时,她觉得他那双腿在桌底下已紧紧地夹住了她的大腿。

她难为情地横了他一眼,"别人看到多不……"

他往前靠了靠,捏着她的手,醉醺醺地低语道:"到我包厢里去,别人就看不到了。"

她听了,两颊绯红,摇摇头,站起身来,嫣然一笑,丢下一句"明朝见"的话,踏着高跟凉鞋,咯噔咯噔地走了。她回到自己的包厢。

这个陈承纶，是南京维新政府的一名机要科员，今天是奉伪行政院长梁鸿志的命令，到上海向汪精卫面呈一封密信的。他想不到在京沪线的餐车上，竟有这起艳遇，被逗得心痒难搔。他躺在包厢的软卧上，眼一闭，那卷曲蓬松的黑发下的一双水汪汪乌黑大眼睛便向他眨着，迷人的酒窝，凑近来。"好，明天见，就明天见。我到上海向汪先生交了信，便可以同她玩玩的了……"他还没怎么想停当，便带着微笑，发出呼呼的鼾声，沉入了梦乡。

凌晨三点半，她走出自己的包厢。这个时间是经过精心选择的。这时，京沪快车已过了无锡，正向苏州飞驰。她穿着睡衣，手里提只手袋，轻巧地穿过过道，没有一点声响，只是心脏却怦怦地跳动。她想好了，万一有人问起干什么，便说上厕所。不过没碰见一个人。

她来到二十一号包厢门口，轻轻地转了一下把手，门锁着。要是包厢内有人听见，问干啥，她也想好了，就说夜里睡不着，找五百年前的一家人聊聊。可是，里边没一点声响。她打开手袋，摸出一个注射器，向钥匙孔里注射乙醚……

十分钟后，她回到自己包厢。半个钟点后，她也睡着了，脸上带着胜利的微笑。早上七点半，她听见笃笃笃的敲门声，懒懒地问："谁呀？"

"我，一家人。"

"喔，陈先生。来了，来了。"

她一边答应，一边干脆将睡衣脱掉，只剩圆领汗衫与一条短裤衩，光着脚丫来开门。门口站着梳洗打扮过的陈承纶，衣冠楚楚。他见这女人正从热被窝里钻出来，这般半掩半露的衣着，猛然间一阵欲浪向他袭来，便感到自己的下身渐渐勃起来了，而喉咙直往肚里咽口水。过了会儿，他终于舔着嘴唇道安："早上好，陈小姐！"

"早安！请进吧。"她一边说，一边转过身子，急忙穿起睡袍，"请原谅，您来前我还没起床哩！"

他进门，痴痴地看着她，看她两手拢了拢头发，看得她难为情地低了头，"快到上海了吧？——我困得真死啊！"

"还得开一个钟点哩，我也睡得挺香，昨晚是酒逢知己千杯少哇，喝得过量了！今早起来，包厢里还有酒精味哩，头怪昏的……"陈承纶终于回过神来，打着呵欠说。不等他说完，郑蘋如有意引开话头："陈先生到上海，有人来接您吗？"

"没有，您呢？"

"我也没有，那您送送我，"她用勾魂的媚眼斜瞅着他，"好吗？"

他在这威力无穷的媚眼下，是无法拒绝的，"好的。让我也认识一下您姑妈的家，明儿可以找您白相呀！"

"一言为定。"她伸出白皙绵软的小手，主动地握住对方的手，摇了两摇，然后取了条毛巾，到盥洗室去了，丢下他独个儿，耸起鼻孔尽情地闻着她留下的馨香味儿。

一个钟点后，车抵上海北站。他左腋下紧紧地夹着自己的公文皮包，右手帮她提一口旅行皮箱，她跟在后边，随人流出了车站。他们叫了辆出租汽车，开往南市。

南市的有趣，在于弄堂多。大弄套小弄，小弄藏死弄。他们的汽车在西仓桥路停住,一口老井,一只老虎灶卡住了弄堂口,容不得小汽车通过。他们下了车,陈承纶抢着付费。弄堂里洞洞石库门紧闭着,门口排着几只洗刷好的马桶,盖子斜靠着,桶身四十五度向阳搁着。走过一群马桶阵以后,郑蘋如在一个门前站住,回过头来向身后的他点了点头,便推门进去。一进这门洞,便是屁股般大小的天井,站在天井里,陈承纶抬头一瞧,他就想起"七十二家房客"来,这儿住着赵钱孙李一大串人家。郑蘋如在头里领路,摸进八卦阵似的阴暗甬道,又爬上咯吱咯吱作响的楼梯。眼看是"山穷水尽疑无路"了,可是一转身,只见一束光射来,头顶开出一线天。

"姑妈,我来了!"蘋如边推门边甜甜地叫了一声。门吱呀一声推开,无人,"陈先生,请进来坐一下,我去问问隔壁邻居。"

"不用问了,你姑妈搬到法租界去了。这是她的住址,让我转给你的。"背后响起了男人的声音。

"你是?"

"我是新搬来的。进屋吧!"

三个人进了房门,陈承纶一转身,突然大叫起来:

"老吴,是你?"

"啊!伟业兄,你们是?"

"不,不,我们是火车上碰到的,陈小姐让我来陪她找姑妈的。"陈承纶马上解释。

"你们原来认识?"蘋如惊讶地问。

"我们是'他乡遇故知'。我与陈先生还是老同学哩!想不到在这小阁楼里相遇,有幸、有意思。哈哈哈。"老吴上前握住老同学的手，兴奋地抖着。

"我来介绍一下，"陈承纶转身对蘋如说，"这是吴赓恕先生，我们在广州同过学。"

"幸会，幸会！"吴赓恕伸出大手，握住她的小手，紧紧地一捏，"坐，坐！"

"吴先生，我看不能坐了，得去找姑妈了。"

"对，对，姑妈惦记着。"吴赓恕向窗外喊了一声，"阿根，陈小姐到了，你拉她去法租界吧！——阿根的黄包车钱，您姑妈已付好，她临走时关照的，您一到便让他送您去。"

叫阿根的人已上楼提了郑蘋如的箱子，郑跟着出门，回过头来用询问的目光，瞧了一下陈承纶。陈也站起来要走。

"伟业兄，你到我家怎么茶也不喝一杯就要走，这像什么话。不行，不行，你得留下。——哦！"吴赓恕左手拍着脑门，恍然大悟地笑着说，"你与陈小姐的见面，保险耽误不了。等中饭吃好，我让阿根拉你去。这样总放心了吧？"

"吴先生，你……"郑蘋如难为情了。

"老吴，你说到哪里去了。"

"好，吴先生、陈先生，再见！"蘋如踏着高跟鞋噔噔噔地下楼去了。

却说吴、陈两个送了蘋如以后，回到房内，分宾主坐下喝茶抽烟。

"老兄别来无恙？"

"这年头混呗！"

"听说你成了梁鸿志的红人了？"

"唉，在别人手底下，混口饭吃，苟且偷安罢了！"陈承纶连连叹息摇头。

"在老同学面前还装什么蒜？"突然，吴赓恕双目直瞪对方，"老实告诉你，要没有我这个老同学，你这条小命，早就完蛋了。"

"你？"

"是我。你还记得上个月来上海，出北站时被人一撞，呢帽子被人抓走的事吗？"

"你？"

"你听我说，有人要暗杀你，是陈小姐救了你。"

二

"为什么要杀我？"

"好了，别绕弯子了。"接着，吴赓恕便打开天窗说亮话，把郑蘋如怎样逗他，如何在凌晨用乙醚麻住了他，盗走梁鸿志给汪精卫的密信，又如何用小汽车"保护"他到南市来的话说了一番，说得陈承纶脸孔煞白唇无血色，两腿瑟瑟发抖。好一会儿，才挤出半句问话：

"你是？"

"我是'军统'。看在广州农民讲习所同窗的分上，看在我们同睡过一个床铺、同喝过一瓶老酒的缘分上，兄弟我拉你一把，救你一命……"吴赓恕的确是军统特务，而且曾是军统局书记长。上半年，蒋介石第一次命令军统在河内刺汪失败后，此次刺汪，戴笠做了精心策划，才让他率领十名特务，来上海专门伺机谋刺汪精卫的。

"那封信在我皮包……"陈急忙用发抖的手打开公文皮包，一封信赫然在内。他疑惑地抬头望望吴赓恕。

吴回他一阵哈哈大笑，笑得对方汗毛凛凛。"老兄，你只保存着一只封皮，你看看信封内！"

陈抓起信封一瞧，封口似乎启拆过的。他打开封口，只掏出了两张白纸。豆粒般的汗珠子从额角滚下来了，耷拉着脑袋。

吴将一只大手搭在陈的背上，轻声地开导他：摆在他面前两条路：一条生，一条死。走生路，便是"刺汪自赎"；不干，不管逃回南京还是在上海，都得吃枪子。

因为汪精卫在广州农民讲习所任过教官，吴要陈利用"师生关系"投靠汪。再说，他已是梁、汪两大汉奸之间的联络人，汪自然信任的。取得汪信任后，找机会在汪的床底下放定时炸弹，或是在汪的食物中下毒……总之，可选择一切手段，将汪除掉。如果不干，那就不客气，不能怪老同学"言之不预"啰！

陈承纶被逼进死胡同，毫无退路，只得点头答应。

"不怕你耍滑头，有把柄捏在我们手里。喏，这是原信，放回去吧！"吴赓恕走到门口，推开门，提进刚才阿根拎走的那只箱子，打开，取出原信递给陈承纶。

陈胆战心惊地接过，低声地咕哝："照办就是。"

陈承纶晕头晕脑地离开西仓桥路，在虹口找了个旅馆住下。他躺在旅馆床上，两眼直愣愣地看着发黄的天花板，出神地想：不接受下来，凶狠的老吴是不会放自己过门的；现在接下来了，我怎么干呢？这是性命交关的事，弄不好脑袋搬家。有没有两全之策呢？

他毕竟是机要科员，脑筋还是蛮灵的，辗转反侧了半夜，心灵豁然开朗，一拍大腿，从床上一跃而坐了起来，自言自语地说："我何不来个'以毒攻毒'呢！"他打定主意，向汪精卫告密，让汪去对付"军统"。这也许是上策，既保全性命，又可以在汪"组府"成功之后，升官晋级。

经过日本人的安排，陈承纶第三天见到了汪精卫，交了信，又将军统行刺情况做了报告。自然，在车上被女特务迷住，丢失信件事，只字不提。汪指令副秘书长陈春圃带陈承纶去76号见丁默邨。

这时的76号更加气派非凡了。魔窟里正在紧张准备着召开汪记国民党的"六大"，魔窟的西部正在大兴土木。

这陈春圃，又是何许人物？他是广东新会人，生于1898年，是陈璧君的侄子，汪精卫的心腹。汪伪政权出笼以后，他是行政院秘书，后升为建设部长、伪广东省省长。这样身份的人，进出76号自然通行无阻。可是陈承纶在二道门上，受到仔细的搜身检查后，才跟着陈春圃走过长长的甬道。道旁站着持枪的人，一张张脸盯着他，有的冷漠，有的贪婪，有的狞笑，有的仇恨。他仿佛走进奇怪的洞穴。他的嗓子冒烟发痛。

他被人领进"高洋房"的三楼密室后，陈春圃不见了，身后的门砰的一声碰上了。他心里发毛了，心脏怦怦地跳个不停。在南京时他就听说过丁默邨是个杀人不眨眼的魔王，76号是他的大本营，难道，难道丁要杀我？

这么胡思乱想着过了一个时辰光景,陈承纶听到楼梯上有脚步声,不一会儿,门打开了,进来一个耸肩膀长脖子的瘦猴,向他点点头,招呼道:"坐吧,坐吧,坐下谈。"来人不等对方坐下,自己在只沙发椅上坐了,右腿叠在左膝上。"你叫陈承纶?参加过国民革命,好,好!"

"我惭愧……"

"不,不不,你立了大功。刚才,我与陈秘书商量好了,来个将计就计。"

"丁先生,"虽然来者未做自我介绍,陈承纶估计对方便是丁默邨,"南市是我们的地界,不比租界,何不带人把吴赓恕一伙抓来?"

回答的是一阵哈哈大笑,笑得陈承纶莫名其妙,笑得他头皮发麻。丁默邨笑完后,掏出手帕,擦擦泪花,揶揄道:"陈先生以为吴赓恕还在那个阁楼里?你太忠厚了!他只能骗骗你们书生,哼,休想骗我丁某人!"

"俗话说得好,道高一尺,魔高一丈。吴赓恕这小子,哪是丁先生的对手呵!姓吴的逃不出您的手掌心。由您去对付他,他就没辙啰!"陈承纶赶忙拍马,乘机寻找自己的出路。想不到丁默邨摇摇头说:

"不,吴赓恕方面,还得你去应付。"

"我?"

"是的,非你不可。"

"我,我可不是他的对手哇!"

"哎,你怎么长他人志气,灭自个儿的威风,你是把好手。

来，我们来商量一下。"丁默邨传授起"特务经"来。

经过半天的策划，一切安排停当，陈承纶回到虹口旅馆里，给吴赓恕拨了电话，要求约个时间见面，却想不到对方来个"迅雷不及掩耳"——"你马上来爱多亚路856号。"电话里传来命令。

"这，这恐怕不行……"陈承纶的阵脚大乱。

"行的。你不是住在虹口比利旅馆吗？它门口对过，就有几辆出租汽车停着，你若是真心来，准行。"啪嗒一下，电话挂断了。

陈承纶额头上又冒出汗来了，乖乖，连我住在什么旅馆，门口有几辆出租汽车都了如指掌，吴赓恕可厉害呀！不马上去，自己小命难保，若立刻动身，那又怎么与76号联系呢？陈承纶急出一身躁汗来。他尝到了吴赓恕的老辣刁滑狠毒味儿了，只得硬着头皮赴约。当陈乘车到了爱多亚路856号门口，下车一看，原来是爿洋货店。门口一个老头儿迎上来打拱作揖，说吴先生在里面恭候多时，请跟他进去。老头弓着背将陈承纶领进店堂，穿过账房间，来到后门口，指着一辆黑色轿车，说："车里有人等您。"

陈一上车，只见一个司机，并没有别人。他还来不及开口车已启动了。车子绕过两条小街，司机才开口："陈先生，我是吴老板派来接您的。"

汽车转过许多马路，而后在法租界的一条弄堂口停住。司机领陈进入一座小楼，吴赓恕笑容可掬地迎了出来："伟业兄，咱们见面真难呀！"

"这，我不是马上赶来了吗？"陈承纶马上分辩。为了表明自己的忠心，还没坐下，便掏出一封信递过去。吴接过信仔细看了看封皮，而后读信的内容。他不住地点着头，因为他认得汪精卫的笔迹，这确是汪给陈承纶的亲笔信，约陈做自己的秘书。

"好，好，你的工作非常出色，我要在戴老板面前保荐你。"吴赓恕十分满意。

"我要回南京一趟，到梁鸿志那儿去交个差，把工作结束一下，再来上海就任秘书，之后的一切行动，听从老兄的吩咐！"

吴赓恕不是等闲之辈，他扣下汪精卫的亲笔信，送到法租界巡捕房的鉴别科鉴定，确定是真迹。这个老军统开始踏进丁默邨的圈套了。

三

在陈承纶回南京、向梁鸿志述职并提出辞呈的第二天，重光堂里忙于准备办移交的晴气庆胤，突然接到李士群的电话："晴气先生，我想请您来看看有趣的捉大鱼游戏，不知阁下是否有空？"

听说是"捉大鱼"，晴气心里有数，军统的大头目将要落网了，这正是自己掌握的土肥原机关的大业绩。前几天东京大本营来电，命令近日把土肥原机关移交给影佐祯昭大佐，"重光堂"改为"梅机关"，由影佐全权负责。移交时有着这个大"业绩"，自己脸上自然光彩。想到此，他兴致特别高，马上换一身便服，尖顶脑瓜上扣一顶礼帽，装作斯文模样——强盗扮书生。当他坐车来到南京路上一间秘密房间，李士群独个儿在那儿已恭候多时。一见主子驾临，奴才立即堆起笑脸，点头哈腰鞠躬之后，端过一把椅子放到窗前，请主子坐下，敬过香烟后，边看手表边说："我请您来看场抓鱼的戏文。这条大鱼，叫王天木，是军统的高级干部，现在任军统上海区区长。他是东北人，贵国士官学校毕业后，1930年到蒋介石的胡宗南部队，秘密组织过'三民主义大侠团'。如今是戴笠手下'四大金刚'之一，戴笠在上海的代理人……"

"知道，知道。"

李士群这才意识到刚才的一番介绍是多余的。晴气是干什么的，连这点情况也不知道？可他也有不知道的事，才该多多奉告。李士群马上改变话题，介绍76号这些日子来竭尽全力，窥测动静。发现每隔三天的下午三点左右，王天木总要来一家咖啡室同人接头，今天正好是接头的日子。李士群从椅子上起来，拉开窗帘，指着对过的一幢三层楼店面房："就是那一家。"

晴气顺着他的手指看去，那是片门面雅致的咖啡店。门楣上镶着一串亮晶晶的洋文："Coffee Shop。"关得紧紧的窗子，配上了深绿色的玻璃。在斜阳下，玻璃反射出耀眼的光芒，室内情况，一点也看不清。那窗子下面，便是热闹非凡的南京路。来来往往的人群熙熙攘攘，乱哄哄地拥来挤去。叮叮当当的有轨电车从浙江路驶来，发出刺耳的嘎嘎声。巡捕手提警棍，摇摇晃晃地在人行道上巡逻。工部局对这一带闹市，戒备特别森严。晴气以攻读过特务学的眼光，佩服军统的接头地点选得好，但他也更加欣赏部下的能干。他不禁向李士群点了点头，投去赞许的目光。

受到主子的青睐，李士群大胆地笑了起来，把脸紧贴在窗玻璃上，手指着说：

"您瞧，王总是在那咖啡室的二楼，靠窗帘边找个座位。等他办好事后，信步出门，走到人行道上时，我们——"

李做了一个抓人的动作，与晴气相视一笑。晴气再低头往马路上一看，以咖啡室为中心，四辆汽车各停在马路东西两侧。那就是说，不管对方朝什么方向走，汽车随时可以出动。每辆车子周围，潜伏着十来个打手，如遇到什么麻烦，或有人起来抵抗，他们就出来相助，有的来牵制巡捕，有的制造混乱，转移巡捕注意。

"看！鱼进网啦！大胆的家伙，孤零零一人，连保镖也不带。"

听到李士群的惊叫，晴气连忙转过脸来，王天木已迈进了咖啡室，他只瞧见魁梧的背影。行道树的绿叶，正好遮住了二楼的窗子，从对面望去，什么也看不清。李士群的脸直贴在窗玻璃上，似乎粘住了，再也不想离开。

十分钟、二十分钟……紧张的气氛压得人喘不过气来，始终不见王天木从店里出来，难道他已得着风声，从后门溜了？

突然，嚯嚯嚯——一串警笛从远处响过来。李士群的掌心里捏出了汗水："糟啦，工部局派警车来接人了！"他这么想的时候，一辆满载巡捕的卡车疯狂鸣叫着，穿过人群的洪流，向西驶去。过了会儿，咖啡店附近恢复了"太平"，街上依旧熙熙攘攘。那姓王的还没露面。绷得极紧的弦开始松弛了，晴气有点厌倦起来，他离开窗口，点燃了支烟抽起来。

"快，晴气先生，快！"

听到李士群的尖叫，晴气走近窗口一看，只见一个女人，腋下夹着一只精致的手提包，脚蹬高跟皮鞋，从门口低头走出来，向东咯噔咯噔地走了几十步，左手一招，一辆黄包车兜上来，她跳上车子，走了。又过了几分钟，一个潇洒的绅士才出现在咖啡室门前。他头戴灰色呢帽，一身轻便夏装，站在门口环顾了几秒钟，迟疑了一下，似乎正在决定叫车子还是步行，但马上又快步朝西走去。

他走了不到二十步，一个穿着中式大袖口衫子的彪形大汉，不声不响地跟了上去，靠近他的背后。这时，停在旁边的一辆汽车，吱呀一声打开了车门，把绅士和大汉吞了进去。嘀嘀几声，汽车消失在人群里了。站在五十步以外的巡捕，什么也没觉察到。

"成功了！好极了！干得真漂亮。他是在手枪顶住背脊的威逼下，一声不响地被撵进我们备下的汽车的。"

不知什么时候，从什么地方钻出了丁默邨。他兴奋得两颊发红发烫。显然，他才是现场的幕后指挥者，李只是陪晴气观战的。三个人在椅子上坐下，脸上都浮起会心的微笑，津津有味地抽起烟来。

"王也进反省室吗？"晴气问。

"不，让他进优待室，还接他的家属来。给点甜头，拉到我们这边来。"李士群抢着回答

"如果他不肯转向，怎么办？"

"优待他一百天，再不肯过来，就放了他。"丁默邨故作惊人地说。他看到晴气目光发愣，便接着解释："听说贵国也有句俗

语，叫'看人行事'，我们叫'看菜吃饭'。像王天木这样的军统大头子，在肉体上折磨他是无济于事的。对大人物，不是杀就是放。您想想看，他在76号受到长期优待后，再放出去，别人哪有不怀疑的。中统、军统都不放过他，他自然会乖乖地来投我们的。"

奴才的妙论，说得主子不住地点头称好。晴气暗暗佩服这两个干将的高明手腕，可是还有一个疑问："那个女的，是来接头的吧，怎么不抓？"

"这叫'网开一面'，打草而不惊蛇。放过女的，为的是顺藤好摸瓜呀！说不定，明朝还可再摘几个大瓜来尝尝哩！只要几个主要人物一抓，军统在上海滩就垮啰！"李士群用得意的口气抢着回答。

王天木被抓到76号后，随即叛变军统，供出了军统的联络点，第二天，就有区书记陈明楚、行动员马河图、岳清江等几人被抓。只有副区长赵理君与几个心腹早有戒备，及时避开。

不过，据乔家才在他的《抗日情报战》一书中回忆，说王天木乃是主动投向汪伪的。抗战初期，军统上海区由周伟龙任区长。1938年11月，周被法租界警务处拘捕，戴笠马上委任杀汉奸唐绍仪有功的赵理君为代理区长。12月，戴又调派王天木从天津来上海任军统区长，而赵理君为副区长兼行动总队长。赵理君对王天木位居己上不服，处处与之为难。王天木接任区长后，便大权独揽，将自己从天津带来的亲信提升重用，心腹陈明楚提为区书记，又去拉拢赵理君管辖下的行动队好手刘戈青。这就引起赵的恼恨，准备暗杀他。8月15日，王天木险遭赵理君的暗杀，便于翌日带领陈明楚及原在天津时跟随他的行动员马河图、岳清江、宝龄一起投靠76号。

到底哪一种说法为是，笔者访问调查了一些人，还是难以断定，只好留待读者自己去细细分辨。不过有一点是明确的，王天木到76号不久，便得到丁默邨与李士群的重用，委任他为"高等顾问"。后来又由于"杀陈明楚、何行健事件"，被李士群关押，关了又放。此是后话，到时再表。

四

却说陈承纶从南京回到了上海，先去76号见过了丁默邨，而后打电话约吴赓恕见面。这时，吴还没有接到南京方面来的密报，不便马上碰头。可是，当他刚放下电话，南京方面的军统密报到了，说陈承纶确实向梁鸿志辞了职，还安顿了家眷，赶来上海汪精卫处报到的。吴赓恕确信无疑了，他兴奋异常，想到蒋老头子两次下令刺汪，一次失败，这第二次，戴老板交给他执行，看来是胜利在望了。他要速战速决，当即就约陈承纶见面。

在辣斐德路（今复兴中路）与迈尔西爱路（今茂名南路）相交的一幢小洋楼门前，一辆出租汽车停下，车里钻出身着白纺绸长衫，摇着一柄白纸扇的陈承纶来。他往两边一看，马路上除了几个匆匆赶路的行人外，没有什么形迹可疑的，便大大方方地跨上石级台阶，推门上楼。楼梯上铺着厚墩墩的地毯，踏上去，脚下便像踩了一片云，软绵绵、飘飘然。他想，老吴这家伙真阔气，怪不得军统的人都不想"转舵"……

"伟业兄，请进！"

陈承纶一抬头，吴赓恕双手叉着腰，站在楼梯口招呼。走进房间，一架电风扇在角落里呼呼地摇着头，阵阵凉风袭来。吴让客人坐到台湾席铺垫的沙发上，自己在酒柜里取出两只高脚杯，将威士忌酒倒了一点在里面，然后用打火机点上火，霎时，透明的杯里，燃起了一股蓝色的火焰。烧了一分钟光景，趁杯底还余下一点儿酒液，便将黑咖啡、鲜牛奶加进去，用银调匙搅几下，火焰熄了，咖啡调好了，最后夹了几块鲜柠檬丢入杯内，用一只银盘子端到茶几上，"喝杯爱尔兰咖啡吧！"

坐在一边的陈承纶看着吴赓恕的表演，有如魔术师在变戏法，心里却十分紧张，双眼不时看看窗外。

"小心，很烫的！"吴赓恕提醒他。

陈承纶伸出手指去碰碰杯子，的确烫得很，要是冒失地将嘴凑上去，准会烫起水泡来。

"伟业，这儿是法租界，很保险的。我们一边喝一边商量吧！"

"很保险"，却未必。陈承纶是把会面地址通知了丁默邨后，才来赴约的。76号要在租界公开抓人是很难的，必得由日本宪兵队出面，事先通知巡捕房当局，由巡捕房派人一同去抓，而且抓到后还得关进巡捕房，经研究后才决定是否"引渡"。再说，上海的军统，是按月给捕房人员发津贴的，他们彼此通消息。要抓军统，捕房的人总是预先"放笼"，让对方避开。而丁默邨来了个"声东击西"——这时法租界嵩山捕房里，原市政府法文秘书耿绩之正与探长咬着耳朵：

"我说,这票生意做得的。您就虚应一下了事吧!让日本人跑一趟,若真有货色,碍着面子,还是老法子,放放'笼',让对方避一避不就应付过去了吗?我这儿带来两根条子,您散给弟兄买包烟抽。"

耿绩之从口袋里掏出一个小纸包,打开,在探长面前亮了亮,又包上,塞在对方的裤插袋里。探长半推半就地收下了。

耿绩之刚一走,日本宪兵和76号的特务就到了。探长带着几个巡捕,领着日本宪兵与76号的人直奔辣斐德路927号。结果扑了个空,927号是爿打烊的煤球店,连个人影也没有。这回日本人显得十分客气,点头哈腰打招呼,为空跑一趟致歉。76号的一个便衣,掏出事先备好的一条美丽牌香烟,每个弟兄发两包,以慰跑腿之劳。

等巡捕们一走,76号的特务领着日本宪兵直扑迈尔西爱路转弯角上的小洋楼。吴赓恕与陈承纶两个面前的两杯爱尔兰咖啡还没喝完,忽听楼梯上一阵杂乱的脚步声响上来,吴正要拔枪,房门已被撞开,几支驳壳枪对着他们,两人被抓。

他们被押到76号后,陈随即被释放,吴赓恕在皮鞭下、老虎凳上,一一招认。丁默邨当夜将吴的口供写成审讯报告,报送汪精卫。汪在这份报告上,批了两个字:枪决。

军统第二次刺汪,就这样流产了!

魔鬼窟里开"六大"

一

这几天,魔窟里闹盈盈,忙碌碌。

得了王天木,又逮住吴赓恕,双喜临门。日本人与汪精卫对76号,真是刮目相待;丁默邨与李士群在洋、土主子眼里的地位,在汉奸界里的身价,暴涨!

双喜之外,现在又加一喜——汪精卫决定将他拼凑的伪国民党第六次全国代表大会放在76号召开。被主子宠幸的奴才,自然格外卖力。丁默邨接到汪精卫批准枪决吴赓恕的批示后,就决定于8月28日公开执行,并陈尸一天。周佛海听到这个决定,忙打电话问:

"丁主任,为什么要在28日执行,早一点暗地里干掉姓吴的不好吗?"

"周先生,这是祭旗呀!"丁默邨得意地说,"咱们的'六大',不是在28日开幕吗?就让这小子的脑瓜作个现成的祭品吧,让上海滩那些阿木林看看我们的颜色,晓得晓得我们的厉害,扩大扩大'六大'召开的影响。一举三得哩!"

"嗳,嗳,我说老弟,使不得,绝对使不得。正好相反,我们要做得秘密些。这也是汪先生的主意。这样吧,你与士群到愚园路汪先生府邸来一趟，我们具体地合计一下。"周佛海啪嗒一声挂下电话，转身对坐在沙发上的汪精卫笑笑说："汪公，默邨这小子，真想出风头。等一下还是你同他说吧！"

汪精卫5月上旬到上海，5月31日带着周佛海、梅思平等人去日本拜见主子，却一直受到冷遇。直到6月5日，日本军阀政府的"五相"——首相、陆相、海相、外相、藏相，统一了认识，对扶植汪精卫成立"中央政府"做出了《建立新中央政府方针》的决定后，"五相"及前首相近卫，才分别接见汪一行，讨论具体的"组阁"步骤。在与陆相会谈时，汪精卫碰了一鼻子灰。按照汪精卫的如意算盘，是打着国民党、国民政府、三民主义的三大旗帜，以坚持"党统""法统"和所谓"国民政府还都南京"做幌子，而收揽人心，掩盖傀儡政权的本质。但是陆相等大臣认为，尽管有什么统，但还的"都"却是皇军占领下的南京，不如到非占领区去搞个和平政府，更为有效，人心更能收揽起来！

汪精卫苦笑着说，如今的中国，没有军队哪有地盘？不还都到南京，这个中央政府就得流产！日本主子们想想也是这个理，总算答应让他回南京。可是陆军大臣坂垣征四郎仍然强调"分治合作"方针，认为华北、蒙疆、长江下游、华南沿海，都具有皇军占领下的特殊性，不容汪政府染指；取消"临时"和"维新"两个伪政府有困难。这又是一只空心汤团，只能建个悬在半空的"中央政府"了！

这时，汪精卫脸色灰黄，连苦笑也装不出来，摇头叹气道："如果中央政府有名无实，那只好延期组织了！"

走狗居然不想走了，主子岂能容忍？影佐祯昭马上插话责问："汪先生一向主张积极组织中央政府，此刻又提出延期组建，这是何意？"

听得这么个斥责，汪马上分辩道："之所以提出延期组织中央政府的意见，是由于取消两个临时政府有困难引起的。如果大臣们充分了解我们的困难与愿望，可以再研究具体办法。"

讨价还价结果，华北、蒙疆、长江下游与华南沿海等地区，军事、经济上由日军直接控制，而在政治形式上、民政管理上，"统一"到"中央政府"里。这样，汪精卫总算争到了头号奴才的帽子，坐了汉奸中的第一把交椅。

6月18日回到天津，第二天晋见驻北平的日军司令官与华北伪临时政府头头王克敏；之后到南京与维新政府头头梁鸿志会谈，还做了《我对中日关系之根本观念及前进目标》的演讲；回到上海，又做《无日本无东亚》的广播演说；8月初南下广州，在热浪烤人的气温下，挥汗声嘶力竭大喊了一通《怎样实现和平》。从北到南地奔走呼叫，响应者寥寥无几，只有张君劢发了一则"通电"，算是凑个趣。8月中旬回到上海，策划召开汪记国民党第六次全国代表大会。目的有两个：一是通过"六大"修改党纲，把"和平反共救国"作为汪记国民党的宗旨；二是把"总裁制"改为"主席制"，由汪任党的主席，取得"法律地位"。

只有召开"六大"，并在大会上完成了这两个任务以后，汪精卫才有资格"名正言顺"地召集各派汉奸来开个"中央政治会议"，拼凑起"国民政府"的班子，而后粉墨登场。

召开"六大"，那代表何处寻？汪精卫与周佛海定了个"三字"方针：约、请、荐。汪有个旧部下名叫周化民，从欧洲出差回国路经香港，汪就付以重金，让他去重庆用金钱招些"代表"来上海，这就是"特约代表"。那么"荐"呢？由他们中推荐自己的亲朋好友，如陈璧君两个弟弟、四个侄子都被推荐为"六大代表"，又如李圣五（后任汪伪政府中的教育部长），将自己的老婆、小舅子、表弟、表侄一齐推荐出来当了"六大代表"。至于说到"请"，那妙不可言。有一位中学校长，应邀到朋友家吃饭。饭后主人请同席五六人游兆丰公园（今中山公园）。车子经过静安寺以后，向西北一拐弯，直开进76号。丁默邨皮笑肉不笑地出来接待，让六人在一张代表登记表上按个手印，刹那间成为"六大"代表，并住入"六大"代表宿舍。

在"三字"方针的贯彻下，代表总算凑够了，于是决定"六大"在8月28日召开，地点就在76号大礼堂里，全部保卫工作由丁、李两个正副主任负责。这两个魔头，正想借此机会大大地炫耀一番76号的威势，来个大张旗鼓地宣传。丁、李两个兴冲冲地赶到汪府上，一进会客室，主人便给了他们一瓢冷水，说他们实在"拎勿清"，会前怎么可以泄密呢！汪向丁、李俩面授机宜：事先秘而不宣，事后大肆宣扬。

秉承中国主子的旨意，76号大门外边，搭起一座高高的彩牌楼，横额上还特意加了个匾，上书"天下为公"四个蓝底白色大字。在松枝柏条之间，用电灯泡缀成一个大"寿"字，装饰成"门内主人做寿"的气氛。为了防止工部局巡捕的干扰，又请"梅机关"出面，与负责沪西一带租界防卫的意大利驻军联系，请意军在76号附近巡逻、弹压保护。为了汪的绝对安全，丁、李两个要求汪提早一天从愚园路1136号官邸进入76号，迟一天返回，免得来往车队的目标太大，发生意外。汪精卫在27日晚上，带了陈春圃一人，偷偷地住进76号。

28日早上，大雨滂沱。

汪精卫站在窗前出神。他看着雨帘，听着哗哗雨声，一幕幕往事浮上心头：1935年11月在南京召开国民党的"五大"，在日华战略问题上，他极力主和，差一点被抗日派暗害。那是趁大会后合影拍照的时候，南京晨光社记者孙凤鸣突然拔枪向他射击，打中肋骨，身负重伤，于是辞去了行政院院长的职务，到上海养伤。还是上海滩的大亨黄金荣给他请了个高明的法国外科医生，才得以治愈枪伤，可是这粒子弹，还深深地嵌在肋排骨里。如今回想起来，好不惨然！五个年头了，"和平运动"总算有点眉目了。出席这次"六大"也有二百四十来个代表呀，有自己的改组派直系褚民谊、陈公博、陈璧君；有周佛海、高宗武、梅思平等投奔过来的亲蒋派；有像丁默邨、李士群之类的特务杀手；有陶希圣、傅式说那些一向不参与政界而后加入和平运动的新兴人物……

想到这儿，他笑了，情不自禁地自言自语："这一天终于来到了。"他转过身来，再次欣赏起这套李士群让给他休息的卧室。一张水晶大床，柔软而又阴凉，床下脚踏板是由藤料制成，天花板和四周墙壁全涂成淡雅的荷绿色，整个房间令人感到舒适恬静。床头柜上有部电话，乳白色的。雅致的梳妆台上，有两盏白色小灯和一面三面镜——这大概是李士群老婆叶吉卿化妆的专用地盘，他想。

卧室的后边,有一洞小门,直通用大理石镶嵌起来的浴室。在凹进去的小间里,装有一只精致的大浴缸,缸里可以容下两人并排躺着——这是李士群夫妇同时洗澡用的,他想。

雨,还在不停地下着。他不知道这是个好兆头还是坏征兆!心神似乎有点不定,又踱到窗前,往大门口望去,"代表"们已装作上门祝寿的样子,冒雨进76号大门,在二门上验过证件后,绕过广场,钻入铁门,那边便是上个月改装成的大会堂了。大会堂西边的围墙间,新近打开了一洞门,通向"华邨"。这"华邨",原是一条弄堂,有两层楼的小洋房二十余幢,居住着一些中产阶级。丁默邨与李士群趁着"六大"筹备的时机,在日本人的许可下,便占据了这76号右侧毗邻,强行驱逐住户,封死弄堂口子,对外隔绝,打通西墙,与76号接通。"大会"期间,作为汪伪集团中级以上人员住处。特工行动总队长吴世宝又在"华邨"西边的墙沿外,搭起木房,派小特务开了一爿白铁店,在"华邨"东首康家桥口乐安坊附近,开了一家杂货店,作为两个固定的外围"望风哨"。吴世宝还从曹家渡新康里起,到地丰路(今乌鲁木齐北路)秋园附近,派特务设置了各式各样的零星摊贩,作为外围"流动岗哨",随时与76号总哨取得联系。对于这样周密的布置,汪精卫十分满意,他又会心地笑了,他笑蒋介石派军统三番两次暗杀,都未动着自己一根汗毛,真是逢凶化吉,遇难呈祥。在今天的会上,对不住,我得解除你姓蒋的国民党总裁头衔啰……

"汪先生,夫人来了。"李士群领进陈璧君来,又退出房去,将门轻轻带上。

"兆铭，昨夜困得好吗？"

"唉，做了一夜的梦。"

"肯定是好兆头！"

"为什么？"

"因为你没说'噩'梦呀！"

"但愿如此——人到齐了吗？"

"正在陆续进场，我担心有几个家伙不同我们一条心，说不定选举时会出点纰漏……"

"夫人不用担心，为夫自有道理！"汪精卫吊起嗓子学着京戏中的道白。那副油腔滑调的劲儿，使陈璧君忍不住斜瞟他一眼，而后从手提包里掏出一丸药来，命令道："吃吧！"

二

等到九点，人员总算来齐。"主席团"成员汪精卫、褚民谊、周佛海、高宗武、陶希圣、梅思平几个，鱼贯上台。台下有几个拍巴掌的，稀稀拉拉地响了几下。梅思平当大会秘书长，宣布议程：上午由国民党副总裁汪精卫致"开幕词"，并做《筹备委员会工作报告》；下午"修改党章"，选举"党主席"和"中央委员"。

会议开得"十分顺利"。台上让"代表"举手，"代表"们都得乖乖地举起手来。会场两边走道上，丁默邨、李士群带着一批特务，屁股上挂着手枪巡视着，谁不听话，要犟头犟脑，就得吃生活。不但用枪杆子监票点票，干脆利落，而且选举程序也十分别致，大胆创新，来个本末倒置：先选党主席，而后再选中央委员。下午三点半，会议进行到选举"中央委员"一项时，周佛海提出个动议：

"各位代表，由于目前处于非常时期，本届中央委员的产生，我提议授权汪主席提名，由大会通过。"

"……"

礼堂内一片沉寂，外面狂风怒号，大雨如注，抽打着玻璃窗。阵阵风雨喧嚣，代替了场内的附议。

"好，没人异议。现在请汪主席宣读名单。"

汪精卫从大会秘书长梅思平手里接过两张纸片，站起身来，轻轻地咳了一下，咽了口唾沫，稳重老练地念了起来。当他最后念到温宗尧、陈群、任援道、卢英四个臭名昭著的老牌汉奸名字时，会场上骚动起来了。因为这四个人都是当时南京"维新政府"的大汉奸。温是伪法制院院长，陈是伪内政部部长，任是伪绥靖部部长，卢英当着伪上海市警察局局长。时人称他们为"前汉"。有几个自命致力于"和平运动"的"后汉"，却表示"羞与为伍"，几颗头撮在一起嘀咕着。"我反……"一个留小分头的代表站起来发言，只说了两个字，"反对"的"对"字还没出口，一支手枪已顶在他的脊梁上了。李士群领着腰上别着快慢机的张国震、顾宝林，已站在留小分头的代表身后。站在前排右角上的丁默邨，狠狠地瞪了这人一眼，暗示他要识相点。

这"小分头"名叫胡志宁，原是"CC"特务，是破坏学生运动的"青运贩子"。他自命是个"香"汉奸，对于那几个老牌"臭"汉奸瞧不起，可是骤然间受到前狼后虎一夹攻，立马慌了手脚，话到嘴边又咽了下去，呆在那儿，支支吾吾下不了台。

善于周旋解围的汪精卫，见这尴尬场面，微微一笑，站起来说："代表们有什么意见，请会后和我个人来谈。时间关系，现在我宣读《大会宣言》，等一下，宣言与中央委员名单请大会一道通过。"

这个法子妙，一举三得，既打破了会议的僵局，又可几项决议案一道匆匆通过，一日之内，"六大"便可收场。

在大会休息时，有几个"后汉"人物要求汪主席接见一下，认为汪所推荐的中央委员名单里，列着那些老牌汉奸、日本走狗特务、杀人魔王名字，不妥。然而，汪精卫并没有出面，而是由周佛海代汪接见，并且对这个问题回答得精妙绝伦："他们是否汉奸，后世自有定论；汪先生的警卫，大会的治安，全由他们包定的。万一发生误会，汪先生的、你我的安全由谁负责？"这一席话，说得几个新牌汉奸面面相觑，哑口无言。

大会闭幕时，"汪主席"俨然发表声明："以前一些不明事理的人，说我们是日本人的傀儡。现在，我请各位代表看一看，我们今天的大会会场里，有没有日本人？半个也没有。我们是独立自主的。"真是此地无银三百两，谁不知道演木偶戏的牵线人是躲在幕后的呢？

汪记国民党"六大"，事实上只开了一天，便草草收场，可是对外却宣称：大会在庄严隆重的气氛中开幕，经几百名代表热烈讨论、再三酝酿与民主投票选举，选出了新一届中央委员。三天后，大会圆满结束各项议程，胜利闭幕。

汪记"六大"的中央委员，集中了封建遗老遗少、保皇党、买办文人、洋场政客、新老汉奸、流氓头子、杀人魔王、无赖恶棍，真正是一个极为精致的旧中国政治博览会，又是一个名副其实、臭气熏天的历史垃圾堆！

紧接着召开的"六届一中全会"上，根据汪精卫的提议，陈公博、周佛海、陶希圣、梅思平、高宗武、丁默邨为中央常务委员；褚民谊为秘书厅秘书长，陈春圃、罗君强为副秘书长；陶希圣兼任中央宣传部长；梅思平兼任中央组织部长；丁默邨兼任中央社会部长。秘书厅、组织部、宣传部设在愚园路1136弄内，社会部设在76号里。这样，汪记的国民党中央党部算是正式开张了。

为了庆祝会议成功，汪精卫与陈璧君在76号餐厅里，设宴招待。陈璧君以主席夫人身份，笑容可掬地频频举杯祝酒，委员们也纷纷向主席、主席夫人敬酒。人们好吃好喝，不亦乐乎的时候，周佛海匆匆地跑到汪精卫身边，附耳低言："主席，日本人那边来电话，问开会情况。"

汪精卫一拍脑门，连连地说："疏忽了，疏忽了！这几天咱们只忙这一头，可没顾上向友人通报通报……"

"这样吧，"周佛海紧接着出主意，"这会儿你与夫人在这儿招待，离不开，我与默邨跑一趟。有些话，在电话里讲，不方便，还是咱们上门吧，显得慎重些。"

"也好，那就有劳你们两位了！"

丁默邨开着车，周佛海坐在他旁边。当车子开到南京东路四川路口，将要向北拐弯的时候，周佛海突然改变主意："默邨，我们先不上重光堂。"

"上哪？"

"你再向东开，而后过外白渡桥，带你到一个好地方白相一会儿，再去重光堂见影佐大佐不迟。"

"好来，照你说的办。"

三

在周的指引下，车子七弯八拐地开了二十来分钟，来到一幢哥特式小洋楼门前停下。看门的大块头白俄，哗啦一声拉开铁门，放进汽车，又呼的一声关上。车子停在小院内，他们进屋，丁默邨才发现这是一座小巧玲珑的江边别墅，摆设豪华。两张罩了粗花呢套子的长沙发安放在客厅里，沙发间立着一张红木小圆桌，桌面上放着一套青花瓷茶具。四周墙上挂着字画条幅。壁角上有一座毛玻璃餐柜，水晶玻璃的隔板上，放着几套银质刀叉与一大把仿象牙筷子。丁默邨心想，虽是豪华，可不中不西，不知主人是谁。他走近窗口远眺，黄浦江在眼前汩汩流过，星星点点的白帆，顺江水摇曳东去。隔江岸上，葱茏一片，浦东依稀在望。这儿的确是个好窝儿……

"来，喝杯茶解解酒。"周佛海打开客厅的边门进来，身后随着一个白俄端了只俄罗斯式的茶炊，小心翼翼地放在圆桌边的茶几上，生好炭火，退了出去。

"周公，这是谁的房子？"

"宋子安的。现在没收了来，我向日本人借的。"周佛海边说边打开餐柜的门，取出一小听茶叶来，揭开两层盖头，送到鼻子前闻了闻，又伸到丁默邨鼻子底下，问："香吗？"

"唔，清香，什么货色？"

"双井茶。"

"只喝过龙井，可没听说'双井'，也许是我孤陋寡闻。"

周佛海小心地盖上双层听盖，走到茶炊边侧耳听听，水犹未开，便回到窗前，眯起双眼，哼出几句诗来：

> 十斤茶养一两芽，
> 五两黄金半撮茶。
> 长安富贵五侯家，
> 一啜尤须三日夸。

"当年欧阳修写的《双井茶》诗，是这么说的吧？黄庭坚还夸过'双井名入天下耳'的话哩！可见，宋朝时，双井已是名扬四海了。这茶出在江西修水县，是一位'六大'代表送我的。特意邀你来同享——唷，水开了，咱们边品边谈吧！"

青花瓷杯里沏上"双井"，色、香、味、形，不同凡响。要是专家品评，一定是：形如凤爪，峰毫显露；香味鲜醇，汤色清亮；叶嫩黄绿，风格特具。

"唔，味道好！"丁默邨呷了一口，点头称赞道。

"这双井，讲的是个'味'，它是头泡香，再泡味，三泡四泡犹觉甜。那龙井呢，扁平挺秀，光滑匀齐，翠绿略黄，占一个'色'字。洞庭君山，叶子悬空竖立，三起三落，如金枪投掷，占一个'形'字。那太平猴魁呢，香气高爽，有兰花之香，冲泡数次，其香犹存，独得一个'香'字。这就是茶叶中的'色、形、香、味'四个讲究。"周佛海老于茶道，谈个没完。

"周公熟读陆羽《茶经》，茶道造诣极高。今天，我是口品名茶，耳聆高论，福分不浅啊！"

"高论谈不上，胡扯一通而已。这几天，你与士群够辛苦的了，下午找个引头，溜出来，清净一会儿，咱俩讲讲心里话。"

"原来有话与我谈，不是上重光堂汇报的，"丁默邨心里想着，"也不是真的请我喝双井。"

"咳，人无远虑，必有近忧呀！古人的话一点勿错。"周佛海喝了一口双井，咂咂嘴巴感叹道。

"周公近来有什么不顺心的事吗？"

"倒不是我有什么，我是想76号……"

"76号？76号怎么啦？"丁默邨的胃口被吊起来了，他盯住问。

"也没什么，只是以后的隶属关系要变一变。"周佛海慢吞吞地告诉丁，汪精卫与陈公博打算把76号改为即将"还都"的国民政府的"特工总部"，由党主席汪精卫领导，陈公博直接控制，重大事情由陈决定。

"那您的意见呢？"丁默邨有些急了。

"我倒有个想头，没同别人商量过，不敢提出来。现在，你我是知心朋友，不妨说一说。"接着亮出自己的主意：干脆成立一个"中国国民党中央执行委员会特务委员会"，委员由丁默邨、李士群、唐惠民、王天木等十人担任。再在"特务委员会"下设个"特工总部"。

周佛海看了看对方没有反应，然后补充说："委员会的主任委员自然是老弟你来担任啰。你还可以兼任'特工总部'的主任。"

"哟，茶炊又烧开了。"丁默邨捧起杯子，走向扑扑沸腾着的茶炊，给周与自己各沏了一杯。他手在倒茶，脑子里可像闪电那样思考着：这老兄是吊我胃口呢，还是交换条件？当他坐回原位，品尝着新沏上的双井茶的时候，心里已经打定了主意。

"周公这一招高。至于主任委员，还是您出马，德高望重，压得住。我还是具体地抓抓76号内部的事。如果76号成了特委会'特工总部'，我还有一些打算，请周公定夺。"

"请讲，老弟的打算，一定重要，我一定支持。"周佛海爽快地说，急于做成这桩交易。

两人商量到天黑，才达成私下交易，双双乘车去重光堂谒见洋主子梅机关长影佐祯昭。他们的计划，得到太上皇的支持，汪精卫与陈公博自然点头称好。这样，就以"一中全会"的名义，决定成立"中央特委会"和"特工总部"，这一来，这支横行上海的特工队伍，就由周佛海控制了，这权力是从汪精卫、陈公博手里夺过来的。

四

却说上海区的军统，自王天木叛变后，一度陷于困境。戴笠在8月底派遣在中央训练团党政训练班第三期受训的陈恭澍来上海，担任区长，重新整顿。新官上任三把火，陈恭澍的第一把火，便是烧掉旧组织，重新组建了个"新编情报行动组"，将原有的情报组与行动队合二为一,由毕高奎任组长,成员共五六十人。情报组的成员,扩大到公共租界与法租界的捕房里,除租界中的老情报员刘绍奎、刘俊卿、克莱登之外,还有工部局警务处英籍警官劳勃生,法捕房探长、督察蒋福田、探目杨仲芳、帮办李阿其,以及法籍督察长 Valon Tin(化名马龙)和政事治安处帮办 Sali,等等。

陈恭澍的第二把火,改建了第八行动大队和抗日杀奸团。抗日杀奸团,原来活动在天津地区,后来遭破坏,团的领导孙九成与一些成员,被日寇追捕而逃到重庆,戴笠便派他到上海,收罗流落各地的"抗团"成员三十余人,又在上海吸收三四十名青年,组成了六七十人的庞大暗杀团,由上海区助理书记刘厚深负责联络指导。

这第三把火,便是策反 76 号人员,高价收买情报。这把火倒烧得挺旺的。76 号升为汪伪的"国民党中央特务委员会"属下的"特工总部"以后,编制规模来了个大发展,正式扩展为八处四室三所两总队十二行动大队的名单,两天后,便传到军统方面来了。

那是 1939 年 9 月初的一个晌午,夜出昼伏的陈恭澍,正在法租界的长庆里呼呼酣睡时,扮成小保姆模样的郑蘋如,轻手轻脚地上楼来捏住他的鼻子,唔唔几声弄醒了他。睡眼惺忪的陈恭澍一见是自己手下的"女妖",便一把抱住她亲嘴,咬奶头。郑蘋如随手扇了他一记不轻不重的耳掴子:"快别闹了,阿奎来啦!"

"在哪儿?"

"你听。"

弄堂口传来了敲着竹筒的吆喝声:"哎——桂花白糖莲心糯米粥,吃到肚里穷长肉!笃——笃——笃——"

"你缒只竹篮子下去,买两碗粥。"

这是他们的联络暗号,也是交换情报的方法之一。郑蘋如提着篮子回来时,碗底下压着一本小折子。陈恭澍拉开折叠成册的纸折子一看,白花花的,什么也没有。他让郑蘋如从楼下捧盆水来,将折子浸在水里。不一会儿,蓝黑色蚂蚁般小字显将出来了,那是一份76号的人员编制表。现在,照表上所列的抄录如下:

  特委会主任委员 周佛海

  特委会副主任委员 丁默邨

  特委会秘书长 李士群

  特委会委员 唐惠民、林之江、王天木、苏德成

  特工总部主任 丁默邨

  特工总部副主任 李士群、唐惠民

  第一处处长 陈明楚

    副处长 罗梦芗

  第二处处长 胡均鹤

  第三处处长 张劲庐(女)

  第四处处长 潘达

  第五处处长 傅也文

    副处长 钱人龙

第六处处长　叶耀先

第七处处长　晋辉

第八处处长　唐克明

警卫总队总队长　吴世宝

行动总队总队长　林之江

这是76号的鼎盛时期，阵势之大可见一斑。八个处各有分工，一处专门对付"军统"，陈明楚被杀后，由万里浪任处长。二处对付"中统"，其中设CP股对付中国共产党和新四军。三处对付"忠义救国军"，四处对付公共租界与法租界。五处管机要、人事、文书、档案、收发等，六处是总务，七处搞电讯，八处管情报。这些处之下，又设督察室、专员室、审讯室、化验室。警卫总队与行动总队之下，各辖六个行动大队。此外，76号内还有看守所、修械所、招待所。后来曾办了两期训练班：警犬训练班与女特务训练班。后者由76号内两只母大虫亲自抓，叶吉卿为首领，佘爱珍当主任。汪伪国民政府成立后，76号又派胡均鹤为江苏区区长，在苏州、杭州、无锡设立特工站，派王道生为苏州站站长，谢叔锐为杭州站专员，许蛰存当无锡站站长。

汪伪政权成立之后，76号又一次扩展规模，设立了许多直属组织，如直属行动组、直属情报组、《中华日报》警卫组、《时代晚报》警卫组、《平报》警卫组，还有租界警卫队，后来改为租界突击队。

在76号炙手可热的日子里，它的魔爪伸向各个领域。在教育系统，建立了"海社"，李士群为社长，胡均鹤任书记长，专门在青年学生界搞汉奸卖国活动；在文化界，它搞了个国民新闻社，黄敬斋为经理，蒋晓光任总编辑，负责特工系统的舆论宣传。当然啰，还有一个重大的项目是抓钱。总务处长叶耀先，除了管财务、会计外，根本任务是搜刮钱财，他自任经理，办了个"立泰银行"，又让朱海初去开了爿"上海实业银行"，朱为经理。这两爿银行在南京、杭州、苏州、蚌埠、嘉兴等地区设立支行。李士群看到上海两大亨——杜月笙与张啸林，在日本人的鼻子底下，利用各种关系，大搞紧缺物资走私，大把大把地赚钱。眼红了，红得可以滴出血来。于是乞求主子的恩赐，向晴气讨主意。日本人也是见钱眼开，便在"梅机关"的怂恿支持下，魔鬼做生意，办了个"东南贸易公司"，学着杜月笙的代理人徐采丞与张啸林的样，专门走私物资，获取暴利。这爿贸易公司直到1943年9月，李士群暴死苏州后，才倒闭。

这些都是后话，在此附带提过，下次不表了。

血沃大地几烈士

一

丁默邨应顶头上司晴气庆胤大佐（现在已提升大佐了，是"梅机关"的第二把手）之约，赶到虹口樱花大厦七层楼"甲子室"。刚进门，电话铃便响了。

"丁先生吗？我是晴气，"听筒里传出嘶哑的声音，"你先看一下桌上的文件，一刻钟后来'丙丁室'见我。"

啪嗒一下，电话挂断，丁默邨惊呆了。他想不到日本人这么精，自己的一举一动全在别人监视之下。他再看看室内，陈设简单，一床一桌一椅。桌上一份卷宗，一只闹钟嘀嘀嗒嗒走着。他战战兢兢地走过去打开牛皮纸封面的卷宗，一张年轻美貌女子的放大照片，展现在眼前：一头浓密的乌黑秀发，披在后颈上，似乎不曾烫过，柔和自然的鬈曲波纹，掩映着额角与香腮，当中配着一个端庄挺直的鼻子，一双明澈眸子透出一股巾帼英气。丁默邨端详一番后，便知道这是从什么会场上或路上偷拍下来的。他将照片翻转，扑在桌上，以免自己分散注意力。他坐下来看底下的材料：

茅丽英，28岁，杭州人。原任海关秘书科打字员。日中开战后，参加共产党。现为职业妇女俱乐部主席。抗战分子……

"她，原是这模样！"丁默邨想起来了：这个茅丽英，因为没把她放在眼里，76号的弟兄们几次败在她手中。她的情况，丁默邨早就了解，只是没弄到照片，也没见过本人。

茅丽英幼年丧父，母亲在上海启秀女中做勤杂工，得到校方允许，茅丽英成为该校的半工半读生。1931年3月，她考进上海海关当了个打字员。按照海关规定，职员做满七年工作，可获奖金两千元。正当她工作满六年半的时候，抗日战争爆发。她激于义愤，毅然决定牺牲奖金，在这一年的7月11日，踊跃参加"海关救亡长征团"，远征广东一带进行抗日宣传。1938年4月，因为母亲病重才回上海，以担任启秀女中英文教师为掩护，继续做抗日救亡工作，并于5月间参加中国共产党，任中国共产党职业妇女支部委员。年底被推选为职业妇女俱乐部主席。她以俱乐部为阵地，团结广大妇女群众，以歌咏、话剧、演讲等各种形式，积极开展抗日宣传活动。1939年7月，茅丽英发起"物品慈善义卖会"，争取到一些"上海闻人"来赞助，永安、先施、国货公司等五十六家厂商捐助了大宗日用品。她还动员了戏剧家在大陆电台播唱京剧，扩大征募物品代销券。因为76号的魔头们，正忙于筹备"六大"，对她的抗日活动，只寄了封恐吓信并附子弹一颗，勒令停办了事。可没想到这娇小女人……

丁零零——，一阵闹钟声打断了丁默邨的回忆，猛一惊，想起电话里的命令——一刻钟来见我的事。他立即站起来，合上卷宗，挟到腋下，上"丙丁室"去了。

晴气庆胤剃着大光头，鸭子青的头皮，在炽热的钨丝电灯光下，泛出青紫色。丁默邨敲门进去的时候，他正在抠脚丫子。上海天气，农历十月小阳春，几阵秋雨一场雾，湿气霉菌把他的脚丫咬个够呛，痒得难熬。他咬着牙眯缝双眼，一股劲地捏呀搓呀，正上味的时候，听得笃笃敲门声，便张口含糊地说了句"请进"！

及至丁默邨在对面沙发上坐定以后，晴气一边点头招呼，一边仍然挖脚丫不止。"湿气大大的厉害呀！"晴气摇着头感叹。

"用水杨酸液一搽就好。"

"不，不不，太痛了。"

"要不，我让76号医生来看看。"

"这是顽症，医不好的。湿气像抗日分子，很难消灭的！"

"是啊，是啊！"

"材料看了吗？那花姑娘是共党。你晓得不，她义卖、募捐的款子干什么用的？"

"……"

"喏，你看看这份情报。"晴气停止了挖脚，用湿漉漉的手指在上衣口袋里掏出一份电报，扔给对方。丁默邨接过，小心翼翼地打开，双手捧着读：

茅匪于沪上筹得款项，悉数购成棉花、布匹，运抵苏北新四军部。希采取断然手段，勿使此事再次发生。

这份电报，丁默邨读了两遍后，才毕恭毕敬地送还上司，诚惶诚恐地自责道："这事，我们76号有罪。前些日子，只顾忙'六大'的事，对这女共党忽视了。大佐先生，以后一定办好，连一个棉花球也不让她偷出上海……"

"要让她无法动弹，要除根，晓得不？"

"是，是。斩草除根。"

"还有，你的76号名声不太好。"

"嗯？"丁默邨瘦脸上发烧了。

"几个人绑架肉票，搞女人，听说弄到我同胞的朋友头上来了，有人向我告状哩！你要严加管束。"

"是，是，是，一定整肃纪律，一定。"

"你与李士群共同商量，整整军纪。这也是机关长影佐先生的意思。"

"一定遵办，一定！"瘦猴子连连点头、哈腰、打躬，诚惶诚恐地退了出来。直到出了樱花大厦，在秋风里深深地吸了几口气，才敢伸了伸懒腰，钻进小汽车，一溜烟地逃回76号。

却说李士群见晴气大佐单独召见丁默邨，一股醋味儿从鼻孔里蹿出来："哼，攀上高枝了！"

"来，李主任喝咱们的吧。"吴世宝将白兰地斟满两杯后，从盘子里挑出一只通红的崇明大闸蟹，在手上掂了掂重量，剥开蟹壳，递给李士群，劝道，"尝尝这稻蟹，满壳子的黄膏，壮！——姓丁的那小子勿识相，迟早叫他滚蛋！"

李士群啜了口白兰地，抓起蟹来咬，嘴边、两颊上涂满了蟹黄："唔，鲜，鲜！——你说叫他滚蛋？弄不好是他撵我们走！"

"烧香的要赶跑和尚？这瘦猴有几个脑袋？"吴世宝瞪着血红的眼珠子，张开大嘴巴，似乎要将丁默邨一口吞下。

"嘻——你吼什么，不能轻点么。要晓得隔墙有耳，草中有人！"

"怕什么，迟早要摊牌的……"

"别胡说，"李士群忙喝住，而后又压低嗓子，"还不到时候。"

正在这个时候，楼下传来嘀嘀——嘎，汽车刹住的声音。吴跳到窗口一瞧，回头对李眨了眨眼睛，轻声地说："他回来了。"

不一会儿，丁默邨推门进来，"呵！好乐惠呀！"

"老丁，来！秋深蟹肥，尝一尝。"李士群忙站起来，拉开身旁的一把椅子，让座。又以旁人不易觉察的动作，向对面吴世宝使了使眼色："阿宝，给丁主任斟酒。"

"丁主任请！"吴世宝勉强地倒了杯白兰地，欠起身子，生硬地应付着。

"唉，今朝晴气大佐叫我去训了一顿……"丁默邨脱下礼帽，挂到衣架上，从勤务兵手里接过热毛巾，擦着脸。

"怎么，出事了？"李士群惊讶地问。

勤务兵退出门去，丁默邨坐到桌边，点点头说："是呀，影佐与晴气对我们很不满意，有两件事……"

"丁主任，李副主任，你们边喝边商量公事吧，我去小厨房叫伙夫再端盘大闸蟹来。"吴世宝表示识相，找借口离开。

"不，吴总队长，你不要走，一道听听。"丁默邨拧下一只蟹钳，说，"第一桩，要我们76号整顿军纪。据说我们中有人搞女人，弄绑票，搞到日本人的朋友头上去了。影佐先生很不满意哩！他们要派人来检查，是我挡住了。我说责任在我，管教不严，回去一定严加查办，不必劳友军的大驾了。我费了几箩筐好话，才将晴气先生稳住。"

说完，丁默邨瞟了吴世宝一眼。

吴世宝闷声勿响埋着头吃蟹,吃得津津有味。

李士群脸色尴尬相,强装出微笑,问:"还有一桩事呢?"

"对付共产党。"

三人心里都明白,绑票搞女人的事,是冲李士群与吴世宝来的,属于内部纠纷;对付共党,才是棘手大事。吴世宝抹了把嘴唇,向丁默邨讨好:"丁主任,杀共产党的差使,交给我吧!一定杀他个精光。"

"别吹牛!"李士群马上制止,"对付共产党是件了不起的大事,这要丁主任亲自筹划布置才行,你冒冒失失非把事情搞糟不可。——这样吧,默邨,我来查处76号违法乱纪的事,共产党的事,有劳你费心。阿宝,今天讲的事,你知道就行了,不要再往外传,懂吗?"

"晓得。"

丁默邨心里好笑,也不揭穿李士群的把戏,只淡淡地说了句"就这样吧",站起身来,回到自己卧室,给一个女人挂了个电话。

三天后的一个夜晚,丁默邨躺在浴缸里,一丝不挂,让热水泡着他那瘦骨嶙峋的身躯,闭着双眼,似乎睡着了。笃笃笃的几声高跟鞋声打开他的上下眼皮,嘴角上漾开一丝微笑。笃笃鞋跟声在门口停住。

"是光楣吗?"房内传出丁的问话声。

"是我,丁主任,您可会听出我的脚步声哪!"裹着一身军装的金光楣,娇声娇气地回答。

"进来吧!"随声,门啪嗒一声弹开了。

金光楣飘进门去，一阵烟草味，呛得她直想打喷嚏，她极力忍住。能被上司叫到卧室去，那是一种恩宠，得处处小心，不可造次。她正想立正行军礼，可是找不到她的顶头上司。她环顾室内，杂乱的衣裤抛满一床，横七竖八的鞋袜摊了一地，可没人影儿。

"您在哪儿？主任。"

"关上房门，在椅子上坐一歇。我在汰浴。"从房后的卫生间传来话声与水声，她听清了。过了几分钟，卫生间又传出话来，"光楣，劳驾把我的衬衣短裤扔进来。"

金光楣原是个上海滩头的女光棍，由于丁的提拔当上了76号的女特务头子。前几天丁给她一个特殊任务，今天又单独召到卧室里来，自然是喜出望外；现在，又要她进浴室，那简直是受宠若惊了。这是个以身投靠的好机会，要是放弃了，才是傻瓜蛋一个。她在床上捞起衬衣与裤衩，叠好挟在腋下，轻轻地推开卫生间小门，踮起脚尖，悄悄地进去。

"唷，要你亲自送，扔进来就行了。"丁默邨半闭着眼，说。

"嘿，丁主任，您的耳朵真灵啊！我走得这么轻，也听出来了？"

"不，我是闻出来的。"

"闻出来？"

"是啊，你身上这股香喷喷的味道，几里外便会让人昏倒哩！"

"啊唷，主任，侬吃我豆腐哉！"金光楣扭着屁股背转身子去，用上海话嗲声嗲气地挑逗。

看着她那副娇态，他觉得自己的下身那杆阳根勃起来了，他只得咽下一口唾沫，转移话题："那边的事办得怎样了？"

"那边"，指的是茅丽英她们的"职业妇女俱乐部"。乖巧的女特务听了，晓得叫她来是为了收拾女共党的事，不是来搞游龙戏凤的把戏。她向丁汇报，已起用埋在职业妇女俱乐部里的一个女特务，将茅的居住地址与活动规律已经摸清爽。义卖会原打算在西藏路宁波同乡会内开，送去一封恐吓信，同乡会便向茅婉言拒绝。茅丽英转向新新公司（今上海第一百货商店）交涉，租定新新公司四楼做会场。新新公司一连接到三个威胁电话，只得拒绝租用。茅又分头向上海的美国妇女总会与工部局华员俱乐部租借会址，都遭到拒绝。

"到今朝为止，茅丽英已是一筹莫展，这个义卖再也搞不成啰！"金光楣得意地做了结论。

"你有把握？"

"我打包票。"

"要是出问题，我打肿你的胖屁股。"丁默邨从浴缸里坐了起来。

"嗯——"金光楣向丁丢了个媚眼，便到壁上取下两条大浴巾，一边给上司擦着身子，一边给他披上浴巾……

二

半夜，睡得迷迷糊糊的丁默邨，被一阵电话铃声吵醒，他顺手抓过夜壶箱上的电话听筒。"主任，真对不起，吵醒你了。"听筒里传来金光楣的声音。"我一回来就接到报告,那姓茅的女共党今晚在四川路120号职业妇女俱乐部内布置会场,明早义卖开幕。你看怎么办?"

"……"

丁默邨打开了床头灯,瞧瞧手表,已是夜里十一点一刻了。"明天,你带三四个女的到义卖场上去……"

"三四个?太少了吧!"

"我另有安排。"电话挂断后,他又抓起听筒,拨了几个号码,"之江吗?我给你一个任务……"

布置就绪,他往枕头上一靠,不一会儿,打起呼噜来了。

第二天上午八点半,当茅丽英来到义卖会场外,门口已挤了一大堆顾客,等着开门。茅丽英内心一阵激动:"上海市民是爱国的,义卖一定会成功!"她想着加快步子穿过簇簇人群,走上台阶,准备从大铁门的边门进去时,有个女人似乎故意碰了她一下,随着一声"对勿起"的道歉招呼,对方将一个小纸团悄悄地塞在她的手里,一晃混入人群不见了,连这女人的面目也没看清。

办公室里茅丽英展开小纸团,那上面有着一行英文字:

Be on guard against disturbing of NO 76. Sister

(提防76号捣乱。姐妹)

古人云:得道多助,失道寡助。为抗日军队捐募寒衣,人心所向,特务捣乱,不怕;不过要做好应变的准备。她想到这儿,吩咐秘书写一张布告,告诉顾客因电源故障正在修复,义卖推迟到十点开门。她自己从后门雇车到巡捕房去。

十点,义卖准时开幕。大批顾客涌入购货大厅,在各个柜台上付款取货。女孩子们胸前挂着个扁笸篮,在人群中间穿来穿去叫卖着。扁笸篮上放着她们自己精心做成的工艺品,有绣花小绢头、自己编织的露指手套、布娃娃,也有别人捐出的银戒指、铜墨盒、小刀等等,上面标着价。

大厅里熙熙攘攘,真可谓"购销"两旺。将近中午,义卖活动渐臻高潮。茅丽英兴奋、激动地向组织打电话汇报着情况,突然听到楼下一阵妇女的惊叫。她奔出门一看,几条毒蛇在大厅的人群中乱窜。顾客们纷纷往门口挤去,厅里秩序大乱。正在这时,门口与大厅里、柜台边,一下子冒出几十个巡捕来。两个印度巡捕,像抓泥鳅似的捉住毒蛇,另外几个巡捕逮住两个放蛇捣乱的家伙。个把钟点以后,一切恢复正常,义卖照常进行。

两名当场抓住的冒充顾客混入义卖厅的76号特务,后来在法庭上受审,茅丽英亲自出庭做证,对76号的汉奸特务进行无情的揭露,搞得丁默邨、李士群在日本主子面前狼狈不堪。丁默邨咬牙切齿地宣布:三天内消灭这女共党。

两天后,捣乱义卖的两名特务,被法院判刑,并由高等分院刑庭郁华庭长驳回76号的上诉,核准原判。气得丁默邨嗷嗷直叫。

12月12日傍晚,南京东路、四川路口职业妇女俱乐部南面的一个弄堂口,有六七个男女围住一担馄饨挑子吃着闹着。他们端着碗嘘嘘吹热气,两只眼珠子直向俱乐部门口溜来溜去。一个瘦子似乎有点不耐烦，凑近大个子压低声音问："林队长，会不会扑空？"

"丁主任的情报，万试万灵。——你看，"林之江向北面撇了撇嘴，"剑飞，上！"

七八个男女抬头一看，俱乐部门里走出一个二十七八岁的年轻妇女来，一米六三身高的轻盈体态上，着一件印丹士林旗袍，脖子上围着一条米黄色羊毛围巾，袅袅婷婷地走来。她是茅丽英，刚结束工作，正要走回家去。瘦个子陈剑飞第一个蹿上前去，紧步跟上，其他几个也三三两两散在马路四近。陈剑飞赶到茅丽英前边四五步光景，猛然间回过身来，向她开了一枪。

砰的一声枪响，惊动了南京路、四川路口巡捕，刹那间警笛大作。

七八个暴徒仓皇逃窜到四川路宁波路转角处，钻入一辆早已等候的黑色汽车，疾驰而去。

第二天早上八点半，林之江还抱着女特务头子金光楣酣睡着。因为刺杀女共党成功，昨夜又吃又喝又闹，直乐到清晨一点，小特务们散了，他把她抱到自己床上，干柴烈火般地交欢，两点多钟才精疲力竭倒头睡着。一连串的敲门声，打破了两人的美梦。金光楣推醒打着呼噜的林之江，"醒醒，死人！有人打门。"

"谁呀？"林之江问。

"丁主任叫你快去！"门外回答。

"这瘦猴，这回能赏给我什么呢？"他嘀咕着，见身边的女人已进浴室，自己也懒洋洋地坐起身来。

林之江一进办公室，丁默邨铁青着脸，便将一份当天报纸扔给他。他接住报纸，溜了一眼顶头上司，心想难怪有人说特务头子脸，撒尿变三变，现在竟不知是什么消息令其翻脸的。他小心翼翼地打开报纸，在本埠新闻一栏里，一条醒目标题映入眼帘：

特务杀人，抗日何罪

　　昨晚七时许，职业妇女俱乐部主席茅丽英女士，在四川路上惨遭76号特务枪杀，当即送到山东路仁济医院抢救。幸伤及腹部，并非要害。弹头已取出，引以为慰！

　　据目击者云：枪手与放风者乘车向西逃逸，其中亦有女流数个，此为76号一伙无疑⋯⋯

读完这条新闻后，林之江反而心定。他放下报纸一抬头，碰见了丁默邨凶狠的目光，似乎在问他："她还活着，你怎么说！"

"丁主任，我敢打包票，女共党必死。"林之江慌忙保证。

"怎么说？"

"我用的是毒弹。"

原来这个杀人不眨眼的恶魔用的是一支左轮手枪，枪弹是铅头，而且还在弹头上用刀划开，再浸在一种毒药里。据说这样一来，弹头奇毒无比。因为弹头已划，更易于开花，中枪后，进口小而出口大，同时毒液与铅加热后，在人体内易于溶化，便起化学作用，比英国人在印度达姆兵工厂制造的 Dumdum 弹还厉害十倍。凡是中了这种子弹，不论是否击中要害部位，都要丧命。所以林之江这会儿敢于向上司"保证必死"。

"你的'达姆弹'这么灵光,那就再试一个吧!"丁默邨从写字台抽屉里取出一张照片,递给林之江。

林之江接过一瞧,呆了:"这不是他吗?"

三

"怎么?你们认识?"丁默邨问。

林之江觉得自己失言了,忙着摇摇头否认:"不。——也可以说有一面之交。"

"看来还是认识的。"

"主任忘了?上次我们的兄弟在《中美日报》事件中被抓,在上海第一特区地方法院审判时,您不是让我去旁听的吗?这案子就是这家伙接手承办的,这不是'一面之交'吗?"

"哦,原来是这么的'一面之交'!这家伙不识相,不把我们76号放在眼里不说,还敢与日本朋友作对。太可恶!"

林之江捏了一把汗,总算应付过去了。其实,这人他不但认识,而且有过交情,还曾有恩于己。这人名叫郁华,字曼陀,1885年(清光绪十年)生于浙江富阳县城。是著名左翼文学家郁达夫的哥哥。郁华十七岁就以府道试第一名入学,补博士弟子员。当废科举改学堂的第一期里,他就入杭州府中学。毕业后,应留学生考试,受官费保送去日本留学,为浙江派遣留学生的首批一百人中之一。在早稻田大学师范科毕业后,又改入法政大学。三年毕业,回国就任天津交涉公署翻译两年,后考取法官,历任高等审判厅推事、大理院推事等职,曾被派赴日本考察司法制度。回国后,任大理院东北分院代分院长兼东北分庭庭长,直至 1931 年"九一八事变"。据其胞弟郁达夫的回忆,"东北沦亡,他一手整理案卷全部,载赴北平",无半页重要文件落入敌手。关于他自己呢,日本军占领沈阳后,军部就通知法院,指定要郁华留下,说是有要职委派。

郁华青少年时期便留学日本,对日本的文化亦甚爱好,在日本同学中,也有不少要好朋友,对日本人民有着深厚的感情,但是,他对日本军国主义,对日本政府的侵华政策,对日寇的侵华战争,深恶痛绝!他是中华民族优秀的知识分子,民族大义高于一切,对祖国赤胆忠心。当他得知日军"有要职委派"的消息后,连夜化装成东北老乡,只身逃出沈阳城。摸了一宵的夜路后,在好心人的指引下,才在京奉铁路线上一个小站后边的皇姑屯,找到一个农民家里藏身。之后再打扮成东北农民,辗转逃亡到渤海边,雇到一只渔船,逃到天津上岸,再回北平家中。曾有一首《辛未中秋渤海舟中》诗,记叙他的逃亡情境与表达强烈的爱国主义感情,抒发了对日寇侵略的悲愤情怀。这也就埋下了八年后饮弹家门,喋血沪上的隐患。全诗转录如下:

> 忍见名城作战场,
> 不辞接淅办严装。
> 橹楼灯火秋星碧,
> 席帽烟尘海月黄。
> 正借长风谋急渡,
> 暂偷余息进颀觞。

眼前无限伤心事，

哪有闲情忆故乡。

上海租界的会审公堂接收过来以后，1933年他就出任江苏高等法院第二分院（即上海公共租界的上诉法院）刑庭庭长。

郁华为人正直，富有正义感，不为恶势力所屈服。那次吴世宝带着一伙打手袭击《中美日报》《大美晚报》时，几个特务打手落网，给英租界巡捕房抓了去，第二天解送设在公共租界的上海第一特区地方法院判了刑。这批特务家属哭哭啼啼闹到了76号，向吴世宝要人。吴世宝当场拍着胸脯，说："我老吴做事体，一向担肩胛的。"76号一面请律师提起上诉，一面给复审的郁华写恐吓信，要他撤销原判，宣告他们无罪，否则给枪子吃。郁华在全国人民抗日热情的鼓舞下，坚决顶住压力，不为匿名恐吓信、寄子弹的恫吓鬼蜮伎俩所动摇，维持原判，驳回上诉。后来王昆仑在《郁华烈士传略》中，对他在上海孤岛时期的斗争，做了极高的评价：

上海沦为孤岛，日寇汉奸残酷迫害爱国进步人士，绑架暗杀日有所增。在此国破家亡，充满恐怖气氛的上海，先生不仅毅然坚守英租界的司法岗位，而且对充当日寇汉奸刺客爪牙之徒痛加打击，执法如山。当时沪江大学刘湛恩校长遇刺一案系先生审判。据刘先生之子刘光华同志1979年回忆："我曾亲睹郁华庭长不顾自身安危，当庭痛斥被现场群众捕获之刺客曾某，并判以极刑。"其高风亮节，秉公执法，确实令人敬佩。

丁默邨、李士群之流的鬼魅对他当然恨之入骨。再加上这次在职业妇女俱乐部的两个捣乱特务,又被特区地方法院判了刑,由郁华核准。真是"旧恨新仇"一齐涌上心头。再说,郁华又是日寇的眼中钉,早想拔除了他。难怪丁默邨咬牙切齿地命令:"林队长,我限你三天之内,干掉他。"

"一定。"

林之江领命后回到自己房里,心神不定。他躺在床上,两眼直愣愣地瞪着天花板,眼前浮现出南京路上的一幕——在大光明电影院隔壁,全国闻名的跑马厅对过,有家仙乐斯舞厅。这个黄金地段的大舞厅,不到深夜一两点钟是不会打烊的。有一夜十一点钟,阵阵乐声飘到马路上,门口几个制服笔挺的仆欧哈腰点头,正在迎接舞客!突然,舞厅门口滚出一个人来。这是个青年,满面血污,滚下五级花岗石台阶,正要挣扎着爬起来,门里追出两个英国水兵。一个用那大皮靴子往青年的胸膛用力一踩,嘴里不住地狂叫:"Stab him! Stab him!"(捅死他!捅死他!)另一个从腰间抽出雪亮的匕首,正准备往青年身上扎的当儿,只听见背后嘎吱一声,一辆小汽车刹住,车上跳下一个中年人来,大喝一声:"住手!"

两个英国水兵一愣,见一个中国绅士站在他们面前,有几分惧怕,不敢贸然下手。接着司机也跳下车来,将倒地奄奄一息的青年人抱进汽车,中年人随即上了车,嘀嘀几声,开走了。

这青年便是林之江。为了争夺仙乐斯的一个舞女,争风吃醋,被两个英国佬打昏在地。他醒来时,发现自己躺在一个书房的三人沙发上。对面的粉墙上悬着"风雨书斋"四个颜体大字的横额,下边便是一副对联:

风云三尺剑,

雨雪一箧书。

"这是什么地方?我怎么躺在这儿?"林之江不禁疑惑起来。这时,门开了,走进一个身材不高可精力充沛的中年人。他穿着黑色绸缎裋裤,显得宽松、惬意、洒脱。左手拢着一把摩挲得泛光的紫砂茶壶,笑容可掬地点头问道:"没伤着筋骨吧?"

"没……没有,"林之江坐起来,他终于想起自己挨打的事来,"你是我的救命恩人……"

说着,林之江便要起来向恩人鞠躬敬礼。

"不必这样,不必。中国同胞被洋人欺侮,要是你见了,也同样会相救的——我叫郁华,在法院做事。你在这儿休息吧,到恢复体力再走。"

……

这是四五年前的事了,现在竟然要去杀他,下得了手吗?林之江打了一个寒噤,从床上跳了起来:"不能干!"他说出了声。可是不干,那瘦猴能饶得了我吗?得想个法子才好,要不……

"林队长,吴队长请你去凑一门,他们三缺一,正等着哪!"林之江还没想定当,就被吴世宝的勤务兵请去搓麻将了。

俗话说,心无二用。他一边想心事,一边打麻将,哪能不输？不是失碰，便是忘了"和倒"，四圈下来，输了两千五。他向正在一边观战的金光楣点点头：

"光楣，你代我搓几副吧！我还有点事要办。"

"啥事体？阿是同妍头约会？"金光楣酸溜溜地问。

"天地良心，别冤枉人。告诉你吧，丁主任交下来的任务，今夜我要去做几颗'毒弹'。"他把"毒"字拉得很长。站起身来，伸了个懒腰，随手拉过金光楣，说声"有劳小妹"，往自己座上一按，向对门的阿宝拱一拱手，别转屁股走了。

单人宿舍里拉起了窗帘，林之江从夜壶箱里取出一瓶绿色药水倒在一只腰子形的搪瓷盘里。盘上放了一张打过几个洞洞的硬纸板，然后从口袋里摸出六颗左轮子弹，用小刀将铅弹头一一划开后，头朝下，插入硬纸板的洞洞里。那药水正好浸着铅弹头的三分之二。

做好这一切后，洗干净双手，坐在桌边一支接一支地抽烟。烟头扔了一地，室内一片烟雾。他从抽屉里摸出一瓶酒精，倒在一团药水棉花上。室内立即散发出股股酒气。手上撮着棉花团，走到镜子前，睁眼瞪着自己。几次提起手来，又放下。棉花团上的酒精挥发光了，再次蘸上。一连反复蘸了三四次，最后，他一咬牙，将酒精棉花用力往自己双眼上擦去……

他"啊——"的一声大叫起来，随即又将舌头咬住。忍着痛把酒精棉花扔进抽水马桶，冲掉，然后躺到床上。

第二天，林之江的双眼红肿得如一对烂桃子。他向丁默邨告了病假，说是夜间做毒弹，毒药溅入双眼。丁默邨亲自来检查，看到桌上的六颗子弹尚浸在绿色液体里，他相信了。

"之江，你休息吧，那桩事我另外派人去干。对了，刚才接到情报，那女共产党在凌晨四点死了，你立了大功！"

丁默邨给他派来医生诊治，另外还派了一个女护士，全天候地陪着他，不离房间一步——其实，还是不相信他真的双眼中毒。丁默邨又叫来外事秘书夏仲鸣咬着耳朵吩咐了一番。

却说两天以后的一个早晨，也即是1939年11月23日早上，法租界巨泼来斯路（今安福路）一号门内"风雨斋"主人郁华，睡梦中被一阵阵电话铃声吵醒。

"是我呀，什么事？"他抓起床头柜上的听筒，问。

"郁庭长，英国人转来一桩大案子，要我们上午审理，所以请您在八点半来女中。"听筒里传来沙哑的嗓音。

"你是谁？"

对方已将电话挂掉了。郁华好生奇怪，"这个苏北口音的人是谁呢？刑庭的办事人员中来了个苏北人，我这个庭长怎么不知道。咳！现在真是……"他又叹了口气，从床上坐起来。

现在已是七点多了，他得起身梳洗早餐。因为处于战时状态，公共租界的上诉法院刑庭，已从原来的公共租界北浙江路迁到临时租借地——威海卫路智仁勇女中办公。电话中约定八点半到庭，郁华便在八点走出家门。天上下着蒙蒙细雨，路有点儿滑。

"郁先生，早！"候在门口的包车夫老常，向主人道安，顺手拿起挂在膀上的毛巾，掸了掸雪白干净的车座。

"今天还是上女中。"郁华边吩咐边跨上黄包车座位。

老常将腋下夹着的一条旧毛毯，盖在主人的膝盖上御寒，转身躬腰抓起车杠，低头向前一上劲，迈开大步便走。当他走了两步，第三步正要加速时，忽听得"砰——"的一声，车身猛一震，郁华的胸膛上着了枪。老常急忙刹住步子，将车往路边一弯，又是砰砰两响，郁华腰上中一弹，心窝里又着一枪，穿过后背。"啊——"，他只哼出半声，便从车座上摔了下来，血如泉涌……

老常见开枪的两个人只离他五六步远，正转身想逃走，便冲上去从背后抱住一个凶手，并大声喊叫："抓杀人凶手！"

那凶手的两肘往老常的肋排骨死劲一捣，老常两手一松，跌倒在地。趁这工夫，凶手挣脱逃走。等老常起来再追时，逃在前头的凶手回身撂了一枪，可没打中。老常追到蒲石路（今长乐路）口，眼看两个凶手跳上"8741"号汽车向极司菲尔路方向逃窜。

家人听到枪声，赶出来相救，郁华倒在血泊里，已奄奄一息。老常叫来汽车，郁庭长已在送往广慈医院的途中去世了！他是租界里高级司法人员中被76号杀害的第一人。

第二天，即1939年11月24日，上海的《中美日报》愤怒地揭露了杀人罪恶：

> ……此时突有年三十余，短衣之男子疾趋而至，向郁氏谓：你竟不给脸！言毕，拔出手枪向郁射击，当时郁胸部立中三弹，即倒卧车厢之中……车夫追至蒲石路口，见凶手跃登"八七四一"号汽车逃走。

前后两位烈士倒下了（新中国成立后，党中央与人民政府追认他们为烈士），唤起了上海人民与全国军民更大的抗日激情，掀起了上海千万人民声势浩大的吊唁活动，对敌人来了个大示威！

在茅丽英烈士灵堂上，有位市民，节选了鉴湖女侠秋瑾女士的《吊吴烈士樾》的四句诗，用斗大黑字，列屏灵前：

死殉同胞剩血痕，
我今痛哭为招魂。
前仆后继人应在，
为君不愧轩辕孙。

又有一位义士，借用鲁迅先生1932年《无题》诗中两句，改动了两个字，用白菊花精心拼出一副激励斗志的挽联：

血沃浦江肥劲草，
寒凝大地发春华。

郁华被暗杀的噩耗，震惊了整个中国大地，中华民族为之含悲。抗日文坛斗士夏衍，一得到这不幸消息，悲愤万分，当即提笔写成《悼郁华先生》，发表于香港出版的《救亡日报》：

上海高二法院第一分庭长，本社社友郁风的慈父郁华先生，因为守正不阿，严拒了汪逆及其走狗们的要求，于23

日在上海法院门口被汪逆暴徒暗杀了。他死守了国家交给他的任务，一直到死为止，这死，和战死在疆场上的勇士一样光荣。

郁华烈士的胞弟郁达夫，当时远在新加坡。当他一听到这个噩耗，犹如晴天霹雳，震得他悲愤得不能执笔成文。而后，在愤怒中抬起头来，擦去眼泪，撰了一副挽联与《悼胞兄曼陀》一文，发表于1940年2月21日《星洲日报》"晨星"副刊上。节录如下——

> 长兄曼陀，名华，长于我一十二岁，同生肖，自先父弃养后，对我实系兄而又兼父职的长辈，去年十一月廿三，因忠于职守，对卖国汪党，毫不容情，在沪特区法院执法如山，终被狙击于其寓处……当故乡沦陷之日，我生母亦同长兄一样，因不肯离故土而被杀。死者的遗志，总要我们来替他完成，就是如何地去向汪逆及侵略者算一次总账！

郁华烈士的盛大追悼大会，经沪上各团体及各界人士发起组织，一直推迟到1940年3月24日，由上海律师公会和十余个社会团体主办，在湖社隆重举行。灵堂上，高悬着海外寄来的胞弟郁达夫的声讨汪贼与日寇的挽联：

> 天壤薄王郎，节见穷时，各有清明扬海内；
> 乾坤扶正气，神伤雨夜，好凭血债索辽东。

五年后，正当抗日战争胜利时刻到来之际，著名作家、郁华胞弟郁达夫，又被日寇谋杀于南洋群岛的苏门答腊！日寇与汪伪汉奸的罪恶，罄竹难书！

"后汉"篡了"前汉"位

一

古老的中国向来讲究资格,凡事总得来个论资排辈,在汉奸界里,自然也不例外。当时,北平的"临时政府"与南京的"维新政府"的傀儡头头王揖唐、梁鸿志等奴才,是老牌的卖国贼,时人奉送一个响亮而又文雅的称号——"前汉",而汪精卫、周佛海、陈公博一伙,做汉奸的资格还嫩些,不及前者牌子老与货色的正宗,就被人名为"后汉"。可是这"后汉"可畏啊,日本主子倍加青睐。奴才的地位向来由主子的得宠程度而分高下。这个"一月青岛会议",就是主子让汉奸奴才们重新分残羹、排座次的聚合,是由日本特务总部——梅机关一手策划的。

1940年1月21日,汪精卫由周佛海、梅思平、褚民谊、叶蓬、林柏生、罗君强以及梅机关头目影佐祯昭陪同,从上海乘船前往青岛。在这期间,北平"临时政府"的王克敏、王揖唐、朱深、汪时璟、殷同、齐燮元、王荫泰等,南京"维新政府"的梁鸿志、陈群、温宗尧、任援道、高冠吾,以及"蒙疆自治政府"的代表李守信,在伪临时政府顾问喜多诚一、伪维新政府顾问原田熊吉陪同下,也先后到了青岛。这几天的青岛,可谓群奸聚集,宪兵林立,特务如毛。76号的特务们,在李士群、傅胜兰的率领下，布满了车站、码头、商店、市场、戏院、茶馆、饭庄，充塞着大街小巷，连叫卖烘山芋的人，也突然增加了一倍，而且变了吆喝的腔调。

原先，在青岛的街头巷尾，往往随一声胶东腔的吆喝之后，便有一股特有的焦香随之而来，那焦香来自一辆手推车。这种车酷似上海街头常见的"黄鱼"拖车，但它小巧玲珑。车上安着一具长约两尺半、宽约一尺半的铁皮烘柜。柜子底下生火。柜子的侧边伸出一条"胳膊"，那是烟囱。烘柜里布满光滑的崂山鹅卵石，被底下的炉火烧得滚烫滚烫的，只要把一批山芋埋入崂山石子中间，然后盖严柜盖，抽支烟工夫，那山芋烘熟后的焦香便从盖缝里溢出来，引得人们直咽口水，都想买一只尝尝。码头上的工人、下班归来的职员、放学的中小学生、"开夜车"的大学生们都是这种小车的主顾，甚至连吃腻了大鱼大肉山珍海味的阔佬与小姐、夫人们，有时也来换换口味，叫用人去光顾小车，用棉袄包着，拎回一篮子。所以，那时节的青岛，烘山芋成为老少咸宜、贫富都尝的"佳品"了。这一年的一月份，干这营生的突然成倍增加，除了胶东味浓的吆喝声之外，又夹入了其他腔调的叫卖声，有的干脆一声勿响，两只眼睛在狗皮帽下边溜来溜去，让山芋在烤柜里烤焦、变灰。这种人便是76号的小特务。烘山芋小车俨然形成了一种阵势，严密监视着军统的一举一动。于是军统暂且只得望岛兴叹！

在三面环海、陵谷相错、林木茂密的太平山环山干路上，一辆辆急驶的乌亮卧车，直奔一幢造型别致的纯白色别墅。别墅门前日本海军陆战队士兵端枪守卫。这是华北日本海军司令野村中将的住宅。汪精卫的车子一到，别墅的银色铁门呼啦一声打开，让车子驶了进去，在鹅卵石小道中滑行，拐了几个弯，在一幢楼前停下，便有一个日本海军军官上前打开车门，然后倾着四十五度身子，毕恭毕敬地站立一旁，让汪精卫跨下车来，并轻声地用日语说："司令在等您哪！"

"啊，兆铭先生，欢迎，欢迎！"野村中将张开双臂，抖了两抖，跑下花岗石的台阶，马靴后跟在硬石上碰得嘎嘎响。

汪精卫忙趋上前，来了个九十度鞠躬，而后诚惶诚恐地伸手握住司令递过来的大手，嘴里不住地复重着："幸会、幸会！"

"请！"野村一摆手。

汪侧着身子，进入客厅。他一抬头，王克敏、梁鸿志等"前汉"们以及一些日本顾问，正在沙发上坐着喝咖啡，似乎专等"后汉"们的到来。汪拱着手，向大家致歉："兆铭来迟，请各位多多恕罪！"

"快请，快请！"厅里的人全站起来，有的点头，有的打躬作揖。

寒暄、上咖啡、敬烟之后，"前、后汉"进行了第一轮会谈，一直到晚上十点钟结束。在回住处的路上，卫护左右的李士群与汪同车，让傅胜兰坐在副司机座上，监视路边动静，自己与汪缩在后座，窃窃私语。后边跟着林之江率领的卫士车。

车一开动，李就向汪报告刚收到的电讯：陶希圣、高宗武反叛。

陶希圣原是北京大学毕业生，曾在上海大学教书，主张"本位文化"的"十教授"之一。高宗武原是汪精卫内阁的外交部条约司司长,"七七"事变后,几次秘密去东京,奉蒋、汪之命与日方商谈过"和平"条件。陶、高两人是汪记"低调俱乐部"(他们称主张积极抗日为唱高调)健将。汪逃出重庆,转道河内来上海后,他们随即到上海投敌,纷纷落水当汉奸。蒋介石得知日寇导演"青岛会议",准备成立全国性的傀儡政府,将汪精卫捧上台,大为恼火。先是命令戴笠的军统,乘汉奸头头们麇集青岛时机,杀掉他们。结果却被76号先下手,把整个军统站给端掉了。于是只得采取另一策略,让军统通过杜月笙的一条线,在汪伪组织即将登场、闹台锣鼓越敲越响之际,抽它几根台柱子,拆拆汪的台——策反陶、高的出走。

策反陶、高,是看准了的。陶希圣这个人,是条有名的变色龙。他在1938年从南京撤到武汉时,正编着一个刊物《民意周刊》,这刊物上的言论倾向与他个人的谈吐,都挺有意思,见什么人说什么话。时人送他一副对联,那是逼真的画像:

见冯言战,见汪言和,见蒋和战皆言;
对国骂共,对共骂国,对日国共皆骂。

这样善变的人物,正好参加了1939年11月的日、汪双方在上海愚园路1136弄60号秘密会谈。他们谈的内容是准备在汪伪傀儡政权成立后,作为双方缔结条约的基础。汪伪代表为周佛海、梅思平、高宗武和陶希圣,而陶又是汪伪方的会谈记录人。双方谈判的结果,直到12月30日才作为密约决定下来。这个

"密约"正可作为弃暗投明的见面礼物。日、汪会谈以后,"青岛会议"前,汪精卫与亲信们又内定了一下"中央政府"的席位,排排座次。陶希圣分到"教育部长"、高宗武分到"外交部次长",都是冷板凳,没多大油水。他们心想落水一场,毫无便宜可占,还惹得一身臊,大为后悔。

正在高、陶后悔之际,杜月笙的门生,恒社社员黄久,与高、陶两个都有深交,而且是温州同乡,一口答应去上海说动高、陶反正。但这事干系重大,杜月笙亲自飞到重庆,当面向蒋介石请示,得到"既往不咎,要重用,要官给官"的干脆、明确回答。杜回到香港后,黄久用十万元买了一批洋货,装着做买卖的样子,到上海来了。不久,这桩"买卖"做成了。于是在这新年岁首,"恭喜发财"声中,香港规模最大的大华饭店的精致小厅里,杜月笙以赈济委员会第九区专员身份,在大摆酒席,宴请"摆脱汪伪监视,冒险离沪"的"英雄"陶希圣和高宗武两人。席上,陶希圣向大家散发了事先打印好的《致大公报记者函》,表明他如何激于爱国热情,毅然逃出虎口,弃暗投明的。自然博得一阵热烈掌声。

掌声中,杜月笙向什么地方一招手,一个用人端上一个白瓷盘子,放在杜面前的桌子上,盘内放着两只赈济会的特大牛皮纸信封。杜双手端起盘子,向在座的亮了亮,说:"我奉蒋委员长的命令,特嘉奖陶、高两位港币各四万元,聊表政府的心意与慰劳。"

二

汪精卫得知这些内幕后,长叹一声:"想不到真有这个变乱!"而后,半闭着双眼,沉思起来。过了好久,自言自语:"鸭胚难剥,人心难测呀!"

"汪主席,甭担心。等这儿会议结束,我带几个人去香港,把这两个叛徒干掉。杀一儆百!"

"来不及了!"汪仰头靠在车座的靠背上,闭着双眼,一动不动,似乎睡着了。过了几分钟,忽然问,"你认识川岛芳子吗?"

"认识。怎么,她在这里?"

车子嘎的一声倏然停下,汪睁开眼睛一看,已到住处,车门已被卫兵打开,他在李士群的耳边轻轻地说了一句"夜九点半,到我卧室来,有重要任务交给你办",低头钻出车门,走了。

第二天的下午,李士群带着汪精卫的密令在一家豪华的大旅馆里,会见了川岛芳子。

这川岛芳子,是个神秘人物。她的中国名字叫金碧辉,是清王朝第十代肃亲王善耆的女儿。因为她在日本人策划的伪满洲国独立中出过力,耍阴谋权术的手腕十分高明,又因为她很有姿色,与控制伪满洲国军政大权的日本人勾结紧密,就被任命为满洲国的什么安国军司令,一些人称她为金司令。这女人,近来的活动范围逐步南移,在北平、南京、上海、广州间活动。现在又到了政治"交易所"青岛,跷着匀称美丽的大腿,安坐在壁炉边。炉内劈柴烧得正旺,不时地发出噼啪的火爆声。

李士群在这云鬓高耸、双眼流动顾盼、姿色艳丽的女特务跟前,有点手足无措了。幸好他的口袋里装着沉甸甸的东西,可以为他壮胆。

"你们的汪主席也真是,"芳子操着一口流利的国语,"连两个老头子也对付不了,怎么好统一中国?"

"汪主席是想借小姐的魅力,让两个老头儿斗起来……"

"啊哈哈……"一阵银铃般的笑声,直从樱桃小口喷了出来,"我有那么大的魅力?"

"芳子小姐抿嘴一笑,可使男人骨头酥半边,三军尽靡哩!"

"那么,我就成为女妖了。"

"是女神。"李士群使出拍马功夫,忙着把话引入正题,"让梁鸿志向王克敏讨回徐州属地,将来成立一个'苏北省',安排梁手下人当省长,对梁大有好处。这点小事,小姐只需略施小计便成。"

"让两个老头儿斗起来,这倒有趣。不过,你们用什么谢我呢?"

"事成之后……"

"小女子替人办事,从不食言,也从不'先吃后会钞'的。"她高傲地仰头欣赏自己无名指上熠熠生光的钻戒。

"那是,那是,"李士群有点结结巴巴了,他从口袋里掏出一个沉甸甸的小包,小心翼翼地打开绸布,两条黄灿灿的金条并排躺着,他双手捧着,送到她面前,"小姐,这是汪主席一点心意,事成之后,再重谢。"

川岛芳子并不伸手去接,只转过头来瞟了一眼,放下二郎腿,站起来伸了个懒腰:"好吧,难为你们汪主席想着我,我去试试。"她去食品柜上倒了两杯白兰地,递了一杯给李士群,李将条子包好放在茶几上,忙去接过高脚玻璃杯。两人擎着杯子一笑,各自仰仰脖子灌了下去。这一笔买卖算是成交了。

果然在第二天下午的会议上，梁鸿志粗着脖子向王克敏开炮："徐州一带向来是我们江苏属地，北平临时政府据为己有，这是为何？今天倒要请王先生讲讲清爽！"

"光讲清爽还不行，要归还建制！"梁鸿志的副手温宗尧补充道。

老奸巨猾的王克敏擅长太极神功，柔中有刚："鸿志老弟发这么大的火干啥。古人云：天下之地，有德者居之。徐州这地盘，乃兵家必争之地，我们政府是从蒋介石与共党手中取得，与兄弟般的维新政府无关呀！"

"我看这徐州，您王老先生是从日本朋友那儿取得的，并不是从蒋介石与共党那儿吧！"参加会谈的陈群亦反唇相讥。

"说得对，王先生那时在哪儿啊？"几个维新代表附和着。

"诸位，咱们把话扯远了。要是这么追根究底，那么，维新政府所在的南京，不亦是日本朋友占领之地？我看还是承认现实，维持原状吧。再说，咱们现在不是谈判统一吗？"王揖唐向梁鸿志刺了一枪后，随即收住，把球踢给汪精卫。

汪精卫稳坐钓鱼台，喜看南北两方闹成一锅粥，他可以出来收场。既然王揖唐踢过球来，他顺手接住：

"诸公请息怒，听小弟一言。上午会议上，大家都同意国民政府还都南京。在座的都参加国民党，以党员的资格参加还都后的国民政府工作，那么，现在大家都是国民党员了，都是同志。同志间讨论问题，不能有火气，有话慢慢说，总可以协商解决的。"

"那好，徐州问题全凭汪主席主持公道。"梁鸿志首先响应。

"只要秉公处置，我方没有问题。"王克敏有条件地同意。

"那好，承蒙两位同志信任，徐州问题交给我吧，让我与影佐少将、野村中将、坂垣中将商量后再定，各位看如何?"

"……"

陈群看没有人响应，便用胳膊肘轻轻地捣一捣旁边的梁鸿志，梁会意，立即表态：

"我梁鸿志参加了国民党，是党的一分子，服从党的领导，我听汪主席的。"

这一来，逼得王克敏说话："我也是党内同志，相信主席不会偏心的……"

"那就好了，"汪精卫立即切断王克敏的下半截话，"我会秉公办理的，况且还有公正的日本朋友协助。要是各方没有意见，我们暂告休息吧！"

休会后，汪精卫先找影佐商量，而后再与野村、坂垣共同拟了一个"统一分治"的方案。取消"临时"与"维新"两政府后，以河南中部为界，恢复"七七事变"的"华北政务委员会"，名义上隶属中央，事实上地方自治，还是"华北特殊性"的老宗旨。在淮河以北、徐州为首府，建立一个"淮海特区"，不受南北政府的管辖。这是日本主子的方案，汪精卫拿到会上一摊，南北两"政府"的代表，思想不通也得通。

一连五天，会内会外，双边、多边的讨价还价后，终于达成了几项协议。1月26日，日本中国派遣军总参谋长坂垣征四郎中将与华北日本海军司令野村中将举行招待会，庆祝"青岛会议"成功。招待会前，安排了一个中外记者招待会。会上，

"临时""维新"两个伪政府发表了一个联合声明，表示"以全力协助汪先生成立中央政府"，汪精卫接着发表谈话，称赞王克敏、梁鸿志两位是中日"和平运动"的先驱、沦陷区民众的"救星"。如今南北统一条件成熟，在日本友人赞助下，自己将不遗余力，为和平、统一、还都做出贡献云云。汪精卫用两顶纸糊的高帽子，换来了"一统江山"。一个记者悄悄地对旁边同伴说："我的特写标题拟好了。"

"什么题目，说来听听。"另一个要求。

"叫作——'后汉'篡了'前汉'位。"

嗤——，周围几个人全都笑出声来。会场上发出一片嗡嗡嘤嘤的闹声，许多人乐了。混在记者中察看动静的李士群，忽然闻到一股异香，继而袖子管被人拉了一下。他转脸一看："哦，原来是芳子小姐。"芳子嫣然一笑，便回头扭着屁股走了。

三

川岛芳子走在前，马靴后跟的铁掌钉在石子小道上碰得咔咔响。她今天一身男装，头戴一顶鸭舌帽，身穿件深褐色的皮茄克，下身是马裤马靴。不熟悉的人，谁也识不透这小子是假的。李士群跟在后边，穿过整洁幽雅的庭院，拐入一片小树林，在林间小道上，她放慢了步子，缓缓地踱着，与李肩并肩。

"记者招待会上要讲的一套，我全知道，我叫你出来散散心，不见怪吧?"芳子笑着，露出两排洁白的牙齿。

"不，不。哪会见怪？我很荣幸！"

"荣幸？我们是老朋友了，用不到这么文绉绉的客套。今朝约你出来，想给你看样东西。"她说着，从马裤口袋里掏出一张纸片，上面写着密密麻麻的字，李双手接过来一瞧，内容是——

一、定于3月22日在南京成立"中央政治会议"，容各党派参加"国民党"。该会主席由国民党中央执行委员会主席担任之；

二、定于3月30日为"国民政府"还都南京之日，即于是日北平"临时政府"与南京"维新政府"同时宣告解散；

三、在国民政府之下，设置华北政务委员会于北平；

四、国民政府设置行政、立法、司法、监察、考试五院及军事委员会，五院正副院长与军事委员会正副委员长，由"中央政治会议"主席提请会议通过，由国民政府任命之。

李士群站着看了几遍。芳子已走到林子的尽头。她立在一片小小的崖坡上，一只脚跨在坡墙头，俯身往下望去，下边是刀削的悬崖，悬崖下面波涛汹涌，卷起千堆雪。抬头远望海面，风帆点点，广阔无垠。她凝视长空，颠三倒四地凑出苏东坡的两句词来："江山如画……浪淘尽千古风流人物……"

"小姐亦是一位风流诗人！"李士群已读完纸片上的字，站在她背后，说。

"作诗有什么意思？骑马、打枪、杀人才够刺激呀，李主任你说对不？"

"唔——嗯，"李士群学洋人耸耸肩膀，打打哈哈，算是回答，并把那张纸片递还给她，"芳子小姐，这情报是从哪儿得的？"

"你先告诉我，确实不？"

"确实。"

"那，你就要吃不了兜着走啰！"她说着离开崖坡往回走。

李紧跟上几步，急了："哎，这话从何说起？"

她回头见李焦急的样子，扑哧一声笑了。"不是吓唬你，这是真事。这情报，被军统搞去了。我是从重庆方面拍来的密电得知的。"

"不可能。这次的保卫工作是万无一失的。"

"这不就是'失掉'了吗？你还是快去看看那架钢琴吧！"

这最后一句话，有如千斤重锤打在他的心窝间，他闷住了。

呆了半分钟，突然一拍脑门，拔腿就跑，也顾不得什么礼貌了。

李士群乘车出了白色别墅，直往汪精卫下榻的宾馆，奔上楼去，在小客厅的角落找到那架黑色的 MSD 牌子的德国钢琴。他揭开后盖，发现琴键后边，安装着一个小巧的麦克风，一根电线通向窗外……

全明白了，潜伏着的一个军统，用麦克风将小客厅里的谈话内容偷听了去。现在，那条电线已被剪断，线索全无，估计这个军统也已远走高飞了。"嗨！我怎么没想到这一招呢！"李士群苓拉着脑袋。如今悔也无用，还是求求芳子那婆娘手下留情，不要将这事扩散出去。想到这儿，从西装背心表袋里挖出那颗三克拉重的宝石钻戒，捏在手心，跑下楼，找川岛芳子去了。

"上海区"全军覆没

一

汪精卫的宽敞客厅里,一套古色古香的红木摆设,幽雅而古朴,向阳窗口几盆吊兰,在微风中荡漾。一幅中堂画轴挂在客厅中央,李士群十分欣赏。那是上海滩大亨黄金荣请日本三菱洋行买办王一亭精心绘制的一幅《长眉罗汉寿佛图》,作为寿礼,刚献进来的。汪精卫与陈璧君都懂丹青,认为此图属于珍品,特意挂在厅内显著地方。凡是来这客厅里等接见的,没有不点头称妙的,李士群自然也不例外。

"士群,你来了。"汪精卫身穿青花缎的夹长衫,脚着双直贡呢布底浅口鞋,袖子挽起一角,翻出白纺绸短褂的雪白袖口,嘴里斜咬着一柄象牙烟嘴,烟嘴上一支白金龙香烟,正飘出袅袅青烟。显得闲适、飘逸、潇洒,缓步踱了进来。

"主席好!"李士群听到声音立即转身鞠躬请安。

"好是好,操心事可不少!"汪从嘴角上取下烟嘴,"来,坐。"

"夫人身体可好?"李士群坐在红木靠背椅上,问。

"说曹操,曹操就到,喏,她来啦!"汪用烟嘴往门口一指。

只见一个高个凸颧骨大黑皮的广东女人摇摇摆摆地走进来。她不烫发,也不盛装,双眼露凶光,使人望而生畏。她后边跟着女佣，端来几杯咖啡。李士群赶忙站起来，迎上一步请安。陈璧君眯起双眼，把李士群从头到脚看了一遍，看得李摸不着头脑，心里怦怦直跳。

"士群，你胖了！"她伸出手来让部下握一握，"坐，坐下喝杯咖啡，李部长。"

"嗯？"李士群奇怪了，怎么称起"李部长"来？是否耳朵出毛病啦？她见李士群脸上显出疑惑不解的神情，便转向丈夫："怎么，你还在吊人家胃口？"

"喔，我们刚坐下呢。"汪精卫忙从长衫里边的腰衿贴袋里掏出一只大信封，上边印有"国民政府行政院"大红字，递了过去。

李士群慌忙立起，弯腰双手接住，打开一看，是张委任状，委任他为警政部部长。这一下子乐得他张口合不拢，感激涕零地重复着："主席与夫人的栽培恩德，士群没齿不忘，没齿不忘！"

"只要你不忘记我这老太婆就好啰！"陈璧君代丈夫回答，"还有些麻烦事，让主席给你说，我要出去一趟，失陪了。"

她站起来准备离开，李士群也站起来，凑上一步请示："我想抽空，把这儿公馆里的人员，仔细甄别一番，可保证主席与夫人的安全，不知……"

"士群，还是你想得周到！你是火眼金睛，就把家里上下大小人等，逐个儿照一遍，用细网铜丝筛子仔仔细细筛几通吧！这事我可交给你了。好，再见。"陈璧君说完，拖着双硬底皮鞋橐橐橐地走了。等她的身影消失在大门口外，汪精卫才边啜咖啡，边谈情况。

那是唐生明来到南京以后，汪精卫宴请了他。唐生明带着老婆徐来出席，而唐的私人秘书张素贞没有资格参加。她就趁这时机溜回上海，找了一下军统局上海区区长陈恭澍。在陈那儿和戴笠通消息，报告唐生明到沪后一切顺当，一连闯过了李士群、周佛海几关，现在已接近汪逆的"城下"了。谁知道，这个军统女子过人的聪明，却被社会部长丁默邨这只老狐狸识破，是丁派人盯梢到了上海，还打探出了陈恭澍的住址。丁默邨自从当了社会部长被"逐出"76号魔窟以后，对于上海滩的事，嘴上声称"不在其位，不谋其政"，其实他嗅出的异类气味，探到的机密，悄悄地报告主子汪精卫，借此显示自己的能耐，出出李士群的洋相，以便伺机落井下石。

"陈恭澍是只老狐狸，你可小心，一定要逮住他。"汪将丁默邨的情报转给李士群，最后提出要求。

"主席放心，我马上赶回上海。"

"你不是还要甄别吗？"

"对对，我把这儿的事办好，就走。"

李士群当天就对汪公馆的上下人等逐个审查。内中有个秘书与厨师，原先是蓝衣社成员，被李抓了出来。离开南京时，他又把注意力转向表面看来地位很高，但毫无实权的立法院院长陈公博，因为陈是汪伪集团中的第三把手，但如今坐着个闲职而遭冷遇，正是笼络的好时机，将来可以为我所用。他征得陈公博的同意，把陈藏在上海的爱妾莫国康安排到76号里掌管总务予以优待。通过她，与陈公博结成了"家庭般的亲密交情"。

李士群回到76号，一进办公室，秘书就将陈恭澍的档案材料送来了。陈恭澍，河北宁河县人，黄埔军校第五期毕业生，后又进过南京中央陆军军官学校特别研究班。1932年起参加戴笠系统的特务组织，任北平站站长、北平区区长、天津区区长、华北办事处主任等职。1939年春，任重庆卫戍司令部稽查处处长，奉命潜赴河内刺杀汪精卫未遂，回重庆任军统局第三处处长。1939年秋，奉戴笠命令，接任军统上海区区长，潜居法租界，专门对付76号。

李士群边看材料，边发出呵呵冷笑，心想这一回我得一网打尽。他随手取出信笺，拟了一个电报稿，请汪精卫放行唐生明回上海。

唐生明在南京住了些日子后接到汪精卫允许他回沪的通知，便去拜访周佛海。正遇周佛海与夫人杨淑慧吵嘴。

"老周，你说老实话，到底去不去沅陵把我爹接来？"杨淑慧当着客人的面逼问。

"阿慧，你不要急嘛，我娘还在湘潭哪！你要当孝女，我也是个孝子哩！你问一问季澧兄，现在这个时局，把老人接到南京上海谈何容易呵！"周佛海摊着双手劝解。

唐生明听懂了他们争吵的原因后，劝道："的确是这样。老人在家乡住着，倒不碍事，若一动，就会招来戴笠的捣蛋。一动不如一静为好。"

"好吧，我听生明将军的。"杨淑慧软下来了，"我也要到上海住几天，与徐来妹妹正好同路。"

唐生明一家与杨淑慧到上海的第二天，张素贞奉唐生明的命令，悄悄地去陈恭澍处拍电报。告诉戴笠，周佛海的母亲与老丈人都在湖南。戴笠得了这个密电，如获至宝。不出三天，周佛海母亲马氏、老丈人杨自容以及其他亲人统统被接到贵州息烽山，软禁起来。

张素贞的电报发出后半个小时，陈恭澍住宅便被76号特务包围了。这次是吴世宝、林之江两支行动队全数换成便衣出动，杨杰带领一支队伍埋伏在远处接应。结果扑了个空。

狡兔犹有三窟，何况军统的上层分子？人去楼空，连个废纸片也没有捞到。两个总队长垂头丧气归来见新上任的李部长。出乎意料的是部长大人兼76号的头头，却喜笑颜开地开导安慰起部下来："我说呢，这个丁部长要是打探南京秦淮河的婊子哪个哆，哪个是没有开苞的原货，情报一定准确无误，可是要照他的情报去抓军统，那是竹篮子打水！抓不到陈恭澍，不怪你们，也不怪我，只怪这位丁大部长！"

经李士群这么阴阳怪气、酸溜溜地一通议论，两个嗜血成性的杀手面有喜色，大着胆子问："陈恭澍这家伙不抓了？"

"要抓。这是条大鲨鱼，是那么容易抓的？话得说回来，抓这个人，还得靠我们自己。"李士群说得这么斩钉截铁，那是他心里有底。

自1939年冬，军统上海区第四行动大队副大队长万里浪投靠76号后，1940年圣诞节陈明楚被裁制，李士群特令万里浪顶替陈明楚，当上了76号第一处处长。万里浪原先干过忠义救国军，他是与救国军的一个分队长周西垣同时调入军统上海区的。两人很要好，时常在一起喝老酒嫖女人。这会儿万坐上了76号的处长交椅，便将周西垣拖下了水。周当时是上海区第一行动大队第三分队长，万就要他潜伏在军统内部，伺机行动。

1941年春，军统上海区本部得到周西垣与敌伪勾结的情报，陈恭澍就派代理书记刘原深担任第一行动大队长职务，借机查证一下周西垣与敌伪勾结情况。刘周俩经过几次接触测试，肯定了周投敌属实。陈恭澍一面向戴笠报请裁制，一边向刘原深下达指示："周西垣勾结万里浪谋叛一案，证据确凿，经已报局本部请予制裁，以免养痈遗患，相信不日当可奉准执行。务希加紧布置，待命行动。"想不到这个报批请示，戴笠根本不回复（一说万里浪系受戴笠之命打入76号充当反间。抗日胜利后，万曾被戴委任为上海行动总队司令部调查室主任。1946年8月5日，以汉奸罪处决）。就在等待戴的批复时，刘原深反被周西垣骗往法租界霞飞坊见面，被埋伏的76号特务绑架。

现在，李士群手里已有新牌两张——刘原深与周西垣。虽然称不上王牌，可也不是小六子。周西垣手里的一批秘密文件，加上刘原深口供，威力不可估量。想到这儿，李士群装作胸有成竹的模样，随即叫秘书起草一份给汪精卫的汇报电报，指明"丁的情报纯系虚假"，而后签上自己大名，说："立刻发出去吧，让汪主席看看他那个丁部长的能耐！"

秘书走后，踌躇满志的李大部长，在两个得力干将面前踱起了方步。两个老部下悉得头头的脾气：每当在自己跟前一边咬着象牙烟嘴吞云吐雾，边踱着方步的时候，准有大差使要布置。果然不出所料，当他踱到第四圈半方步后，突然停住，招招手让两人凑近些，附耳低言起来。两个干将先是点头，继而大笑，接着欣欣然下楼而去。

三天后，专门受命刺杀日本军人的军统上海区第三行动大队，自大队长蒋安华以下六十余人，仅一个幸免，其余全部被抓。陈恭澍立即采取应急措施，将周西垣与刘原深部下及其认识的人，全部调离上海，再从敌后的忠义救国军中选派五百人，另组行动队。

昼伏夜作的陈恭澍，连连不见曦日，时间一长，身躯感到不适。深秋的后半夜，他站在法租界的一幢西式小楼的阳台上，抬头望那繁星点点的天空，想起小时候读过的《药》开头的几句："秋天的后半夜，月亮下去了，太阳还没有出，只剩下一片乌蓝的天；除了夜游的东西，什么都睡着……"他觉得自己正是书中说的"夜游的东西"，今夜应该早睡，明日早起，让身子晒晒太阳。再说，一反特务常规，白天外出，只要化装得体，亦可出敌不意！

他转身看那屋底下的法国梧桐，发现原先浓绿如团扇的大叶子，差不多掉光了，只剩光秃秃的枝丫，直刺蓝天，天上的群星闪闪地眨着冷眼。忽然间一阵秋风起来，陈恭澍打了个寒噤，双手往阳台栏杆上一摸，满掌繁霜；再往头上一抚，发梢亦洒上了冷露。想不到一介武夫，在此景此情中，会冒出两句歌词来："似此星辰非昨夜，为谁风露立中宵？"陈恭澍虽然有些文化，也读了些古书与兵书，但对这歌词原是清代诗人黄仲则的名句，却不一定知晓。他只是对"为谁风露立中宵"深有感触，并且似乎有疑问。为戴笠吗？为蒋委员长吗？为……

丁零零，一阵电话铃声掐断了他的沉思，急忙奔进室内，抓起听筒。对方传来了又一个晴天霹雳：一刻钟前，陈贤荣、孙国昌被抓。

陈贤荣是军统上海区本部会计，前几天化名陈远，搬到公共租界的宁波路隐蔽的。随身转移过来的几箱子租约和账目簿还来不及打开分别藏匿，便被76号抄走了。同时被抓的孙国昌是陈的助理。电话是埋藏在公共租界工部局里的军统内线刘俊打来的。陈恭澍为了镇定自己，到盥洗室洗了一下冷水脸之后，点起支烟，伫立窗口，望着茫茫夜空，想着对策。纷乱的心绪还没理出个头来，电话铃又响了，传来的也是个不幸消息：法租界亦有十多个军统人员被抓。

灾难之夜的降临，搅得陈恭澍心乱如麻。他瘫躺在浴缸里，让热水浸没全身，似睡非睡的，等着再一次的"报丧"电话。等了差不多半个钟头，不见动静，没有铃声，他仍然不想起身。他想起自己的名字，是由秀才出身的爷爷取的，那"澍"字，便是及时雨的意思，是希望他做个像《水浒》中宋江那般江湖领袖人物。他进"黄埔"、入"陆军军校"、任北平站站长、升华北办事处主任、奉命潜赴河内刺汪、升军统局处长……仕途一帆风顺，步步高升，这回难道会兵败上海滩？落得个前功尽弃，坐以待毙？想到这儿，一个鱼跃出了浴缸，一看表，已是凌晨三点一刻。他穿好衣服，悄悄地出门，赶到新闸路一座秘密电台处，向戴笠发报，然后再去找区书记齐庆斌商量对策。

齐庆斌的屋前屋后，毫无异常现象，那弄堂口与石库门前及窗帘上的暗号，照旧。他便大着胆子推门进去。结果，被蹲在齐宅卧底的76号特务逮住，而齐庆斌早在一小时前，被抓。

二

11月28日早上,唐生明的秘书张素贞从大门口取来一沓当天报纸,放到客厅的茶几上,以便主人早餐后浏览阅读。当她摊开汪伪喉舌《中华日报》时,头版上一条醒目新闻,吓得她双手瑟瑟发抖。她马上将报纸送到餐厅,给正在喝牛奶的唐生明。唐接过来,打开一瞧,一个标题跳入眼帘:

和平运动开展以来,在上海最大一次之破获

他放下牛奶,再看详细内容——

陈恭澍,乃军统上海区区长,潜居租界,执行渝方命令,阴谋主使暗杀案件,不下数百起。遭捕后,本着和平一家不念旧恶原则,仍加优遇。他为之感动,率所属部下百余人,参加和运,拥护汪主席和平救国主张,为国效力,以赎前愆……

唐生明脑门上像挨了一棒,嗡地一下,眼前一黑,手一撑,将桌边上的牛奶打翻在地。他闭目养了一分钟神,再看另一篇汪伪政权调查统计部发言人的谈话:

陈君为汪主席伟大精神所感召,深悟过去盲从抗战之非是，在沪受人利用，主持卑劣的暗杀工作，尤觉痛心，愿率所属干部百余人，脱离残酷罪恶的组合，要求自新，参加和运……并交出秘密电台九部，驳壳枪二十八支，子弹2000发；新式左轮三十六支，子弹850发；手枪十二支，子弹840发；手榴弹八颗，炸药七大包，化学药品四箱，秘密档案文件六皮箱。

"咳！军统上海区完啦！"唐生明将《中华日报》往地下一扔，"素贞，我们得防备着，下一步便要轮到我进76号了。也许你与徐来都得被抓去。准备一下吧！"

第二天，唐宅太平无事。《中华日报》上又有了新花招，其一是"陈恭澍自述"，其二为公布了《渝方蓝衣社上海区组织系统及其名单》，把军统在上海的十个部门，八个行动大队，五个情报组重要人员统统披露出来。

戴笠在上海苦心经营的军统上海特区，整个瓦解了。

军统上海区的失败并非偶然，而是有着主客观因素的。从客观上讲，此时抗日战争已进入艰苦的相持阶段，日军基本上停止了对中国正面战场的战略进攻，而转向对已占领区的统治，以便把占领区作为他下一步进攻的牢固后方，于是对此地区内的地下组织，特别是军统，采用丰厚的利诱与疯狂的镇压两手。妄想灭绝一切抗日运动。

却说上海区被破坏后，76号得到大批文件资料，内中有份电报稿子，李士群大感兴趣。电文上说，对日本人采取暗杀行动，每次都招致成千居民受殃。由此引起此间百姓对重庆政府的埋怨与不满。希望停止这种得不偿失的行动。

李士群埋头研究了两天，从电文的主张、语气判断，只有唐生明才能发出此类电报，再从电稿的字迹上分析鉴定，可能是张素贞的故意变化字体。

不出唐生明所料，三天后，李士群把他一家门，包括女秘书"请"进了76号。

李士群先提审张素贞。李曾听别人说这个张素贞与戴笠同居过一段时间，后来又把她扔给公子哥儿唐生明做私人秘书。他想从这女人身上打开缺口。唐生明怕李士群会动刑，张吃不消而坏事，便仗着胆子闯进审讯室，装作若无其事，嬉皮笑脸地同李开玩笑：

"呵，你俩打得火热，瞒着我呀！"

"别开玩笑，陈恭澍全都招了，不少事牵涉到你老哥哩！你呀，太不够朋友啦。"

"我在报上看到了。我们十几年没见面了，他的事怎会牵涉到我？"

"你们没见过面？"

"真人面前不说假话。"

"我也这么说，李部长硬是不相信。"张素贞抓住机会帮腔。

李士群转脸白了她一眼，立刻打断她的插话："不要插嘴。"

"唷，这么凶！"素贞放出顽皮劲儿，"我插什么嘴？我只是说这个陈恭澍乱咬人，也咬不到唐将军腿上呀。"

好厉害的女军统呀！她干脆把问题挑明，揭穿对方的套供。

"带陈恭澍。"

唐生明与张素贞默默地坐着，板着脸，冷眼观看李士群玩的把戏。

陈恭澍进屋见到唐生明后一愣，他毕竟是曾经沧海的老牌特务，随即明白过来这是怎么一回事儿，马上挤出苦笑：

"生明兄，原来你也是76号的人，什么时候来上海的？你救救我吧！"说着，上前一步，一曲腿，准备跪下求救。

"哼，我救你？我还要求你救我呢！"

"这话怎讲？"原来弯下的腿，站直了。

"李部长说我与你都是戴笠派来的军统，说你已招出了我。我不相信恭澍老弟会血口喷人！"

"李部长，"陈恭澍转向李士群，显出大义凛然的模样，"一人做事一人当，我怎么好红口白舌冤枉人哪！"

陈恭澍在76号承认了许多事，就是不承认与唐生明、张素贞有过关系。这是他为了保护自己。他想蒋汪两家特工迟早要合流的，来日方长，得给自己留条后路，俗话讲"人情留一线，日后好相见"嘛。将来在戴笠面前，有了唐生明的证明，还有一线生路。

李士群明明知道这两人之间的诡计，可是一时又审问不出头绪来，只好叫人带走。

唐生明是李士群打电报向汪精卫要到上海来的。现在双方僵持着，局面弄得尴尬了，解铃还得系铃人，干脆送还汪精卫去处理吧！于是将唐生明与张素贞两个押解南京，徐来与孩子扣留上海，作为人质，随时动用。

其实，唐生明的真实底细，已被日本特务机关侦查清楚了。

监送唐与张的列车抵达南京下关车站时,日本派遣军总司令部的都甲大佐,带着延原中佐和市川中佐两个,抢先跨入车厢接人。都甲大佐还毕恭毕敬地向唐生明行军礼,并且装出文绉绉的姿态说话:"我们一直找不到与蒋委员长阁下的有关人员商谈,今天找到了您,我们非常高兴,所以特别请您光临敝处,好好谈谈。"

两天后,唐生明受到日本派遣军总司令畑俊六的召见。

李士群得知此番情节,后悔不迭。这张崭新的王牌,落入他人之手,真是肥水落旁田,深怪自己尚欠韬晦之略!有一天,后悔中的李士群,接到关押在南京特工总部看守所的王天木求见报告,说有重大机密相告。

李士群好生奇怪,一个关在牢里的犯人,怎么会有重大机密得到?他将信将疑地赶往南京后,驱车到看守所见王天木。

养得白白胖胖的王天木,一进看守所长办公室,见室内只有李士群一人在,他趋上几步扑通一声跪了下去,呜咽不止。眼泪鼻涕一把一把地往下掉。李士群皱起眉头,抽出一方白手绢,扔给他:"有话起来慢慢说吧!"

王天木抽泣了半天才止住,哆哆嗦嗦地从裤腰上摸出一个纸卷,双手呈给上司。李士群接过摊开来看,是一幅图:一幢法国式的公寓大楼边上,有栋两层楼的小洋房,四周围着黑色的竹篱笆,几株牵牛花、两三簇首乌藤缠绕在篱笆上。几朵小花,有点似"寂寞开无主"的味儿。虽然纸皱墨浅,可是图画倒有点精致。李士群看了老半天,不解其意,抬起头来向对方瞟了一眼,意思是:怎么回事?

"这是吴开先的住处。"王天木指着图,小声地说。

提起吴开先,李士群心头一震。这人在抗战前,是上海特别市党部监察委员,被时人称为"党皇帝"的。上海沦陷后,他逃到重庆,当了国民党中央委员,组织部副部长兼立法委员。留在上海的国民党委员,如汪曼云、蔡洪田等人,全被76号抓了去,而后投敌。市党部主任童行白,76号几次暗杀未成,丧魂落魄地逃走了,于是乎,连党部的一枚图章,也被76号缴了去。在这么个情况下,吴开先不得不奉命硬着头皮潜回上海,来个东山再起,恢复起党部的地下工作。吴开先从香港乘船来,一上岸,76号便获得消息。马上悬赏通缉,可是闹了一通以后,一无所获,石沉大海。现在,关在牢里的王天木得到了情报,真令人难以相信。李士群奇怪地问:"你怎么知道的?"

王天木没有正面回答:"要是我提供你情报,能放我出去吗?"

"只要情报可靠、准确,你就立了大功。"

"能放吗?"

"能。不过,你得告诉我情报来源。"

"有烟吗?"

李士群扔给对方一包"白金龙",王天木接住点了一支,狠劲地吸了几口,解过烟瘾后,将他怎么打听到吴开先下落的前前后后,说了出来。原来吴开先一到上海后,便让人找来孙守良,替他做"交通"。这个孙守良是吴开先老勤务,几十年一直跟随着吴,只是上海沦陷后,吴只身逃出上海,才分开几年。吴开先对他信得过,让他出入自己的秘密住处。孙守良自然忠于主人,绝对保守秘密的。可是，人人有知己，孙守良也有个信得过的人，那便是他的同乡。这个同乡正好是王天木的当差。王天木在关押期间，所需要的钱物，都得由这个当差送去。孙守良在无意中将吴开先的秘密住址泄露给了同乡，同乡又把这个机密告诉了主人，王一听到这个情况，真是"踏破铁鞋无觅处，得来全不费工夫"，他高兴得跳起来，连连自语"天无绝人之路"，庆幸着自己有笔大买卖好做了！

"我相信情报可靠，说地址吧！"李士群故意压住心头喜悦，装出平淡口气。

王天木再次指着图说："这幢大洋楼，坐落在法租界麦尼尼路（今康平路），叫麦尼尼公寓。你看，这边上的小洋房，便是吴家。"

"好！"李士群拔出自来水笔在图上写了几个字，折好放进西装内袋里，"你等着消息吧！"

当天午夜，吴开先亦被捕；翌日，王天木出狱。

吴世宝暴死姑苏

一

现在,让我们把时间退回到1941年初冬的一个傍晚,先施公司(今上海时装商店)北面的那条天津路边的浴德池,正是上客的时候。这个浴德池,是1919年建造的,至这时已有二十多年的历史。上海大亨杜月笙是股东之一哩!它以高档服务闻名,一开张便浴客盈门。在二三十年代里,政界、财界的一些大亨,如蒋介石的秘书闻兰亭、国民党元老于右任、行政院长汪精卫都先后光顾过这浴德池。据说,这澡堂名字还是赫赫有名的、曾在北洋军阀时代任过教育总长的章士钊取的。他费了整整三天时间,终于在《礼记·儒行》中找到一句话:"儒有澡身而浴德。"意思是浴德志行,使身心纯洁清白。他亲笔提上"澡身浴德"四个大字,镌刻在门厅上。在这浴室里,擦背、推拿、桑拿浴、扦脚、修面、擦皮鞋、快洗内衣、代客置办酒菜小吃、代客叫车、代客叫妓女、鸦片、白粉等等,样样齐全,只要有钱,你要什么都可以办到。来这儿淴浴的都是些腰缠万贯的货色。

吴世宝对这个宝地特别感兴趣,每星期得光顾一次。这天,他让保镖们在门口、走廊过道上守卫,自己在浴德池的"雅轩"里泡了半个钟头,而后躺在沙发床上,由一个按摩女揉呀捏呀捶呀,随后还将身子趴着,让女郎用一种香鞭在脊背上抽打。"重些……再重些……对,就这样。"他闭着眼,惬意地叫喊着。

"笃笃。"两下叩门声。

"啥人?"吴世宝很不耐烦,在他奇妙的享受中,竟有人来打扰。

门荡开了一条缝:"我,国震呀!"

"进来吧。"吴世宝一翻身,仰面躺着,向女郎一努嘴:"去吧!"

"总队长,有票生意!"张国震眨着神秘的细眼压着嗓子说。

"哪票货色?"一听有宗外快可捞,吴世宝的胃口立即被吊起来,他侧过头问。

"大鲸鱼……"

"金砖?在哪儿?"

"不过,是日本人的,难办!"张国震没正面回答。

"管他是什么人的,拿到了手,便是我的,你的。你别卖关子,快说在哪儿?"

张国震凑在自己的顶头上司的耳边,悄悄地告诉说,日本人从各地搜刮到一大批金子,储存在外滩的江海关里,已浇铸成金砖,准备用汽车运至日本人开的正金银行上海分行。一车黄灿灿的金砖,逗得混世魔王垂涎三尺,他再也躺不住了,呼地一下坐了起来,问:"什么时候的消息?"

"刚才打探得来的……"

魔王正要张口说什么,却又突然刹住,转念一想,这儿人多嘴杂,草中有人,隔墙有耳,不是谋划这般事体的地方,随即改变主意："国震，回家喝酒去。"

现在吴世宝的家，可谓阔绰。他用搜刮来的巨款，在愚园路475弄2号买了一座花园洋房：两幢法式洋楼后边，又有一幢中式堂屋，三幢房子形成个品字形。剧场与网球场分别点缀在"品"字的东西两侧。紧贴这座花园的是一个红头火柴厂，魔王借口老板抗日，强占了厂房，改为舞厅。他搬进这座新居时，在自己的小剧场里连唱三天堂会。半年后，舞厅改制装修竣工，每晚歌舞至深夜。保镖、仆人几十个，有专门的中、西厨师为他们烧菜。出入坐防弹汽车，随从前呼后拥。这副派头，远远地超过了旧上海黄金荣、杜月笙、张啸林三个大亨。

这一晚，吴世宝带着张国震一到家里，便让佘爱珍吩咐厨房烧一桌酒菜送到小洋楼的密室里来。两男夹一女，边喝边策划直到三更天。

三天后的中午，车来人往的四川中路，热闹非凡，这时正是洋行、机关午休调班，上饭馆进午餐、喝咖啡的时候。海关大钟当当当，敲了十二下，江海关大楼的后门里开出一辆铁甲车来。车子从四川中路向北拐弯，走了五百来米路，便将车折入汉口路，准备转入外滩。这时，从外滩方向一前一后开来两辆大卡车，当离铁甲车两丈远的时候，刹那间，后边一辆卡车挤了上来，两辆车子并排堵住去路。铁甲车只得刹住，离卡车两丈多点。坐在卡车司机室里的张国震，打开车门，破口大骂："娘个赤佬，瞎了眼啦！开车子横冲直撞，勿要命啦！"

铁甲车的司机见对面几个人跳下车，来势汹汹，便马上打倒车。可是后边又有一辆小包车顶住了它的屁股。司机看这苗头不对，心里明白了，赶忙关了油门，拔出钥匙，开门跳出车外，闪进路边的杂货铺子，戴上墨镜，转了几个身，溜走了。

张国震一见司机跳车逃走，心里暗暗高兴，正可以省去对付司机的麻烦，便急忙跳进驾驶室，正要打开油门，可是伸手一摸，不见了插着的油门钥匙，车子动弹不得，而且车厢铁门，几道大锁紧扣着，一时万难打开的。这一急非同小可，额角头与背脊上，冒出颗颗豆粒大的汗珠。进退维谷，前后失据之际，周围响起了阵阵警笛声。原来那司机跳车之后，一溜烟地跑到正金银行报告，巡捕房立即出动。眼看到手的黄金，落了空，而且还有被捕的危险。再说这儿又靠近四马路上海警察局，此地不可久留！在这千钧一发之际，张国震一咬牙，跳出车子叫了声"撤"，便拔腿就跑。几个喽啰亦跟着没命地往南窜，蹿上爱多亚路（今延安东路），穿过法大马路（今金陵东路），蹿进南市小北门，分散躲藏，销声匿迹。

十分钟后，四川路、汉口路一带，日本宪兵紧急戒严，搜查逃犯，自然一无所得。那辆铁甲车便由原来的司机开到外滩正金银行里。

黄金没失，面子大丢。竟然胆大包天，在光天化日之下，敢到日本太岁头上动土！上海滩头，军统早已瓦解；几个小毛贼，不敢的；此种勾当，共产党不为。除了76号之外，在上海滩还有哪一家能干这事呢？黄金可以明抢，那么别的财宝呢？这么个大案子不破，日本宪兵的面子往哪儿搁呀？日本主子发怒了，下决心侦破。不出几天，终于侦知这是张国震领着一伙人干的。日本宪兵队向李士群点名要人。张国震见势不妙，躲了起来。

1941年12月7日上午十时许,李士群在苏州省长官邸接到太上皇的这一道圣旨后,立即召集智囊们出点子。突然,秘书送进一份76号拍来的急电。他粗略地睨了一眼,随手递给旁边的汪曼云。汪接过手一瞧,顿时变了脸色。

二

这一天凌晨,日本海军航空部队偷袭珍珠港,炸沉了美军在港内的全部舰艇。上午,日军又袭击马尼拉、新加坡。日军第三十师团一部通过香港英国驻军的主要阵地,进占了九龙半岛。七架轰炸机轮番狂轰滥炸香港、九龙。太平洋战争就此爆发了。

这是一个极为重大的事件,李士群在智囊们的设计、提醒下,连夜赶往上海。当他回到76号已是深夜十一点四十分了,当即抓起电话机,把吴世宝从被窝里叫起来。

瞌睡懵懂的吴世宝一迈进上司的办公室,便听到李士群与什么人在通电话:"是,是是。我将这浑蛋交阁下处理。我管束不严,失责,失责……好,一定执行!"

李士群放下听筒,瞟了一眼呆若木鸡的下属:"哼,你都听到了吧,我可保不了你!"说着,从桌上抓起一副锃亮的洋铐子,扔在木鸡跟前。

"主任,我冤枉哟!"吴世宝扑通一声跪下,"我跟随你多年我对天发誓,这是张国震狗肏的,瞒着我们拆的烂污。天地良心,我一点也不知道。主任,你可要救救我呀!"

"起来,一人做事一人当。今天这副熊样,怎么那时不想想后果？哪路生意不好做，主意打在日本人身上，阿是寻死？"

"全是张国震鬼迷心窍，他要是告诉了我，便干不成了。所以我可什么也不知道。"看他这满脸横肉的傻坯子，扯起谎来还头头是道的，不过事先由老婆佘爱珍给他打过草稿。

"他现在在哪儿？"

"我也闹不清，爱珍兴许晓得。"

"我限你三小时之内，交出张国震。至于你，让我向林少佐疏通疏通看到底怎样，能不能卖我点面子，也难说。"李士群缓和了点儿口气。其实，主奴都在演戏，两方事先都有脚本，排练过的。刚才吴世宝进门时，李士群根本没与日本人通电话，他抓着电话听筒，拿腔拿调地自说自话了一番，用这法子，吓吓越来越难以驾驭的这个不可一世的部下，如今已收到预期效果，便马上收场，让吴对他感恩戴德。

却说张国震，自从出事以后，风声一天紧似一天，便让佘爱珍把他藏了起来。76号与愚园路吴家都不安全，佘爱珍带他到个秘密仓库的阁楼上躲着。隔一两天佘爱珍总要改扮成男人模样，到这个阁楼上与逃犯兼情人鬼混一两个小时。他躲藏的地方到底在哪儿，妻子与之通奸的地方，乌龟丈夫的确不清楚。现在为了救自己的命，也顾不了什么心腹、得力干将这一套了，便逼着妻子交出张国震。

佘爱珍坐在被窝里，皱着眉头，一声不吭。

"哎，你倒说话呀！"

"阿宝，我们得变着法子保他过门……"

"保他？我自身难保哩！"

"嗨！我说你是个榆木脑袋，永不开窍。你想想，要是国震全都招了，咱们不是一起完蛋了吗？"

"那，依你怎办？"

佘爱珍沉思片刻后，俯在丈夫的耳边嘀咕了一番，丈夫紧锁的眉头，渐渐松开，"好，就照你的法子办。"

佘爱珍起床收拾了一番以后，独个儿找张国震去了。闷在阁楼里的张国震，几天来盼这个师娘加情妇的，已熬出火来了。她一进门，他像饿狼般地扑了过去，捧起她的头，用自己的嘴唇贴在她的小口上，喃喃地说："心肝宝贝肉，我可熬不住了！"

她温柔地瞟了一眼，而后闭上眼睛，任他亲、咬、抱、捏。他看这迷人的眼睛、这高挺的鼻梁、这诱人的红嘴唇、这浑脸蛋，还有那对小酒窝，多美啊！她让他看个够，然后用柔软纤手，从两边勾住情夫的脖子，显出一副十足俏皮的样子："我这不是来了吗？"

她翘起漂亮的小嘴，眼眶射出迷人的光，坐在他的膝上，任他脱光自己身上的衣裤，任他抱到床上……

渐渐地，风暴消退了。她紧闭眼睛，自言自语地说："国震，为了你几天来我的腿都跑细了。"

"嗯！"

"现在好了，路子总算走通了，世宝上下都打点妥了。"

"怎么，没事啦？"

"可以说没事。不过你还得到宪兵大队去待几天……"

"到宪兵队去？"张国震呼地一下掀开被子，坐了起来。

"是的。日本人一定要你去。你到那儿，什么事也不要承认。

世宝与士群会想一切法子保你出来。梅机关已答应庇你。"

"他们会放我过门?"他将信将疑。

"啊哟,我的小傻瓜,"女人用舌头舔着他的下巴,"李主任指示,只要没抓到把柄,又没口供,查无实据,他与晴气先生就可以保你出来。"

"他们哄我!"

"他们哄你,你出事了,他们自己也脱不掉干系。你若招了,大家一起完蛋,谁也无法救你。唯一办法,咬住牙,不说。你世宝大哥才有法子救你出来。"

"这,这日本人的刑具,可……"

"你的世宝大哥,也给你想好了对付办法。"女人说着从手提包里取出一粒纽扣。又转身牵过自己带着的那只巴儿狗,抱了起来。那巴儿狗伸出粉红色的舌头,在她手上乱舔着。女人捞过扣子,凑在它的舌头上一擦,不到一分钟,那巴儿狗便瘫在她的膝上,不动弹了。张国震见了,脸色刷地一下子白了。这不是叫我去自杀吗?女人看出他的心思,不慌不忙地端起茶几上的一杯冷开水,先喝了一口,而后一张嘴,扑的一声,一阵冷水喷在巴儿狗的脸上。说来也怪,过了几分钟,这畜生竟爬起来,摇摇尾巴跳下膝盖去了。

"万一忍不住,舔一舔这玩艺儿。"她又从手提包里取出针线,把扣子缝在贴身衬衫的领扣上,然后抿嘴一笑,"你看,世宝大哥为你想得多周到啊!这总该放心了吧?"

见过这一手"死去活来"的表演,又听了这一番话,男人放心了,他眼眶子湿润。她感觉到他的嘴唇沿着她的身子往下滑,直到她躯体的中心。

就这样,张国震服服帖帖地到了76号,由李士群派人送进了北四川路日本宪兵队本部关押。

却说12月8日这一天早上四时许,上海人在床上突然听到轰轰隆隆的大炮声,隆隆的飞机声,天蒙蒙亮的时候,大炮声和飞机声响得震耳欲聋了。停泊在黄浦江上的英国炮舰"彼得烈尔号"在隆隆炮声中被击沉,美国炮舰"威克号"升起白旗投降。上午十点钟,天下起蒙蒙细雨,日本人在雨中从苏州河各桥梁北堍分路开入公共租界,东自外滩外白渡桥起,西迄沪西越界筑路地段,每一道街口都有日军放哨。

张国震就在这一天,被关押的。张被抓后,吴世宝倒并不笨,他想到这个部属,虽然称为"四大金刚"之一,可并非钢筋铁骨,在日本人的刑房中,迟早会供出他来的,当即就躲了起来。日本宪兵队得知不见了贼主,便向汪精卫要人。汪不得不于1941年12月13日,通过自己的《中华日报》,公布了一道通缉令:

> 查本政府属下特工总部警卫总队队长吴世宝肆行不法,作恶多端,着即通缉讯办……

通缉令一公布,日本宪兵队非要李士群交出吴犯不可。李士群心想,自己虽与黄金劫案无关,但手下人参与,难免被日本人猜疑。他把佘爱珍找来,自己与老婆叶吉卿一搭一档,软骗硬吓,逼着佘交出人来。李士群向佘爱珍保证:"要是世宝能主动出来，绝无生命危险，这一点我可以担保。他到宪兵队去，也不会吃生活的。爱珍，这躲不是办法，你躲得过初一，还能躲过十五？况且日本人已占领了租界，万一被日本人找到，到那时我可帮不上忙啰！"

佘爱珍心里盘算了一番，觉得目前唯一可托的是李士群，除了他还有谁呢？再说这劫金案，即使张国震招了，也只能说张动手前在吴跟前提过，但吴未置可否，只能算参与其事呀！而且，吴对"和平运动"出过大力，流过血汗，建立76号，侍卫与保护周佛海和汪精卫、杀军统、炸报馆、打银行……这一件件一桩桩"功劳"，日本人心里也有数的，总该卖点面子吧！这么前前后后想了一番，终于决定把丈夫交出去。

吴世宝在李士群与外事秘书夏仲明陪同下，来到宪兵队本部。李士群当着特高课长林少佐与吴世宝的面，请求林少佐对吴予以优待照顾，勿要用刑。林少佐当场表示接受。

李士群从宪兵队回到76号，立即给南京汪伪政府"政治警卫总署"署长马啸天挂了一个电话，要马立即来沪查抄吴世宝的家当。

马啸天在南京还未动身，这儿的佘爱珍已接到外甥女沈耕梅从南京挂来的长途，让她做好查封财产的准备。所以，这支查封队伍开到愚园路475弄2号门口的时候，佘爱珍已笑容可掬地迎了出来，把马啸天一批人员接到餐厅，先奉上一席丰盛、精美的大菜接风。这些人员，除了马啸天与女译员沈耕梅之外，还有驻在76号的日本宪兵，都与佘是"脚碰脚"的老熟人，饮宴间仍然有说有笑。吃饱喝足以后，装模作样地里里外外翻了翻，打开一只保险箱看了看，里面有茄力克香烟、罐头、钻石及翡翠首饰与几根条子外，还有些买房子与汽车的契据，几千元的存单……一一摊放在桌子上，马啸天同日本宪兵涩谷准尉清点后，由沈耕梅登记，仍然存放原处，外边贴了张封条了事。这批人临走时，佘爱珍给每人一瓶洋酒、一盒亨牌雪茄、两听巧克力。

办完了这件事后，李士群把76号的大权全数交给老婆叶吉卿掌管，自己回苏州，准备再次迎接汪精卫到江苏省各地"视察清乡"工作。这时，汪曼云已在他的官邸等了几天。

两个把兄弟一见面，李士群便拉着汪的手进了书房，如释重负地说："现在总算开了一个。吴大块头这个人，不仅日本人恨他，我也恨透了他。他在76号，我这份'家当'迟早会被他拆个精光的。现在日本人要了去，对76号来说，是件好事哩！"

"为什么呢？"

"为什么？我讲件事给你听听。"李士群边喝咖啡，边讲着下面这件事——

那次中央储备银行被军统特务炸了，76号为了向重庆方面的中央银行进行报复，李士群命令化验室主任姚任年制造两颗定时炸弹。具体装置是由一个叫牟得才的技工干的。牟得才花了三天三夜，试验了几次，终于制成。3月24日，在逸园内中央银行办公处和白克路中央银行同时爆炸，威力不小。周佛海还给他们赏洋三万元，以示庆贺鼓励。谁知这混世魔王脑子一转觉得这小东西挺可爱，玩它一下，可发票大财，于是将牟得才拉到吴家，由佘爱珍陪着，又吃又喝，灌得牟得才色迷迷，答应吴总队长再造几枚"定时"，显显76号威风，并再三表决心，永远跟着吴总队长干。小汽车送他回到家里，摸摸口袋里，又多了三千元钱。四天后，生意尚属兴隆的南京路协大祥绸布庄老板，便收到一封恐吓勒索信，限三天内交出二百万，不然的话，小心店铺。老板先是不予理睬，之后多雇了几名巡捕，防止捣乱。想不到第四天的下午，一只柜台的下边，发出闹钟的嘀嗒声，店员摸出一看，是只真的定时炸弹。这下子老板吓呆了，他想万一爆炸，后果不堪设想，破财消灾吧，乖乖地送出二百万。吴世宝不忘前言，一下子给了牟得才两万元。李士群讲到这儿，感慨万端地说：

"你想想，这个姓牟的，今后是跟我呢，还是跟吴世宝走？吴世宝这棺材不进宪兵队，我的76号迟早要给他拉倒的。现在让日本人去办他，不是个巧事吗？他给我拆的烂污多着呢！他包销白粉，被日本宪兵截住，私底下拉出76号的弟兄抢了回来，还扬言这是李主任叫干的。你看，这不是拆我的台吗？"

一直在抽烟喝咖啡的汪曼云听后苦笑着说："士群，话虽这么说，但做法上还得另有一功。切勿露出半丝幸灾乐祸的端倪来。"

"老兄有何高见，请讲。"

"依我说呀，你恨他是一回事，但要让日本人来杀他，会失人心的。现在大家拥护你，那是因为你在日本人那里有分量，非得用你不可。如果日本人代替了你，他们何不直接抱牢日本人的大腿。你的76号就虚有其名了。再说吴世宝这人，再孬再坏，总是你手下一员猛将，现在犯了罪，送给日本人去处置，有损你的威严。为了你的声誉，也为了76号的前途，你得设法把吴弄回来，该打该杀，由你来办，这才是正道。哪怕日本人的主意，形式上由你来执行，也是件好事。老兄以为如何？"

"对呀，我怎么就没想到这一层！"李士群拍着自己的脑袋恍然大悟。

三

过了些日子，向日本人要回吴世宝的机会终于来了。那是有一天看76号的《内部简讯》，发现一则新消息：特高课长林少佐荣升为中佐，不日回国任职。李士群不禁拍案叫绝："好，天赐我良机，我得赶去饯行才是。"

李士群假南京路上的燕云楼京菜馆，为林中佐饯行大摆筵席。熊掌、鱼翅、海参、乳猪、烤鸭，填得林中佐、晴气庆胤等人直撑喉咙，不断打着饱嗝，而后三个退入密室，商量了具体处置吴世宝的办法。

林中佐、晴气、李士群三人密商的结果，第二天下午便开始执行了。林中佐乘飞机回国时，吴世宝也从宪兵队被保释出来。

李士群与汪曼云，那天下午在大场机场给林中佐送行后，回到上海愚园路李家刚刚坐下歇息，吴已在家里洗过澡，理好了发，换上新衣，趴在祖宗牌位前拜了几拜后，首件大事是赶到李府拜谢救命之恩。

他一进李家客厅，三步两脚跑到李跟前跪下，扑通扑通连磕三个响头，又向旁边的汪曼云同样行五体投地的磕头大礼。眼眶噙着泪水，嘴里不断叨念着："救命恩人，救命恩人！"

这么感激涕零了一番之后，李士群让他坐在对面的椅子上讲讲情况。吴一想起中午的事来，肚子里就有点儿不舒服。

"今朝能够脱梢，宪兵队多喜班长昨夜就关照了。今天这顿中饭，我打算是归来再吃，可那个送饭的日本宪兵莽门透了，非要我吃了这冷汤冷饭，才放我开路，他还站在旁边等我的空碗筷收拾。我给他弄得没办法，只好硬着头皮吞下去。这一顿冷饭下肚，我现在还觉得勿适意哩！"

"让爱珍做点暖肚子辣姜汤喝喝，就会好的。人出来了，比什么都重要！"汪曼云宽慰他。

李士群向他宣布："你被封的财产，我已请求南京政治警卫总署马署长，业已照准，全部发还。"

于是老部下听了，感激之上再加感激，"李主任的大恩大德，我几辈子都不忘……"

李士群打断对方的话，继续宣布："我们判你三年徒刑，关你到自己的苏州家里去。"

原来李士群已让佘爱珍在省长官邸旁边的饮马桥住处，买了一幢洋房，把房子外面加上铁窗铁门，吴世宝在里面居住不许出门，但家里人照样出入。

"现在你去准备一下，明朝同我一道去苏州坐牢。"李士群说。

吴世宝走到门口，回过头来低声问："国震怎么办？"

"枪毙。"李士群冷冷地回答。

第二天早上，吴世宝跟着李士群乘车去苏州。佘爱珍带着女佣男佣，押着几担行李，同车去"坐牢"。

1942年2月4日下午，吴世宝住进自己苏州新居。这是一幢小型的花园洋房，四周青砖砌的高墙上，铁丝网尚在架设当中，铁门铁窗还未安装。仍然神气活现的"囚犯"，左手夹着雪茄，右手扶着老婆，逐间逐室巡视着自己的新居，嘴里不断重复着："花三四十根条子，不贵，不贵，划得来！"

得到丈夫的称赞，佘爱珍眯缝着眼，"还满意吧？只是汰浴间还没修理好，浴缸小了点，装不下你这大块头哩！"

"这可不行，我现在就想泡一泡热水。"

"怎么？不舒服？"

"是的，从昨天中饭以后，肚子一直胀鼓鼓的，今朝中午，在火车上吃了碗肉丝面，胀得越发厉害，还有点恶心，我怕……"

怕什么，还没说出口，哇的一声，一包苦水，从嘴里喷了出来。淡黄色的液体，流在红漆地板上，散发出一阵阵刺鼻的鱼腥味儿。佘爱珍捂着鼻子，扶着丈夫到卧室门口："阿宝，床上躺一会儿吧，就会好的。我去打电话叫医生！"

"不，我要上厕所。"

从这时开始，吴世宝上吐下泻。一个小时后，他的眼窝深陷，两颊凹了进去，手指头、嘴唇、腿肚上的肉，全瘪了下去。又个把小时后，168磅体重的大块头，竟缩成小小的一段干木头变成一只猴子干了。

据当时在场的医生后来偷偷地对人说，大块头是被毒死的。这是一种败血性毒菌做的慢性毒药。人吞服以后，毒菌在人体内每两三分钟繁殖一倍，十六小时后小发作，二十四小时后大发作。在毒菌繁殖期间,表面上显不出中毒现象。吴世宝出狱那天中午吃的冷饭团与冷汤里,便有毒菌。到第二天上午,吴除了肚子有点胀鼓鼓外,其他并无不适意。李士群看到这种情况,以为毒药剂量不足,再加上大块头健壮如牛,怕小小细菌打不倒他,便又派人到日本宪兵队要了一些来,在火车上暗中拌在一碗肉丝面里,再让吴吃下去。双份毒菌在肚,更无救药了。

吴世宝投奔李士群,在上海滩横行一时,前后不过三年光景,最后,被自己的中外主子下双料药,毒死在姑苏饮马桥畔自己的家庭监狱里。这样的下场,实在有着戏剧性意味,而且主子对豢养的鹰犬施以这种手段,也不是绝无仅有的。这样的命运,接着会挨到谁呢?

生死度外闯魔窟

一

当军统与76号特务及日寇厮杀得难解难分时，只字未提共产党的地下斗争，乃是作者的笔拙，不会生花。如今军统上海区已经瓦解，趁此时机，回过头去再叙一些我党对76号的斗争。

1939年隆冬，天寒地冻，滴水成冰。法租界拉都路107弄堂里一户石库门人家，住着一位三十来岁的女作家关露。昨晚她文思泉涌，写中篇小说《新旧时代》，一口气写到午夜一点收笔，早上起来，草草吃了碗泡饭，捧起铜手炉，哈开冻墨再写。当她写到二十五岁的二姨母死了丈夫，遗下唯一的儿子，悲恸欲绝这一段，忽然听到几记"笃——笃笃"敲门声，才从艺术创作的氛围里回过神来，听出了自己人的敲门暗号。

来人是八路军上海办事处刘少文同志。他进房后尚未坐定，便用冻僵的手指从棉袍子的下摆夹层里，掏挖出一个纸卷儿，说："重庆有电报给你。"

关露忙把手炉的炭火拨旺，送过去并随手接过电报，展示着：

速去香港找小廖接受任务。

叶剑英

叶剑英当时是八路军参谋长。1939年，他在重庆南方局协助周恩来开展统战工作，这电报以他个人名义代表中共南方局，指示上海地下党组织派关露一个新任务。"小廖"，便是八路军、新四军驻港办事处主任廖承志同志。

"小关，这是刚收到的电报。你准备一下，我明天给你送路费与接头地址。这儿，不便久留，我走了。"刘少文悄悄说完，匆匆走了。

关露，原名胡寿楣，又名胡楣。1908年7月14日生于山西太原一个封建士大夫家庭里。父亲是举人，在山西当县官。他们的原籍是河北延庆县。1925年随外婆到了南京，1928年暑假，她考上南京中央大学文学系，1930年开始文学创作，发表诗歌与小说。1931年到上海，不久加入左联，与张天翼、欧阳山、胡风、丁玲、艾青、沙汀、周扬、周立波等作家与诗人接触较多。1932年春天，由上海妇女抗日反帝大同盟主席张佩兰与宣传部长骆剑冰的介绍，参加了中国共产党，编入了法南区马路党支部。在左联里，她是左联党团书记周扬的得力助手，有时周白天不便活动，便让关露替他奔走。如与徐懋庸的联系，就是由她去传达中央文件的。叶紫加入左联，周扬派她去和叶紫谈话。1937年，上海明星电影公司拍摄一部反映青年在民族危亡时刻的动态片子《十字街头》，编导沈西苓请关露写一首主题歌，才华横溢的她，一夜工夫写成歌词，由贺绿汀谱曲。这首歌当时成为家喻户晓的流行曲。著名电影表演艺术家赵丹在世的最后一次演出（20世纪70年代末），便是高唱这首脍炙人口的"春天里来百花香"的《春天里》。抗日战争爆发后，关露留在上海坚持地下斗争。1938年，住在拉都路的王炳南离开上海后，关露便搬去与王安娜一起住。半年后，王安娜也去了重庆，她便一个人住在王家。

现在，组织上又要她去接受新任务，关露兴奋不已。她想准是经过香港转内地到陕北延安去拿枪打鬼子了，痛快！

圣诞前夕，香港下着淅淅沥沥的冻雨。一辆黄包车在皇后大道18号停下，车上跳下个风华正茂的女子来。她抬头看那门上左右挂着两块牌子：左边，粤华公司；右边，华南茶叶批发行。

"对，就是这儿！"她昂然入内，向门房打了个招呼，"我找廖先生。"

"您是关露女士吧？请进！"

"怎么门上挂着公司与批发行牌子？"在客厅坐定以后，她爽直地问。

"我们在这块殖民地上，那是挂牛头收虎肉哩！"饶有风趣的门房，言谈不俗，"这儿是八路军、新四军驻香港办事处，为安全起见，用门外的两块虎头牌做掩护——廖先生外出时关照过的，请留下住址，他会去看您的。"

关露留下一张字条，第二天，廖承志与潘汉年同志来到香港饭店找她。

关露的妹妹胡绣枫与妹夫李剑华都是潘汉年系统的中共情报人员，他们长期战斗在敌人的营垒里，76号魔头李士群与他们亦很熟悉。血债累累的恶魔，也想到自己的末日，想让胡绣枫作为他与中共的联络人，取得共产党方面的信任，为自己留条后路。

同时也觉得汪派人物中、日本特务里，与重庆方面时有勾结，自己亦应有着"三窟"！可是胡绣枫与丈夫此时正在大后方，做国民党上层人士的统战工作，一时难以抽身。还是潘汉年点了关露的将——以姐代妹，得到中共南方局的批准，才有今日的会见。

原以为派她去延安的关露，无论如何也想不到要她回上海，特别是到76号去当遗臭万年的"汉奸"！她一时真难以接受！

"党派你深入魔窟，对你是极大的信任！这比拿枪执刀杀敌更艰难困苦。目前只有你能担当这个任务，所以汉年同志全力推荐你。"廖承志语重心长地诚恳勉励。

"再说，军统与76号魔鬼们斗杀，而我们却与76号斗法，"潘汉年接着廖的话头，继续勉励，"不用枪炮而征服他们为我所用，也即孙子兵法上说的'上兵伐谋'。你回上海后，直接找李士群，进76号做策反工作，争取他为我们做一些事。"

经两位领导耐心开导，关露深深地感到这项特殊任务的艰巨性与危险性，既然党组织已经这么安排了，而且又十分需要，她便点头同意了。第二天，潘汉年把关露约到西摩道的一个教堂里，请一个双料、三料特务袁殊，给她上课。袁殊先是详细介绍76号魔窟情况，而后又分析日本的民族性。袁是日本留学生，参加过左联，做过中共情报工作，后又入了军统，现在是日本间谍。这么个"多料"人物，讲起日本来，真是头头是道。

他说，日本人是杂种。大和民族是虾夷、马来、蒙古、朝鲜、汉人杂七杂八的混合体，但日本人不愿承认杂种祖先，于是造出一个神来。日本天皇中，最正统的创始者是神武天皇——日本的纪元，就由神武天皇起的——他是一位军神，现在的日本军部,即是军神的正系。日本的军部,非但负有杀戮大权,还可以左右天皇,虐待奴役任何民族,统一世界的特权。武士是军部直接体现者,武士的刀,是军人的魂,若要试试武士刀,可以逢人就砍,武士禁止女人穿裤,为的是武士便于强奸。他们对日本皇室的妇女,也照奸不误。所以任何人,不可以犯军神——军部武士。

这一通"杂种"论,听起来玄乎,可是对关露来说,特别是后来打入日本人办的《女声》月刊当编辑,很有好处。

在关露离港返沪之际,潘汉年再三叮嘱:"千万要注意,你在那儿只能用耳朵和眼睛,不要用嘴巴。"之后,又再次强调,"今后要有人说你是汉奸了,你可不要辩护。要是一辩护,那就糟了。晓得哦?"

关露听了,低头沉思:在这情况下,我不入魔窟谁入魔窟?我不忍辱负重,谁去忍辱?我不出生入死,谁去呢?这时的关露,大有荆轲壮士"风萧萧兮易水寒,壮士一去兮不复还"的气概。想到这儿,她连连点头说:"记住了,我不辩护。"

真是巾帼不让须眉!

二

"不用介绍了,"李士群在76号办公室里接待了关露,"我一瞧,便是胡楣。"

"为什么?"关露大着胆子,问。

"为什么?情况在你的脸上写着嘛,你与妹妹一个模子里刻出来的，只是你比自己妹妹还年轻些哩！"

"我不是代替妹妹的，而是代表中……"

"知道了，"狡猾的魔头马上截住她的话，怕隔墙有耳，"以后，你是叶吉卿的秘书，我的联络员。这儿的复杂情况，吉卿会细细地讲给你听的。有一点，要特别小心他——"他朝对面写字台处努努嘴巴，这是丁默邨的桌子，关露自然心领神会。

联络员的联络范围，名义上是李与叶吉卿、李与汪伪各派人物之间的联络，其实，是李与中共情报负责人潘汉年的联络。后来，潘又委托上海的中共情报人员吴成方与她直接联系。关露就这样放弃了革命作家的称号，背着"汉奸"的黑锅，冒着生命危险，忍着血腥臭，默默地为党工作了两三年。直到1942年，组织上派她到日本大使馆和海军报道部合办的妇女刊物《女声》月刊去当编辑，寻找日共的地下党员，搞到日寇的情报。

汪伪与国民党的秘密勾结、日伪的军事行动情报，很多是从76号通过关露传给潘汉年的。譬如汪伪政权中的实权派周佛海，派了伪政权的边疆委员会藏事办事处处长程克祥和侨务委员会委员彭寿，秘密潜赴重庆，直接去见戴笠，向他转达周的"向蒋委员长输诚"的请求。得到蒋介石的点头同意后，戴笠写了封致周佛海的亲笔信，由蒋在信尾处批上个"可"字，交程克祥、彭寿两个带回面交周本人。自此之后，周便大力开展"效命中央"的所谓"曲线救国"活动，还在伪财政部上海办事处设了秘密电台，专门向重庆输送重要情报。周佛海的这些鬼祟活动，逃不过深藏在76号里关露的眼睛与耳朵，通过她的手，将情报源源不断地传递到我党中央！

有一天傍晚，一个小特务急匆匆地跑来向李士群汇报情况，关露正好在里间埋头抄文件。她听到小特务说，近来，百乐门饭店二楼206豪华套间里，住着一个小开。他的年纪在三十二三岁，中等身材，瓜子脸上有几点浅浅的痘花迹，高鼻梁上架一副金丝边眼镜。着一套白西装，配上尖头白皮鞋，很有派头。出手也大，给茶房的小费，挺爽气的……

"叫什么名字？"李士群截住对方，问。

"登记簿上写的是萧叔安。"

"好吧，你继续监视他的活动。"

从特务的描述中，关露觉得这个"萧叔安"，很像潘汉年。她一阵惊喜，潘在上海，自己的心里踏实多了！

关露的直觉十分准确，这个萧叔安正是潘汉年。他生于1906年1月12日，宜兴人，如今是中共中央社会部副部长，华南情报局负责人，活动范围包括香港、上海，乃至整个沦陷区，他已成为中共党内名闻中外的"情报专家"。这次他是奉命着手重建上海情报网。女友董慧以及情报人员刘人寿、黄景荷与他同来，作为助手。香港乘船到达上海十六铺码头上岸，他直接雇车至租界华山路愚园路口的百乐门大饭店，住上等客房，摆出由南洋归来大富豪小开架势，迷惑敌人。他深知日伪宪兵、警察、特务、官僚经常出入这种豪华场所，愈是敌人密集的地方，亦是最安全，这叫作"灯下黑"。

潘汉年到上海后，经过几个月的活动，在上海地下党帮助下，重建起情报网。在法租界的贝勒路（今黄陂南路）及辣斐德路（今复兴西路）建立了两处秘密电台。电台配置了报务员、机务员、译电员，还有递送电稿的交通员。这些工作同志，都是受过延安中央党校培训的忠贞战士。董慧同志还受过延安情报干部训练班训练。她到上海后，便利用父亲开的道享银行上海分行为据点，以银行职员身份，负责潘汉年情报部的财务工作。

却说李士群凭他的嗅觉，就觉得这个萧叔安不是等闲之辈，又派了一个心腹深入打探。不久，果然探到新情况：这个萧叔安还化名胡越明，似乎是日本驻上海领事馆副领事岩井英一的情报员。三天两头坐车到虹口百老汇大厦（今上海大厦）去会见什么人。这情报，应该说"基本属实"。

上海的秘密电台建立好了，接下来的大事，便是要源源不断地拍发情报，党中央急需的是日寇内部与汪精卫集团的核心机密。这些东西藏在老虎窝里，不入虎穴，焉得虎子？怎么能入76号这个虎穴呢？潘汉年想起党中央关于抗日情报工作的指示：大胆吸收各类人员，只要愿为我党工作，晓以民族大义，亦可为我所用。这样的人物，除了李士群，还有一个袁殊，也即是上文写到的曾给关露上过特务课的"双料、三料"特务袁殊。

这一天，潘汉年雇车直驶坐落在虹口的百老汇大厦，叩开了袁殊下榻的3105房间。

见到潘汉年，袁殊惊喜交加。惊的是潘汉年西装革履，大模大样摇摇摆摆地直入日本人的地界；喜的是自己有机会向潘汉年说明目前处境，可以取得共产党的信任。

"老兄真是胆大包天，直闯'巢穴'！"袁殊马上泡茶招待。

"我在租界，当然是如履薄冰，可是到了你这里，我的安全唯你是问，还有什么可担心的？"

"你到我这里来,恐怕已经被日本特务盯上了,我该怎么说呢?"

潘汉年胸有成竹。他知道袁殊被李士群的76号逮捕过,由日本岩井英一保释出来后,参加了岩井机关的特务组织,现在是岩井的得力助手。

"你就向岩井先生介绍一番我的情况吧!敝人过去是一个左派,与郭沫若、叶挺等人熟悉,一向反蒋;目前在香港,主张和平解决中日争端,是你在香港收集情报的合作者——这样说行吗?"说到此,潘停了停,点起支烟来抽了一口继续说,"至于你,在敌伪内部站住脚后,再钻得深一点,搜集到情报及时给我。只要真正为抗战出力,我们会谅解你的。"

袁殊听了这一番话,心里悬着的石头落了地,觉得今后有方向。于是,他考虑到下一步,便问:"要是岩井要求我将你介绍给他,我该怎么办?"

与岩井见面,那不是入虎穴吗?好吧,我就与岩井周旋一番:"我就用胡越明的化名同岩井见次面吧!"

时隔不久,潘接到袁的通知,岩井要在虹口一家名叫"怀石"的料理店与他见面。潘在赴约前,故意将这次会面,通过关露漏给李士群。李士群将这情况,汇报给影佐祯昭。影佐如今不仅是汪伪政权的"太上皇",也是日本在华特务的"老把总",这个情况,自然要向影佐汇报。影佐提出要与胡越明先生见面。

这正是潘汉年的迂回战术成功处。潘要与日本间谍周旋而得到情报,但更主要的是要见到李士群,从李那儿搞到日伪清乡进攻新四军的确实情报。从李的日本主子那儿的门路再走向76号,出现在这魔头的面前，效果会更佳一些。

离虹口重光堂不远处，有一个六三花园，那儿草木葱茏，绿荫蔽日，不像重光堂那么阴森可怕。花园的东北角上，有一家"和风"料理店，是日寇的魁首们常常招待宾客宴饮的地方。影佐选定此处与胡越明会晤，档次不能说不高。出席作陪的有岩井英一和袁殊两个。

影佐换上了和服，早于客人前三分钟到店里的龟厅坐定。客人一到，影佐拍了两下手掌，两个小女人推门进来，同时上茶与上菜。菜式是地道的日本"会席料理"，有烤鳗寿司、鱼子酱寿司、百味蒸蛋，蒸钵里有着虾、鸡肉、鸭儿芹、鱼糕、蘑菇等等几十种作料配制而成。

影佐带头津津有味地吃完自己这份蒸蛋之后，开始盘问潘汉年在香港搞情报的一些情况，还询问军统在香港的活动情况，潘汉年对答如流。当潘表示可以为"和平运动"做些事时，影佐向岩井瞟了一眼，岩井会意，婉转地向潘提出在香港设一个联络点，交流与获取情报。潘汉年觉得这是可利用的机会，便同意了。

这就是后来由岩井机关提供每月2000元经费，在香港办的《十世纪》，刊物作为掩护的情报机构，融入中共的情报系统。

影佐很高兴，为了显示大和民族的美食，又叫厨子特意加了秋刀鱼与三文鱼两道菜，并让客人品尝一下日本的清酒。其中一个胖乎乎的小女人上前斟酒。她头发烫成有棱有角的小波浪，一丝不苟地掖在耳后。脸上涂得粉白，两道一笔勾成的细眉，直伸入鬓角。三分之二的嘴唇上，擦着橘红色唇膏。她将清澈如水的液体倒入一个四方形木杯，杯子有股香味，还在杯边撒上盐，让酒通过盐末进入口内，有种清香。斟满酒后，小女人跪地捧给客人时，按日本规矩，得张嘴一笑，于是便龇出了两排缝隙稀疏、微微外凸的黄牙来。潘汉年觉得滑稽，这儿的优美环境可口美食、清香醇酒与人、事，构成了强烈反差。这一切，美与丑交织，真和假相伴，善与恶掺杂，各方都在演戏，其目的在于相互利用。潘汉年抓住个敬酒的机会，双手捧杯，向主人表示：

"影佐先生，盛宴招待，实在感激！为了今后的合作，我想见一见老朋友。"

"谁？"

"如今的江苏省省长李士群。我到上海后应该去打个招呼。希望先生转告一下。"

"你们是老朋友，见面，应该的，应该的。等联系好，我让袁先生通知您。"影佐满口答应。

从六三花园归来的第二天，潘汉年便找中共江苏省委书记刘晓研究情况。两人都认为太平洋战争爆发后，香港沦陷，情报工作重心转到上海，中共地下党组织和情报人员随时都有被76号特务侦破的危险，策反76号头头李士群是当务之急。现在的李士群，不是当年的小角色了，非得潘亲自出马直接打交道不可了。再说李士群本身，随着地位和权势的不断提高与扩张，在日伪中，已形成尾大不掉之势——他不仅与拜把兄弟、顶头上司周佛海争权夺利，甚至与宁、沪间的日魁，时有矛盾冲突。敌人营垒中的内部矛盾，正是高明情报人员有机可乘、有利可图的难逢时节，被精明而机智的潘汉年抓住了。

潘汉年把准备亲入76号魔窟的打算,通知了安插在李士群身边的关露,让她留心观察敌人的动态,以便随机应变。

李士群呢,接到影佐的电话后,得意非凡。自己成了"正统",在沦陷区内,为堂堂的省长大人,手下有着76号如狼似虎的兵马,谁个不来拜见?不过潘汉年,是中共的情报部长,不可等闲视之。他考虑再三,这次见面,还是改在家里方便些。他想定之后,把见面的时间与地点分别告诉了关露与袁殊。

三

1942年的元宵节,分外寒冷。上午彤云密布,朔风紧刮;午后下起了大雪,纷纷扬扬的。不到一个时辰,窗外已是一片白光。潘汉年扑到窗口,看着漫天飞舞的晶莹透明的雪花。几年来,他一直战斗在南国香港,现在突然发现一个银色的新天地,不由得想起"燕山雪花大如席"的诗句,想起"北国风光,千里冰封,万里雪飘"的壮丽山河,想起延安、想起宝塔山……这时,他胸中有股激情冲荡着,不觉吟出几句诗来:"雪紧风狂岁寒天,南来作客又经年……"

嘀铃铃——,电话铃声响了,那是袁殊催他上车的信号。沉浸在诗境中的潘汉年,马上穿起大衣,戴上礼帽,围上条羊毛大围巾,把自己裹了个严严实实的,出门踏雪而行。绕出两条弄堂,一辆黑色轿车在望,袁殊正在车里等他。

车子在大小马路间兜来绕去,而后来到愚园路1136弄堂口,早有一个身穿米色风衣、头戴风帽的绅士候着。接驾的绅士跑上前来，拉开后座车门："胡先生、袁先生，大驾光临，省座让我在此恭候。车子往前开，第六家便是。"说完，又碰上车门，向警卫兵士一摆手，士兵持枪立正，车子缓缓进弄，驶过五幢独立小洋房后，戛然刹住，这便是李士群的家门口。

客人由绅士领着进门，李士群、叶吉卿已在台阶上拍手欢迎。在弄堂口候驾的绅士，名叫胡均鹤，原名登云，江苏吴县人。早年加入过共产党，1932年被捕后叛变，成为中统南京区副区长，后来还兼任情报股股长。抗战开始，调任中统局苏沪区副区长兼情报科长。1939年被76号特工总部逮捕，当即投靠李士群，被派往南京区任副区长兼情报科长，后又担任76号的二处处长、汪伪政权的政治保卫局副局长、政治保卫部秘书长等职务。是李士群的亲信之一。

今天李派这么一个复杂人物到弄口迎接，乃表示接待规格之高，对这次见面的重视，也显示自己的派头与取得"政权"后的实力。所以他们见面寒暄一通以后，李士群便扬扬得意地说："老早当共产党时，天天叨念要夺取政权。现在好了，我总算取得了政权！汉年老兄，你呢？听说在中央当了个副部长？"

潘汉年听了，淡淡一笑。心想魔鬼得志，一时罢了，高兴得太早了点儿，不过，还是不戳穿为好。便随口应道："老兄得的地盘，确实不差。可我们要的是整个中华锦绣河山，金瓯无缺哩。"

从潘的话里，李士群自知刚才讲得太露骨，太狂了点，感到无趣。陪在一边的叶吉卿，忙叫用人撤了喝剩的咖啡，端上汤圆来。李士群捧起一碗汤圆，向潘、袁等人扬了扬，说声"请用"，自己先吃了两个——一甜一咸。而后把碗放在沙发边的茶几上，将筷子搁在碗口上，掏出白手绢擦了擦嘴巴子，说："今夕元宵，恰好与潘先生见面，也是团圆吧！以后有什么需要我帮助的，我一定尽力。我也有个希望：你们方面对我也要多加帮衬。"

"李先生，我们欢迎你的这个态度，"潘汉年马上接着明确表态，"我们之间相互帮忙，有许多事情可以合作。"

李士群听了潘汉年的表态，心里踏实了。他当即提出，今后与潘的直接联系，由胡均鹤安排。潘汉年晓得胡与李有同样的经历，相似的心态，都想为自己留条后路，而胡还是东北抗日联军司令赵尚志的妹夫，并照料着赵尚志父亲的生活，曾帮助过东北抗联在香港设立电台，这是一个可以争取为我所用的人，于是潘与李就当场敲定。回到住处，星斗阑干，雪已停，风转轻，可是潘汉年的诗兴全消。要想续完下午那一首而不能，只好作罢，便拟电稿，向中央汇报争取、利用胡均鹤的事。不久，得到延安中社部批准。

通过这次见面，中共的情报网打入了76号总部的核心。

两个月后，李士群为了要兑现自己许下的"帮助"诺言，在自己的家里又一次约见了潘汉年。会见的情况，《潘汉年传》中，有详细的记载——

> 这是一次李士群实践要"帮助"中共的会见。会见时，李士群首先向潘汉年透露了敌伪即将在苏北盐阜新四军军部驻地进行"扫荡"的有关军事行动的计划，希望新四军方面有所准备。潘汉年对此表示了谢意。在会见结束之前，李士

群又拿出一本上海储备银行的支票簿交给潘汉年,说潘可以随时取用,以表示在经济上对潘在上海工作给予支持。潘汉年当即婉言谢绝,但李士群一再坚持请潘收下,潘汉年为了不给对方造成难堪的"拒人千里之外"的印象,也就暂时收下了,但后来一直没有动用。

日伪对新四军驻地的"扫荡"或"清乡"的军事行动机密,李士群掌握一部分,还有更深层的绝密内容,掌握在汪精卫的股肱周佛海手里,只有直接与周打交道,才有可能搞到。通过关露、胡均鹤的多次要求,李士群才答应给潘、周之间拉线。大约是1942年的初秋吧,胡均鹤陪着潘汉年到苏州李士群的省长官邸吃了顿中饭,饭后李、胡一道陪潘到南京会见周佛海。

南京西流湾8号,是幢花园洋房。园内翠竹处处,垂杨拂地。此房1932年年初开始动工建筑,那正是"一·二八"淞沪抗战之后。房主人颇有远见,认为中日之间必将开战,为安全计,客厅后门边造了个躲飞机炸弹的地下室,地下室上面为万紫千红的花坛。抗战爆发后,文武两界好友,咸来躲警报。武人中有顾祝同、熊式辉、朱绍良、李明扬等;文的有梅思平、陶希圣、罗君强、胡适,还有当时国民政府外交部亚洲司司长高宗武。

这些人中,边躲边议时局,大部分对抗日前途持悲观态度,认为中国:战,必大败;和,未必大乱。正好与全面抗战高昂调子相反。于是乎,胡适之博士便奉送他们一个"低调俱乐部"之名。这"俱乐部"主任,自然是周佛海了。

这会儿，潘汉年来到的正是这个旧日名噪一时的"俱乐部"。

当年的"俱乐部"主任，如今已是汪伪政权的财政部长、警政部长、76号特工总部的顶头上司，他控制了汪伪集团的军事、财政、特工大权，汉奸中的实力派，也是个反复无常的家伙，又是只老奸巨猾的狡兔。他目前已营就日本人和蒋介石两大"窟"，正想套近乎共产党，形成他的第"三窟"。

潘汉年洞悉大汉奸的这种脚踏几船的手法，对他采取防范与利用相结合的策略，在两人单独谈判时，商定了三条：一、在上海地区，双方互不伤害，互不施暴；二、给有关人员过境方便；三、提供军事情报。这三条，周佛海是基本上做到了。关于第一条，后来还明确训示过76号。《周佛海日记》亦有记载——

1943年10月13日　星期三

> 召见胡均鹤，告以今后特务工作须注意两点：一为减少日本色彩与关系，使之成为纯粹为中国政府之机关；二为对渝等方取守势的行动，勿取攻势，即对于实行恐怖行为之分子，为维持治安，自应适当处置，对于情报人员则可听其自然，至于策反南京政府分子，加以监视可也。

"南京会见"中，周佛海又悄悄地告诉潘汉年，上海的租界将由"南京政府"收回，收回前，日本人要进行大规模的搜查。潘汉年听了，急着赶回上海，胡均鹤邀他游玄武湖、中山陵，被婉言谢绝，只留诗两首：

梦游玄武湖

紫金山下着清秋,

鼙鼓声中访莫愁,

断壁残垣增怅惘,

丑奴未灭不堪游。

步前韵

栖霞夜雨秣陵秋,

旧日山河故国愁;

遥拜中山魂欲断,

低头潜入白门游。

独与魔妖巧周旋

一

潘汉年一回到上海,马上部署电台的隐蔽工作。他将张志申等同志约到成都路修德新村陈永箴家里,根据从南京方面得到的消息,提出三点要求:一、立即变更惯例,电台偃旗息鼓,暂停发报;二、发报机与天线坚壁起来;三、白天,男人外出"做生意",只留妇女看家。

果然不出潘汉年所料,日本鬼子的电台侦察车,在原上海公共租界与法租界的大街小巷里弄,到处乱转,像篦子梳头般地来回篦着。三天后,设在孟述先、苏利民夫妇处的电台,被日军的电侦仪器搜索到线索。一天深夜里,几个日军用枪托砸门。

孟述先披衣起来打开大门,四五个日本宪兵端着枪,一拥而入。在屋内翻箱倒柜时,苏利民故意默坐在床上,一声不吭,让敌人别苗头,以为床底下有问题,便用刺刀尖指着她的鼻子,逼她起床后,拉床挖地板,仍然一无所获。他们奇怪了,明明测到此处有着异样电波,怎么就搜不到发报机与天线呢?后来还是一个宪兵班长,看到五斗橱上一架收音机。他想这电波与收音机有关,便"开路"了。

好险啊!幸好潘汉年关照得早,将发报机与天线藏在北墙的假三层夹缝里。墙壁上糊了墙纸，开启地方由墙纸的条纹图案遮住，前面放上茶几，茶几两边各摆着个旧沙发。又用一只破旧的只能收中波段的收音机，迷惑敌人。事后，有同志提出立即撤退干部，转移电台。潘汉年认为敌人既未找到证据，一撤反而暴露，势必牵连户主，还殃及住房的具保人。不如坚持着，不露半点声色，待风平浪静以后，再撤退。后来事实证明，这个判断完全正确。

秋风秋雨阵阵寒的深秋时节，整个上海滩已是日本的"军宪环伺""密探如毛""特务横行"的局面，《中美日报》《大美晚报》等倾向抗日的报纸全被封闭。上海地下党的处境日益险恶了。潘汉年与地下党联络点——修德新村陈家已不能再用了，只得启用原英租界一处弄堂房子严璎家的亭子间。严璎是个年轻的地下学生党员。她家的环境安全，曾掩护过不少处于危急中的党员。

有一天，潘汉年约江苏省委书记刘晓同志在严家见面。他进到六平方米亭子间后，潘就对严交代："我的年纪比你大得多，称同学不适合。如果邻居问起来，就说是到你们学校推销丝袜认识的朋友，到你家来为的是请你帮忙推销丝袜。我的名字与电话号码是这个。"边说边从怀中掏出一张名片，又在背面用钢笔写了号码，"你遇到什么问题时，可以打电话给我。"

严璎接过名片一看，上面印着《二十世纪》杂志社社长胡越明，背面手写的五位数电话号码是10789。潘见她对名片有些疑惑，便笑着说："这名字自然是假的，胡，胡说八道么，越明说越明白。电话呢，看起来是假的，7、8、9、10，假装外滩一带1字打头的，成了10、7、8、9，其实号码是真的。这叫真中有假，假中含真，真真假假，敌人难分。名字与号码记在脑子里，名片不要保存。晓得哦？"

听完这些后，严璟退到楼下望风，不一会儿，刘晓到了，他俩研究起中央的指示。根据中央的决定，在上海的江苏省委和所属工委、职委、学委、文委的领导干部，已由潘做安排，分批分期撤退到解放区。还有最后一批干部——省委书记刘晓、省委组织部长王尧山、学委书记张本和赵先。

要从上海撤到淮南新四军根据地，危险很大，困难重重。日伪正在大规模"清乡"，车站、码头、渡口都设有封锁盘查的"检问所""搜查岗"，甚至车上船上都有日伪军警突击搜查，很难安全通过。刘晓心事重重。

"我看还是利用76号，让李士群给我们引路。"潘汉年考虑再三，提出建议。

"可靠吗？"刘晓十分担心，"万一有变，怎么办？"

"我与你们一道走，你们抓紧做好准备，随时听候通知。"

刘晓放心了："那我马上回去与老王他们商量准备着。如有变化再通知你。"

事情也真不巧，潘汉年要找胡均鹤联络，可胡偏偏不在上海；但不巧中，也有巧，从关露那儿得到消息，李士群这几天正在76号。事不宜迟，机不可失，得赶紧见到李士群，不能按部就班了，非直闯魔窟不可。

李士群在76号办公室里接到大门口岗哨的请示，真是又惊又喜。惊的是潘的"直闯"，太突然了，不知有何变故？喜的呢？敢于独自来这儿见我，说明我在共产党方面已取得信任！他得意地向电话筒说了两个字:"有请!"

"欢迎,欢迎!潘先生驾到,有失远迎,恕罪,恕罪!"李士群装作忙忙碌碌的样子,从一大堆公文批件间,抬起头来,边说边绕出办公桌,与潘汉年握手,让座。

"冒昧,冒昧。"潘汉年一边脱下礼帽,一边点头招呼、致歉,"因为有重要情况相告,一时又与胡先生接不上头,便直接来了,请原谅我这个不速之客。"

"哪里,哪里!"

两人坐定,敬过烟,喝着咖啡,潘汉年缓缓地告诉对方:"中央已复电,欢迎你与我党合作,功可抵过。"这是实话,也是李士群最听得进的,"还有,最近,我军有重大行动,具体的不清楚。我要到淮南新四军去一趟,对你有关的事,我会及时告诉的。"这是潘摆的噱头,让李觉得这次出行与他多少有点关系。

这魔头听了这番话,焐心,便去楠木酒橱里取出两只高脚杯与一瓶什么牌的名酒,倒了两杯,一杯递给客人,一杯自己仰着脖子灌了下去,问:"你什么时候动身,我给你饯行……"

"饯行,不必了。只是我与几个'生意人'一道走,从镇江过江,希望你能提供方便,保证安全。"潘见李正在兴头上,抓住时机,提出要求。

乘着酒兴的魔头,倒爽爽快快地答应了,"你放心,我让胡均鹤到镇江跑一趟,同那里的特工站老刘一道安排一下,具体日脚……"

桌上的电话铃响了,李士群按下话头,转身去接电话,"是我,是我。托福,托福,身体还好……噢,他在的——"李向潘汉年点点头,将话筒朝潘举了举,"找你的。"

电话是袁殊打来的。潘汉年独自闯来76号之前,与袁殊约定:两小时后,让袁给76号主任办公室挂电话,说有急事相商。为的是防备反复无常的魔头变卦下毒手,好凭岩井的牌头巧脱身。现在他们俩在电话线两头,哼哼哈哈了一会儿,"我马上来。"潘说完,搁上话筒,回到沙发前,抓起帽子,向李拱拱手,说:"老袁这家伙,真是急性子,生意上的一笔款子,一定要马上去签,我得走了。动身的日脚,等定了,告诉你,拜托了!"

从76号回来的第二天,潘汉年突然接到周佛海的通知,要他晚间再去76号一次。这回却令潘犯难了。

身为情报部长的潘汉年,自然知道早在1940年12月23日夜间,周佛海就同李士群、罗君强、汪曼云、蔡洪田、金雄白、周乐山、章正范、张仲寰、耿嘉基十人,在76号举行隆重的结义仪式,结为金兰十兄弟。从此,周李之间已是异姓"手足",李为周的耳目,这次李答应帮忙的事,周自然晓得。可是再来一次约见,而且地点在76号,是何居心?难道翻脸了?

二

76号大草坪东边的一幢平房,是1939年特意新建起来的给日本主子做招待处。原是晴气庆胤的助手中岛少尉住过。在当中一间会客厅里,当年的紫檀圆桌仍然摆着,只是原来的那只大玻璃缸,以及缸内的热带鱼,不知去向了。今晚,桌上整齐地陈列着一席丰盛肴馔,三副杯筷。

戴着黑圈眼镜、身着直贡呢夹袍的周佛海，左手夹着雪茄，右手抄在背后，一圈又一圈地绕着圆台面踱步。坐在沙发上的杨淑慧，一门心思在葱根般的十指上，涂着指甲油。

夫妇俩正在等着潘汉年。

屋外刹车声一响，周佛海夫妇出客厅门迎接。一通寒暄之后，宾主便入席。

"潘先生要北上，今备薄酒一壶，权作饯行。"周佛海举杯过头，"本来还有士群夫妇作陪，因有紧急公务，他们上午去了苏州。也好，现在我们三个，边吃边叙叙旧，请，干杯！"说完，一口干了，夹了块鳜鱼，嚼着。

"潘先生还认得我们吧，"杨淑慧擎杯在手，眯缝着双眼，现出回忆的神情，"民国十六年在武汉，您是《革命日报》的总编辑，佛海那时是中央军事政治学校秘书长兼政治部主任。我呢，妇女同盟的总干事。三月份吧，您还邀请我们几个开过座谈会哩！"

"怎么不记得，记得太清楚了。"

早在1925年底，已经脱离共产党的周佛海，联络了中山大学三十多名国民党右派分子，他亲自起草一份反共反汪宣言，在上海各报刊登载，领衔具名的就是周佛海与杨淑慧。当时的汪精卫标榜着拥护孙中山"联俄、联共、扶助工农"三大政策，对于周的行为十分气愤。曾在一个会上说："周佛海真拆烂污，他以前是共产党员，现在却攻击起共产党了。他退出共产党就算了，还要来反咬，真不是东西！"他还特别提醒大家，"你们以后，切不要和这种人一起做事。"

1927年，也即是杨淑慧说的那次座谈会上，杨还慷慨激昂地高谈革命，可是不到半月，夫妇俩双双逃出武汉，投入蒋介石怀抱，就以牙还牙地把汪精卫攻击了一通："汪精卫真拆烂污，他本是国民党的党员，现在却要做共产党的工具，攻击起国民党（攻击蒋介石）来了，他跑到外国去就算了，还要来倒戈，真不是东西！"而后周模仿着汪的腔调，警告别人，"我们以后，切不要和这种人共事！"

到了1940年，腔调又一变。周在自己的日记上，有一段自白："余与汪先生生死相共，患难相随，无论在政治道德上，余决不能反汪……"

但不久，这"决不能"，突然变为"能"了，1942年，周向蒋介石"输诚"了。"随机应变"是周佛海安身立命的看家本领，他运用自如，90度、180度、360度的大小转弯，得心应手，达到了随机"突"变的纯熟高度。潘汉年想到此，不觉微微一笑，说："那时的杨女士，发起言来，滔滔不绝，神采飞扬，与周先生比翼齐飞啊！现在的气势仍不减当年，可要对我多加关照嗬！"

这番话里有话的回答，杨淑慧却当作补药吃了，焐心得喜开两瓣红嘴唇，一口吞下半杯酒，学着丈夫的样，夹了只大虾仁，抿嘴嚼了嚼，又说："老朋友了，自然要相互照应。这会儿，佛海还有事要拜托哩！"

说完，她向坐在对面的丈夫使了使眼色。丈夫会意，忙俯过身来，放低声音，说道："是啊，我正有一事相托。我们在淮南与苏北，开了几家储备银行，纯粹是商业财务性质的。两方交战时，请你方勿以此为目标。趁潘先生北上的机会，此事是否可以与贵军领导协商？"

原来是这么回事，有求于我！潘汉年心里有底了，这顿饭，这杯酒，真该吃出点名堂来。潘不慌不忙地端杯在手，向周、杨两个点头道："杨女士说得对，朋友间要相互帮衬。周先生托的事，虽然有很大难度，但小弟一定去办。周先生现在家大业大，摊子铺得很开，今晚又从百忙中亲自为我饯行，实在不敢当……"

"是啊，佛海忙得整天不着家，手下中用的人又不多，什么事都要找他，真是！"

"我现在成了诸葛亮，事必躬亲啰！"

"我倒想给周先生推荐几个能人。"

"好哟！"

胸有成竹的潘汉年，从西装胸袋里掏出三张名片，先是递给杨淑慧，杨看一张转递一张给丈夫。这三个人，一是潘汉年情报部人员张子羽，是清末管学大臣张百熙的儿子，在南京中央军校政治训练部当秘书时，与周佛海认得。周一看，便道此是"老友"，忙问他如今在哪儿？潘告诉说，他原是第三战区司令长官顾祝同的代表，今在上海。第二、三个人，是任庵与华克之。这三人，后来全成"周公馆"的座上客。张子羽出入"周公馆"，获得不少日伪方面的重要情报。1947年，周被关押在南京老虎桥监狱，张子羽代表潘汉年去探视，再次策反希望周将自己的一些重要关系交出来，好替党做些有益工作，周拒绝了。日本投降后，任庵在"周公馆"得到蒋介石的绝密指令："特任周佛海为'京沪保安副司令'，命令周收编京沪各地伪军，以备后用。"这个电报内容由华克之报潘汉年转延安，中共中央在报上公开揭露蒋、日、汪的勾结阴谋，蒋介石大为震惊。

这些后事，在此顺便提几笔。

等周佛海对推荐的三个人，一口答应接纳后，潘汉年这才再次端起酒杯，一饮而尽。

饭局上，宾主各有所得。潘离开76号时，已是寒星满天，秋风萧瑟，霜气袭人。他立即通知刘晓，明天集中，后天出发。

1942年11月1日晚，刘晓、王尧山、赵先与张本四人来到南京路与四川路转角处的日升旅馆过夜。第二天清早，天刚蒙蒙亮，四人便分乘两辆三轮车来到广东路万发商号。店堂里电灯还亮着，听到车铃响，两个商人模样的人，出来招呼客人进门，帮着搬行李。内中一个说："小开就要来的，大家等一息吧！"

"小开"，是大家熟悉的潘汉年的外号。话音未息，店堂后边转出一个人来，身穿一身深灰色时髦而合体的大驳领西装，外披一件秋季的夹大衣，戴副金丝边眼镜，宽阔的额上覆着一头三七开的乌发，俨然洋派经理一个。四个老熟人竟然认不出来面前的这个小开了。

"两位老板早上好！"那个派头十足的人，向四人点头问候，"王太太、张小姐早安！"

来人一开口，众人便乐坏了，原来真是个小开。

"老板？谁是老板？"赵先抢着问，"还有王太太、张小姐，那是谁呀？"

"你们呗！"潘汉年认真地说，"事先讲好的，老刘与老王是到淮南去做生意的商人，不称老板，叫什么？小赵，从现在起，你是王太太，张本是张小姐。记住，在路上要扮得像，不能有破绽。"

说话间，两辆出租汽车已到门口，大家起身上车，张本便拎起皮箱要出门。

"停停，"小开马上用手中的司狄克点住，"哪有富商小姐亲自拎皮箱的？"说得张本嫣然一笑，马上掏出网络型的手套，斯斯文文地套上，将小巧玲珑的手包一提，冲小开一笑，问："这样总及格了吧！"

"OK!"小开亦打起洋腔。

在他们说笑之间，行李已由店里两个商人搬上车子，并由他们去办托运手续。五人分乘出租直达北火车站餐厅。进早餐后，上了沪宁线的二等车厢。

二等车厢整洁清静，座位间的小桌上放着一瓶鲜花，车厢内别无他人。车经苏州、无锡、常州三个大站时，有几个腰挂指挥刀的日本军官上上下下地检查着短途乘客。王太太赵先，便对小开发感叹了："前个月，我和刘晓、刘长胜去南京时，挤在四等车厢，与做单帮生意人混在一起，给日本宪兵推推撞撞，真不是滋味！今天，是阔绰的旅行，我生平第一次！"

"这个'阔绰'，至多有两天可摆。两三天后，再还本来面目吧！"潘汉年望着车窗外的田野与后退的村庄，好似自言自语。

近中午，车到镇江。身穿长衫的胡均鹤与着西装的刘毅已在站内迎候，把他们接到金山饭店歇息。胡、刘两个刚一走，王尧山急忙把赵先拉到房内，悄悄地说："那个穿西装的，我认得他，他原是中央通报过的叛徒，他在做交通时被捕叛变的。现在当上了镇江特工站站长,你要当心。得问问小开,下午他们还要陪我们游金山寺、甘露寺,我们去不去?"

"去。怎么好不去?"开门进来的潘汉年斩钉截铁地说,"不去的话,明天就难过江啰!"

打着李士群的牌子,胡均鹤把这批"客人"的来头,大大地吹嘘了一番,再加上潘小开的这副洋派头,刘毅自然不敢怠慢。除了亲赴车站接驾之外,还包了两部汽车,陪着两女三男游金山寺、甘露寺。小小的镇江,见这一行人驰车过市,自然注目。这个消息传到驻守镇江的伪军贾参谋长耳朵里,他一探听,心想这是个转圜的机会,特地命令副官写了个宴请的帖子,送到金山饭店。

这下子难煞了刘晓。

潘汉年权衡轻重后,再次劝说大伙:"这些人,对国民党是恨的,也明知跟汪精卫走到底,是死路。现在正在另觅门路,也想为共产党效力,取得党的宽大。我们就得抓住这个时机,利用这种心态,吃他们的,玩他们的,就是给他们面子!再说你们是上海商人,跟我到淮南去做生意的,与政治无关。"

经小开这番口舌,第二天中午,他们来到"江枫"酒家二楼,伪军参谋长已在雅座恭候着。席间谈话内容始终围绕镇江风景名胜与特产,似乎双方都有意避开政局话题。饭后主人陪着客人游览了竹林寺。

第三天一早,潘汉年等一行人,乘机帆船到了仪征县城。刘毅带了几个年轻的伪军亲自护送。当天下午在一个简陋的客店里住下。次日,鸡叫头遍,刘毅带来几个青年挑夫挑行李,并带五

个客人到城门口,城门紧闭着。出城时,还有一段小插曲,当时,身临其境的赵先女士,后来写了一段细致的回忆:

> 特工人员和守门的伪军交涉后,开了城门让我们一行十几人(连几个挑夫在内)出城。刚走出几步,城墙上的伪军就高声喊叫"站住"!大家停下来,转身抬头看城墙上的伪军。潘对伪军大声喊道:"和你们上面讲过了,还不知道吗?浑蛋!"经这一训,伪军只得放下端着的步枪,不响了。

出了仪征城,再走几里,便是游击区了。这样的巧妙"撤退",解放以后,在潘汉年的案件中,便成了"镇江事件",成了潘的一大"罪行"。这些事,有另书叙述,在此不必细论。

且说潘汉年在新四军军部待不上几个月,又奉命再过镇江回上海找李士群。

三

1943年3月,在与日伪情报战中大获胜仗的潘汉年,被中央任命为华中情报部部长,并担任华中局情报委员会三人小组书记。这"三人",是潘汉年、赖传珠、胡立教。

就在这时候,日寇与伪军进攻新四军大规模的军事"扫荡"的风声,越来越紧了。此时,根据沪、宁两地来的情报,对敌人的行动已很难做出正确判断。新四军政委兼华中局书记饶漱石十分着急,要情报部长拿出主意来。三人小组商量决定,潘汉年亲自去一趟敌占区。取得饶漱石批准后，潘汉年带了交通员何荦，于3月下旬离开根据地，再次潜入上海。到上海的第二天，便约见了胡均鹤，提出要和李士群见面。得到的答复是李刚去苏州，处理省城事务，三五天内不可能来上海。急于搞到情报的潘汉年，决定去苏州。

第二天，在胡均鹤的陪同下，来到苏州李士群家。出来迎接的是叶吉卿。

"啊哟，潘先生，这回真不巧，"叶吉卿扭着屁股迎出门来，"昨夜汪主席一个电话，非要他马上进京不可，到底是啥事，我也不摸底。看来一时三刻回不来的。士群临走时，留下话的，说真对勿起潘先生，只因公事在身，身不由己！若潘先生有急事，可去南京找他，若不急，可在敝处住上几天。"

兜头一瓢冷水，浇得潘汉年犹豫起来：究竟该不该去南京？李士群的葫芦里，到底装的是啥药呢？不去吧，见不到李士群绝对弄不到所需要的情报；去吧，又会生出什么枝节呢？因为以往见这个魔头，从未这么几趟扑空过，难道态度有变？

脑子里装着一大串问号的潘汉年，到了南京，已是月上钟山。陪同的胡均鹤与李电话联系，说当夜正忙，约定明日上午到李办公室见面。潘便住进了新街口的金陵饭店。

这一夜，潘汉年怎么也不能入睡。他披衣站在阳台上，南望中华门，东眺中山门，在朦胧月色下，处处断墙残垣，呈现着破落景象。

南京，潘汉年太熟悉了。单说1936年，为国共第二次合作谈判，一年间就来了三次。想起这块龙盘虎踞之地，自越国大夫范蠡建筑越城算起,已有两千多年历史。三国时,东吴在此建都以后,东晋和南朝的宋、齐、梁、陈均在此建都,留有六朝胜迹,加上南唐、明朝、太平天国、中华民国,号称十朝古都,如今被日寇与汪伪糟蹋得这副残败模样,怎么不令人伤心呢!想到此,觉得明天会见李士群,无论如何要搞到军事情报,及早收复沦陷河山。

李士群在南京的办公室,分为两部分。一个是谈话区,放着几张玫瑰红丝绒的法式沙发,背后是一排仿红木的酒橱,里面摆满了酒瓶与各种杯子。沙发前的茶几上放了盆一簇火鹤与黄金扁柏的小巧插花,显示出主人爱好日本文化。在由酒橱分隔开的另一边,才是办公室,放着一只漆黑的写字台。当胡均鹤领着潘进去的时候,办公室里并无李士群。约莫过了一刻钟光景,从写字台的后方一洞小门里,急匆匆地走出主人来,右手挟着公文皮包,左手拿着一方白手绢,不断地擦着脑门上的汗,连声道歉着:"真对不起,对不起,刚从汪主席那儿来,害潘先生久等了。"

"没关系,没关系。您是省长、部长、主任一肩挑,三位一体,哪得不忙?"潘汉年亦彬彬有礼,表示理解。

一通寒暄之后,李士群特意靠坐到潘的身边,侧过头,显出诡秘神情,悄悄地说:"汪主席近来心情不好,他打算搞议会政治。听说你来了,很高兴,想和你谈一谈。"

听了这话,联系到前天、昨天的一系列情况,潘汉年恍然大悟了,原来是胡、李两个串通起来,骗他上南京,再挟他去见汪精卫。目的呢,自然是李向汪显示自己的能耐,中共方面著名的代表，也被我弄来了，这是功不可没的大事，在目前正与周佛海的争权斗争中，便是一个筹码。怎么办？一口拒绝吧，李在汪面前丢了面子，也许会翻脸扣人。"扣人"不怕，只是这情报要落空了。要是去见呢？汪精卫这个人，实在令人十二万分地愤恨、蔑视、恶心！早在1927年9月，对汪精卫这个在武汉发动"七一五"政变的反共魁首、反革命两面派的嘴脸，潘汉年做过无情的鞭挞，深刻的揭露，那就是发表在《幻洲》半月刊上的讨汪檄文《汪先生悔不当初》。想不到十六年后，却要去会见这个人人皆曰杀的大汉奸，实在是痛苦的事。离开根据地已好几天了，情报还未到手，为了不负特殊使命，只得舍命前往。

汽车一到，汪的秘书长陈春圃双手抱拳，迎出门来，而后又欠着身子让客人进客厅。咖啡、茶点、座位早已事先安排好的。当李、胡、潘三人坐定后，陈春圃转身上楼。不大会儿，汪精卫西装笔挺地走下楼来，握着潘汉年的手，一边说"欢迎，欢迎"，一边将手抖了几抖，然后一摆手："坐，坐下谈。"

潘汉年坐下后，左手食指与拇指，扶了扶眼镜，心想听他说些什么，再作道理。

汪精卫轻咳了一声，说："我认识你们的毛泽东先生。过去我是主张联共的，以后发生误会了。现在你们和蒋介石联合是没有什么搞头的。他是独裁的，我是搞民主的。我要搞议会政治，成立联合政府，吸收各党派参加，也请共产党参加。你看怎样？"说完，双眼盯着对方，微侧着头，装出倾听的情态来。

"共产党是不会来参加你的议会政治的。若有人来，来的也是假的。上海的共产党不会代表延安来参加的。"潘汉年立即斩钉截铁地回答，停了停，而后又加上十分策略的两句："但我可以把汪先生的话转达给延安。我认为延安方面是不会退出重庆的参政会来南京参加你们的议会的。"

自诩善于言辞的汪精卫听了这些表态，并不灰心，还做进一步说服："现在是个好机会。我们合作起来可以殊途同归，希望共产党不要同蒋介石搞在一起。只有同我们合作才能救中国。"他看潘汉年不为所动，便转换口气，最后留线希望，"你回去联络一下吧！以后的联系仍找士群。"

潘汉年亦回他几句："新四军的发展是肯定的。如果将来你感到与日本人合作有困难，要另找出路时，新四军不会对你过不去，会给你一个转身的余地。"

话已说到这种田地，再谈下去是不可能的了，汪精卫起身送客。会见就此结束。

潘汉年万万没料到，这次的会面，竟铸成了他一生中最大的政治祸根，种下一块巨大心病。因为他回淮南根据地后，出于对饶漱石整人做法的不信任，之后又怕无法解释清楚，未向党中央汇报，于是拖到1955年，便成了"秘密投敌"的"内奸"而遭逮捕。

且说潘汉年离开汪公馆以后，仍由胡均鹤陪同回上海。在上海又与李士群见了两次面，并在四川北路一座日本军官公寓里会见了李士群的军事顾问、日本华中派遣军谋略科长都甲大佐，从中得到重要军事情报，于4月上旬返回淮南根据地。

母大虫施虐沪上

一

自从诱骗潘汉年见汪成功，李士群在汪伪集团中的身价，日日看涨；在与周佛海的争权中，亦时时占着上风。这些日子里，他一身三任，上海—苏州—南京，穿梭般地来回跑着，真可谓春风得意马蹄疾，一日办完沪宁事。他的自我感觉绝对地好！到了1943年7月30日至8月1日，汪伪政府接收上海公共租界和法租界的日子里，他的官运、财运，想不到来了个大转折。

自清朝末年以来，外国在中国共有二十六处租界。以地区论，天津的租界最多，有英、法、德、日、俄、比、意、奥、匈等八九处；以国别论，日本在华租界最多，天津、汉口、苏州、杭州、沙市、重庆、福州、厦门八个租界地；以对我国社会影响的重要程度来说，上海的公共租界与法租界为最大。除天津与上海之外，其他城市，如汉口有英、法、德、俄、日租界；广州有英、法租界；镇江、九江、厦门有英租界；鼓浪屿有公共租界。

太平洋战争爆发以后，日军占领了上海的租界。现在由汪伪的"国民政府"接收，汪伪自然要大肆宣扬本"政府"的伟大业绩，吹嘘"和平事业"的卓越成就，而集团中的各方人物，当然要从中捞些油水。8月1日接收完成之日，公共租界所辖区域，改称为上海特别市第一区，法租界所辖区域，改称为上海特别市第八区。不久又做调整，将第一、八两区合并为第一区。此外，第二区为市中心区，第三区为沪北区，第四区为沪西区，第五区为浦东北区，第六区为浦东南区，第七区为南市区。

在这些区域改制中，李士群却没分到半杯残羹。而他早在两三年前，便梦想夺取租界。那时在日本主子的支持下，76号组织了"租界突击队"，李自任总指挥，下设四个突击大队，由林之江、吴世宝、杨杰、万里浪四个任大队长。现在吴已见阎王爷去了，租界总算收回来了！李士群在他的如意算盘上，一下子拨上三颗算盘珠子：一颗是上海特别市警察局长由76号主任兼任；第二颗呢，76号地盘扩大，在中心区"开"个"分号"；第三颗，上海市政府每月拨款给76号。结果呢，三颗算盘子全滚入黄浦江，连个水花儿也不见。据说，这全是他的结拜兄弟周佛海捣的鬼。一气之下，窝在省长官邸关起门来独自喝闷酒。一杯接一杯，当他喝到第八杯时，吴世宝突然闯了进来："李主任，侬好乐惠呀，一介头老酒咪咪，也勿叫声我。"说着，一屁股坐了主位，捞过杯子就喝。喝干了，把杯子往空中一扔，砰的一声，身子蹿将起来，接住，吴世宝成了只干瘪的瘦猴，一会儿在李面前跳来跳去，伸着一双爪子，向他索命；一会儿坐到他的肩头上，用黑爪子挖他的眼睛……痛得李士群哇的一声大叫，醒来了，原是个噩梦。身上衬衣衬裤全湿了，窗外赤日炎炎。他已醉卧了一天一夜。

自此之后，李士群双眼凹陷，神思有点儿恍惚。千思万想，觉得大块头这只怨鬼在作怪，于是，自己出资，让佘爱珍请了姑苏城里玄妙观的道士与姑苏城外的灵岩寺和尚，在死者的新居铙钹吹打，做了三天三夜道场，超度吴世宝的亡魂。这么闹腾了一番后，心里平静多了。过了几天，他就跑到上海重光堂找影佐祯昭诉苦："一年多了，我还时时想着吴世宝死得太惨了，惨不忍睹。当时，我真发生过动摇的念头。他临死前，还伸出冰冷的手，抓住我，说：你是我的恩人，我的家眷就托付你了。听着这句话我无地自容！可又一转念，觉得为了友邦的利益，只能这么干也并不怨恨自己心地残忍。"

影佐听了，站起身来，拍拍李的后背，双手一摊，表示事已如此，而且过了一年多，就不必翻陈年老账了，"我们为他祈求冥福吧，让他早早轮回，升入阿修罗吧！"

听了主子的安慰，奴才反而把脸埋在双手里，竟然呜呜地哭起来了："再没有比轮回更可怕的了！我恐怕最终也像世宝那样被杀死。世宝的家属由我照顾，那我的呢？谁来照看？求求你，让我洗手不干吧！我想到寺院里去，向许多亡灵谢罪！"

瞧着泪痕满面的李士群，影佐心里早已明白对方演的啥个戏。无非是为76号今后的前途与他自己安全问题。除掉了吴世宝以后的76号内部自然太平了一些，可是经费越来越拮据，要养活数千名部下，不是件容易的事。原想从市政府要一些，结果落空，现在得要向主子讨教办法。再一个，他又有一种兔死狐悲的心理，万一这宗下场落在自己的头上呢？影佐也明白，梅机关之所以在中国在上海立住脚跟，可以与松机关、樱机关别别苗头，许多地方占了上风，那是因为手里有张76号的王牌呀！在这一点上,他与李士群是祸福与共的,也是李士群曾经要求他的"赤诚相交的知心朋友"。他知道,这两桩事不能得到圆满的答复,李士群是赖着不走的。

这一夜,直磨到十二点,才算达成了协议:

一、如果李士群在政治上受难,可以流亡日本,观望一下形势。流亡时间预定为一年。为了随时都能流亡,除事先将这一年的生活费存入日本银行外,另在东京准备一个住处。

二、76号尽可能裁减人员,压缩经费。搞好同周佛海之间关系,请求财政部增加特工经费。

三、为了经费的多渠道来源,76号可以经商筹措费用。

特别是这第三条,非常合乎李士群的心意。这是他整顿76号计划的重点,现在得到主子的应允,原先开的公司,做的生意可以放手大干起来了。子夜十二点三刻,回到他那愚园路1136弄68号,叶吉卿还等在那里听消息。丈夫一进房门,老婆从床上跳起来,问:"怎么样?成功了吧!"

"看你急的!放心,一切顺当。"

"做生意的事……"

"点头啦!"

这一对夫妇,到了三更、四更天,还没一点儿睡意。他们商定,李士群长住苏州,抓江苏省的权,在那儿可以刮几票,将款子转存到东京去。叶吉卿主持76号工作,并将原先的"兴亚实业公司"搞大,收购国统区物资,销售给沦陷区。另外,也套购港币与美元、英镑。在被窝里一切商量定当了,这才相抱着进入黑甜乡。可是不到两分钟,叶吉卿忽然拧着丈夫的肚皮,说:

"嗳,还有一句话要说清爽。"

"什么事,明朝不可以讲吗!"

"不,现在讲清爽,我睡得着。你听着,你在苏州我不放心,你把死鬼的老婆佘爱珍这个骚货,给我送回上海来。"

"哎,你想到哪里去了?"

"你送不送来?"在丈夫的大腿上,又是一把狠拧。

"咳!真没办法,依你就是了!"

二

自此之后,76号的主任名义上是李士群,实权却抓在叶吉卿这娘们儿手里。她第一招是使兴亚实业公司扩大规模,扩展业务。这一天,她带着傅也文去拜访徐采丞。

徐采丞这个人,在吴开先被抓时已经出场过,在松机关里是个活跃人物。他现在公开身份是上海民华公司董事长,与上海大亨杜月笙的通济公司正在做着国统区与沦陷区"物资交流"生意。他沟通着蒋、汪、日三条暗道,是个大红大紫人物。可是76号老板娘,上海滩头称为母大虫的叶吉卿驾到,自然不敢怠慢,亲自出门迎接。

小轿车开进徐府大门,在冬青夹道的水门汀路上滑行了几分钟戛然刹住。坐在副手位上的傅也文敏捷地跳下车来,打开后座车门,将白白糯糯、小巧玲珑的叶吉卿扶下车来。这时,主人徐采丞已步下台阶,拱手相迎。叶吉卿袅袅婷婷地走上几步:"打扰,打扰!"

她边说边将手上的白手套褪下来,将右手直往徐的面前送。徐采丞一见白嫩小手,手背朝上,指节间尽是窝窝,便知道对方不是与自己行握手礼,而是学着西欧贵妇人的派头。他便抓过来凑在嘴唇上呕吻了一下:"欢迎,欢迎!"

宾主在客厅里长沙发上坐定,寒暄了一番之后,叶吉卿便从手提包里掏出一份兴亚实业公司的入股邀请书,递了过去。徐采丞接过邀请书,横瞧竖看了一番,肚皮里盘算着:这娘们儿今日是来兜生意的,我可不上她的圈套。

"李太太,您看得起我,让我也凑一股,这情我是领了。不过目前手头银根较紧,入股的事,心有余而力不足呀!"

"徐大哥客气了。"叶吉卿糯糯地叫了声"大哥",又将屁股往他旁边挪了挪,三人长沙发空出了一半,一阵法国古龙香水气向徐采丞袭来。徐已不能自持了。她见自己的功夫已起了一点效应,便抿嘴一笑,"您可放心,我可不是来打秋风的。我是要借重您的名气!股金吗,我奉送。"

徐采丞亦是乖角儿,心想这娘们儿今朝怎么这般抬举我?必定有求于我。便笑着摇摇头道:"无功不受禄,白受干股,不可,不可!"

"那好办,只要您让'兴亚'参加贵公司的物资交流,不是有大功吗?"

"这个……自然好,不过,我还得同董事们商量商量。容我……"

隔壁的电话铃响了,娘姨跑进来:"先生,侬的电话。"

听完电话,徐采丞带着一脸尴尬回到客厅,双手一摊:"唉,又出事了!"

"碰到什么难题了?说说看,兴许小妹能帮上一把。"

"不瞒你说,公司里两车子的货在进市区时,被什么人扣住了,至今下落不明。"

"是啊,现在生意真难做!不过,大哥不必担心,这码事我让手下兄弟去打听打听,多则三天,少则一天,便可见分晓。"

"真是求之不得!那就拜托了。"叶吉卿拎起手提包辞行,走到门口,回过头说:"入股的事,请早点商量定下来。"

徐采丞抱拳致敬:"一定,一定。"

其实,叶吉卿早已摸透了民华公司活动情况。他们以浙江省淳安县为联络站,杜月笙的通济公司把国统区的物资运到淳安城里,与徐采丞的民华公司从沦陷区运去的物资交换,他们各自再运到上海或重庆去赚大钱。这种生意,叶吉卿早已眼红。恰巧,三天前得到民华公司从淳安运回一批货的消息,昨天便偷偷地派人从半路劫来两辆,藏在沪西靶场里。一切安排定当,瞄准了骨节眼时机,才登门拜访徐老板的。

叶吉卿从徐宅回来后,故意拖到夜里十一点半,才打电话:"徐大哥吗?还没休息哪?"

"唉,出了这种事,我哪里睡得着呀!"话筒里传来徐采丞着急的腔调。

"是呀!我也是急得要命,像只没脚蟹似的,乱忙一气。总算好,刚才得到消息,两车子货找到了。"

"真的啊?太好了!"徐采丞兴奋异常,"要好好谢谢你。"

"哪里,我们是自己人,不说两家话。兴亚公司的事,你不是也帮了我大忙吗？"

"这事么，我个人毫无意见，只是有几个董事不怎么赞成，容我慢慢说服……"

听到这儿，叶吉卿原来喜开的眉头锁拢来了，她想，徐采丞这老滑头，尽想耍花招，老娘也不是娃娃。她灵机一动，忽然拉开嗓门，直着喉咙喊起来："喂喂我听不清呀！请您讲重点。啊？什么？唉，真糟糕，一点也听勿清。"啪嗒一声，将电话挂上，自言自语地说，"走着瞧吧！看看到底谁着急。"

这一招果然灵，隔了一个钟点光景，徐采丞果然找上门来了。戒备森严的76号，徐采丞是第三次光顾了。他先在警卫室挂了个电话给叶吉卿，要求接见。接电话的是陈公博的小老婆莫国康。"啊哟，徐先生，您来得真勿巧，她这会儿正在wash oneself，您是不能看的。"接着，话筒里传来一阵艳笑。

徐采丞不懂英文，当然不知道wash oneself是洗澡的意思，还一个劲地央求："莫小姐，请帮帮忙，嗳，我心里有数。我们讲好的，你让我马上到她那里去，见一见她吧！"

"马上？"

"是啊，马上。"

"哈哈哈。"话筒里的笑声，震得他耳膜发颤，"徐先生，你太不礼貌了，这对夫人是侮辱！"

"怎么？要求立刻去见她，便是不礼貌？"徐采丞也有点上火了。

"我不是说了吗？这一刻的夫人是绝对见不得的。她在洗澡，你要马上去见她，是什么意思？"对方收起了笑声，尖刻地反问。

"这……"徐呆住了,怪自己不懂英文,被那小娘儿奚落了一阵子,脸上热辣辣的。又是一只母大虫。真想甩下听筒,坐车回家。又一想,不能这么干,在人屋檐下,不得不低头呀,还得求求这骚货:"喂,莫小姐千万别误会,我是个老粗啊,哪里听得懂您说的洋话。我真该死,真该死!我求求您,等夫人洗完澡后,让我见一见,有重要事情相商。"

"好吧,那你在门口等着吧!"

徐采丞在冷板凳上坐了足足一个小时,傅也文才匆匆跑来邀请。容光焕发的叶吉卿在高洋房门口迎接着,娇滴滴地道歉:"啊哟哟,贵客临门,有失远迎,抱歉,抱歉!"

"我来得不是时候,请原谅,原谅!"

三个人走上二楼,进入办公室后,傅也文退了出来,并将门轻轻带上。叶吉卿亲自给徐采丞点好烟后,自己也叼上一支。她边仰头吐着烟圈,边听徐的请求。

"车子与货,包在我身上,任其千难万险也得想方设法,完璧归赵。只是咱们两家公司生意事……"叶吉卿提条件了。

"议定书我带来了,咱们两家同舟共济。"叶吉卿接过对方的议定书,看了一遍,按了一下在写字台上的电铃,傅也文推门进来。

"也文,徐大哥的事,你去办一下,要尽力办好!对方若有什么条件,要赔偿什么,我们统统吃进!"

"好的,夫人。"

当徐采丞回到家里,被扣的两车货也开到了公司。徐采丞不得不惊叹这女人的手腕厉害!从此之后,叶吉卿让76号的特务们在上海抢购油脂、布匹、药品等等物资运往淳安，再从淳安运回大批钨、铜、桐油、棉花、蚕茧等物资到上海，转手销售给日本陆、海军，从中获取高利，日进斗金。搜刮了巨额财富，生活也就极度糜烂奢侈。她听说宋美龄用牛奶洗澡，可以保持皮肤润滑鲜嫩，也如法炮制，结果，弄得浑身乳臭。要是谁有半句微词，那准得吃苦头，甚至小命不保。

三

有一次，运输布匹去淳安，76号两个小特务押车。内中一个押车的原是中统老特务，对叶吉卿的底牌了如指掌。投到76号门下后，没捞到一官半职，现在又摊上这个没油水的苦差事。途中闲聊，说得兴奋，竟将叶吉卿的隐私抖落了出来。

原来，在那次中统上海区长马绍武被杀上海杏花楼门外案件中，李士群被关押在南京中统局。CC头子陈立夫、徐恩曾决定，按中统局家法处死李士群。叶吉卿得知这个消息，她梳洗打扮了一番后带着一提包金银首饰，去找中统的张逸之，通过张逸之去走徐恩曾的门路。

她知道，张逸之是通向徐恩曾的一块跳板。徐恩曾是个色鬼，张逸之却是个色中饿鬼。张逸之见这小巧玲珑妩媚动人的娘们儿找上门来，自然喜出望外，他以一副义不容辞的骑士风度，披上一件风衣，爽快地说："走，我陪你上南京。"

叶吉卿立马挽起他的胳膊，来到了北火车站。他让车子停到候车室对过的铁路旅社门口，扶她下车，双双进了"嘉宾室"。

一进房门，他抱住这个小妇人狂热地亲嘴。急不可待地伸手解开她的衣扣。她闭着双眼，问："逸之，你这样，对得起士群吗？"

"哎，小叶，亏你还是个大学毕业生，脑袋瓜怎么这般封建？"张逸之反而嬉皮笑脸地揶揄她，"你这东西，借我用用又不会坏掉。"

叶吉卿不再说话了。他俩在"嘉宾室"住了一天一夜，两人才登车去南京。张逸之倒是尽了一番力，约定徐恩曾同叶吉卿见面。

淅淅沥沥的秋雨，被晚风送入窗内，落在叶吉卿的脸上，凉丝丝的。她伫立窗前，俯瞰着街上的行人，像蚂蚁般来去匆匆。她要等的人始终不来，实在心焦。她想起了什么名人讲过的话：等人是最心焦的事。可她这会儿不是等什么情郎，而是等一个"买主"，一个物物交换的买主。嘀嘀——，窗下传来几声汽车喇叭声，她伸出头一看，一辆黑色轿车在旅馆的大门口停下。仆欧过去打开车门，一个中年男子跨了出来，将一张条子递给仆欧。

"是他，"叶吉卿的心跳加剧了，不禁自言自语起来，"还是那样的派头。"

她关上窗，拉好帘儿，转身坐到长沙发上去，收敛自己的精神，做好与那人见面的准备。不一会儿，楼梯上传来脚步声，接着是仆欧的声音："先生，您请！叶小姐就住在这一间。"

几声笃笃敲门声后，虚掩着的房门荡开了一半，中年汉子气宇轩昂地踱了进来。他在乳白色的壁灯下，瞧见一位淡妆素裹丰姿秀丽的少妇，从淡黄色的长沙发上款款起身，嘴一抿，嫣然一笑，露出一口整齐洁白的细牙来，接着又听见黄莺出谷般娇声：

"徐先生，还认得我吗?"

徐恩曾的心不得不"咯噔"一震，霎时间，心花怒放。一双色眯眯的眼睛，再也离不开这位娇小的女人。那女人亦微仰着头，一双秋水盈盈的秀目，斜睨着面前的男子。四目相遇，徐恩曾的心已醉醺醺的了，他想起古诗"越女白如雪"的句子，这面前的女子，不就是越地遂昌城里的尤物吗？他走上一步，接过她递过来的小手，在她的手背上，吻了一下。双双坐到长沙发上。

"因为有点公事，来迟了……"

"嗯——，害人好等!"叶开始撒娇了，头一弯，倒在他的怀里了。徐正想俯过头去，亲她的嘴唇，她忽地跳了起来："不嘛!"一扭腰跳到房门口，将门落锁了。然后用一种挑逗的目光，逗着对方：

"咱们到里间谈吧!"

被撩拨得上了旺火的徐恩曾，再也忍不住了，他从沙发上直蹦起来，拦腰抱住叶吉卿。那女人双手勾住他的脖子，任他摆布。一个炽热的欲火，一个似水柔情，在这南京鼓楼的高级旅馆的三层楼上颠鸾倒凤，直闹到半夜，双方都筋疲力竭才罢休。正是这一宿用肉体才换取了一块"免死牌"。第二天，徐恩曾就向表兄陈立夫求情，将李士群放了出来。

"别胡扯了，你是这雌儿肚里的蛔虫？这些事都看到了啦？"

押车的另一个小特务，在同伴背上猛拍了一掌，提出怀疑。

那个津津乐道的小特务，现出不屑一辩的神色，撇撇嘴："你晓得个屁，老子跟徐恩曾的时光，你还趴在老娘肚皮上吃奶哩! 这些事是千真万确的，要是有一句胡编，我是这一个。"

小个他伸出小指头来,在同伴眼前晃了晃,而后扬扬得意地掏出香烟来抽着,陶醉在自己刚才绘声绘色的演说中。

可他万万没有想到"祸从口出"。那个不声不响的司机,回到76号,便向叶吉卿告发了。

叶吉卿一听到有人揭她的阴私老底,顿时蛾眉倒竖,双颊绯红,两眼圆瞪,竟要喷出火来。她吩咐自己的面首傅也文,去惩罚惩罚那个嚼舌头的家伙。

在审讯室里,傅也文将一把雪亮的尖刀扔给一个押车归来的小特务:"你,把这个家伙的舌头割下来!妈的,造谣竟造到夫人身上。"

那小特务战战兢兢地从地上捡起刀来,走到绑着的同伴面前,左右两个打手已撬开嘴巴。他为了保住自己的脑袋,一咬牙,伸出左手揪出舌头,右手提刀一割,只听得"啊——"一声,血淋淋的舌头,齐根割了下来。

高坐太师椅上的傅也文,点头微笑:"好!动作干脆利落。把舌头挂到门口去,以后谁要嚼舌头说坏话,那就看看这样子吧!不过,谣言得有人听呀,那耳朵也要不得的。怎么样?应该割掉吧!"

"傅处长,饶了我吧!我该死,我……"割别人舌头的小特务扑通一下跪在傅也文面前,求饶。

"饶了你?你怎么不来报告?——还等什么,快执行。"傅也文站起身来,小白脸上掠过一丝微笑,踱出室外。

两个打手拖起小特务,抓起刀子,割下两只耳朵。

一个打手追上傅也文,低声问:"这两个怎么办?"

"泡了他。"小白脸头也不回地走了。

"泡"是他们的专门术语,那是用刀子将人活活斩成小块,放进坛子里,倒入硝镪水一泡,毁尸灭迹。割舌、剜耳后的一个小时,这两个小特务全都"泡"在坛子里了。

当晚,小白脸抱着叶吉卿,钻在被窝里汇报工作。叶吉卿听了,吃吃地笑。忽然想到一件事,问:"嗳,那个司机解决了没有?"

"司机?"

"是呀,他听到的难免要讲给别人听,起码是讲给老婆听,这不就扩散开了?干掉清爽。"

"好,那就送他一杯酒吃。"

第二天,那个告密的司机,得到一份赏钱,并且赏他一杯白兰地,两个小时后,倒地死了。

几只"鸡"一杀,吓得76号内"猴子"们见到夫人两腿就打战。自此之后,对夫人作为,谁敢有半句闲话?现在76号里,叶吉卿唯一要忌一脚的是陈公博的爱妾莫国康。这莫国康虽然只是76号的会计,其实,她抓着整个财权。李士群、叶吉卿同周佛海闹翻以后,要拉拢陈公博,全靠了她这根纽带。莫国康呢,她就仗着老公的势力,想与叶吉卿平起平坐。有一天凌晨,莫国康得到陈公博的一个急电,让她马上转告叶吉卿,有一票大财可发。莫得了这个消息,略为梳洗穿戴了一下,便兴冲冲地来到李公馆。她来李家,门卫与其他用人全都熟悉,向来不用通报,便直进叶吉卿的卧室。当她噔噔噔地跑上二楼,推开叶吉卿的房门,向里一瞧,呆住了。

李士群啖饼丧命

一

卧室里静悄悄的。珠罗纱帐子里，叶吉卿尚在拥被酣睡，正对门口的大穿衣镜里，映出一个时髦男子，正在打西装领结。他听到房门的吱呀声，转过头来，恰与莫国康打了个照面，四目相视，双方都绯红了脸，两副尴尬相。到底还是莫国康更老练伶俐，巧于随机应变，随即大大方方地走进房内，装作惊讶地说："哟，夫人还没起来！——原以为我是来得最早的了，想不到也文兄来得比我还早。"

"是啊，我也刚到，只早你一步。"傅也文机灵过人，见有台阶可踏，马上接过话头，"我的事不及您的重要，您先谈吧，我等等再来。"

傅也文说着，讪讪地跑出房去。

两人说话的当儿，叶吉卿已经醒了，她听得清清楚楚。傅也文一走，叶吉卿撩开罗帐招呼："小莫，什么大事？风风火火地大清早赶来？"

"早吗？还有比我更早的哩！"莫走到床边，坐下，酸溜溜地说。

"鬼丫头，与你大姐磨啥子牙喔！"叶从被窝里伸出手来，一把抓住对方的胳膊："你也别吃醋,我让他来陪你几夜,嘻嘻。"

莫扑哧一笑,随即用牙咬住下唇："好咯,一礼还一礼,我也介绍一个给你。"

"啥人?"

"储医生。"

"好,一言为定。"

这姓储的医生,原是莫国康的姘头。现在,这两个不知人间有"羞耻"二字的女人,竟然大大方方地用面首交换姘头,好似市场上物物交换一样自然老到。她们说到做到,不久,便付诸实施。

却说那天清晨,谈妥了这桩交易后,莫国康才想起正事来:"老陈来急电,有笔外快……"

"在哪儿?"

原来,陈公博在汪精卫处得到一个消息:周佛海日前筹得一笔大款子,准备交给唐生智胞弟唐生明去买金条。陈公博要莫转告叶吉卿:"此不义之财,76号可以设法取之。"

见钱眼开的叶吉卿,一听说有这桩大巧宗可捡,一骨碌从床上坐了起来,说:"我到苏州去一趟。"

两天后,李士群赶到南京找周佛海要钱:"周部长,我从友军那儿得到消息,不久就要进攻重庆,您得给我准备300亿元,一旦入川,76号便要急用。过三天来取,怎么样?"

这是明目张胆的敲诈。有了三条"影佐协议",他根本不把这位财政部长放在眼里,像吩咐手下的小会计似的。"强盗。"周佛海心里骂道,"我想法子干掉你!"可是面子上还得周旋应付:

"啊哟哟,李省长真会开玩笑,这么大的数目,我到哪儿去弄呀!"周两手一摊,打起哈哈来。

"只要周部长肯帮忙,筹这点款还不容易!"

"要晓得我是个空头部长……"

"不见得吧。据我们76号的情报,你手头宽得很哪! 300亿这个数,是大了点,不过,还是拿得出的。说不定还用不到三天哩!"李士群话中有话。

"嗨,这从何说起?"周佛海亦猛然清醒,来者不善,他左手搔了搔后脑勺,"76号要的经费,我自然尽力去办的。只是时间太紧了,容我想想法子,半个月,怎样?"

"你知道,我是个爽快人,那就十天之内吧!"说完,从桌子上抓起帽子,往头上一扣,头也不回地走了。

"不得好死!"周佛海看着他的背影,咬牙切齿地骂道。

李士群去南京的当晚,叶吉卿便溜回上海等着那位储医生"看病"。她同往常一样,一到家便去汆了个浴,披上丝纱睡袍,默默地站在穿衣镜前,久久地欣赏着自己那迷人的身段:透明的丝纱里映出白皙的肌肤,精巧的乳罩中突起丰满的乳房,她的身段仍如十年前那样苗条好看,甚至更加诱人。

"太太,储医生来了。"娘姨在房门外,轻轻地通报。

她从自我陶醉中醒来,听到"储医生"三个字,心头一喜,立即吩咐:"请进!"

一个油头粉面的小后生,拎着一只咖啡色的行医包,悄悄推门进来:"太太,晚安!"

"啊,储医生!"叶吉卿以轻盈的步子,迎了上去,将自己的小手递了过去。小后生接住藕段似的小手,在它的节肢窝处,咂了一口。她一边关上门,一边拉着他,进到里间,说:"以后不要称太太太太的,叫我吉卿就好!"

"好的,太太,——不,吉卿,小莫说你要检查一下身子,哪儿不适意?"

她抿嘴一笑,抓住小后生的手往自己心窝间按,他猛地扔下行医包包,伸出双臂,一下子将她紧紧抱住,将嘴凑向她的唇边,两根湿润的、滚热的舌头相接缠绕在一起,像触电般地颤抖着。他们往后移了几步,斜靠在小圆桌边,又从桌边滑下来,滚在厚厚的地毯上,地毯像席梦思那样迎接了他们。她闭了眼,让他动手脱丝纱袍,两个赤裸裸的身子紧紧贴在一起,绞在一起……

叶吉卿满足了。这个小女人,平生三大嗜好:金钱、权力与男人身上散发出来的一种特殊的男子气味。而她本人,据这个小后生说,也有着一种强烈的性放射线,只要你一靠近她的单薄衣衫,便会感到她放射出的性感能量,比一般女人强烈十倍。从此之后,这个小后生,便飞黄腾达,当上了一个医院院长。

却说叶吉卿在上海滩寻欢作乐之时,也正是李士群安居姑苏天堂里做着三百亿金钱美梦辰光,又是周佛海施着借刀杀人计之际。

周佛海有个得力心腹,此人便是财政部税警总团副总团长熊剑东。熊原名俊,浙江新昌人。出身于日本士官生,原属特务头子康泽系统的。抗战初,在常熟一带打游击,后被日军逮捕投敌,组织"黄卫军",自称是"保护黄种人和黄帝子孙的军队"，核心组织为"黄卫社"。1939年秋，他在昆山、太仓、常熟一带活动时，派了亲信曹子白、曹炳生父子打入76号，发展熊派势力，准备取而代之。结果被李士群识破，曹氏父子被杀。从此，熊与李两个汉奸便成为不共戴天的仇人。李士群有梅机关的后台，熊便搭上了上海日本宪兵队特高课长冈村中佐这条线。周佛海为了对付李士群老打财政部的主意，就请冈村把熊剑东调来当副总团长，这就是"以夷制中"的法子。周佛海兼任上海市长后，他亦兼任上海保安司令部参谋长，抗战胜利后，由蒋介石收编，在苏北被我解放军击毙，在此一并交代，不另作叙述。

李士群自当上了江苏省省长以后，对宪兵队、对冈村很傲慢。这些内幕，周佛海了如指掌。他于是请来了熊剑东，把李士群勒索三百亿的事向熊一摊，熊立即跳了起来："娘的，这个婊子养的，敲竹杠敲到你我头上来了，我宰了他！"

"是啊，我们得想个法子除了他。"

"姓李的不是和你结拜过兄弟吗，怎么这样翻脸无情？"熊剑东突然想起周、李的老关系来，问。

"唉，鸭肫难剥，人心难测啊！现在他是炙手可热的红人，有实力，哪里还念什么旧情呢！"

"那你们原是好过一场的啰？"熊剑东刨根问底。

周佛海只得费些唇舌，做些解释。1940年春，汪伪政权开场前夕，李士群极力巴结周佛海，靠周的帮助，击败丁默邨，独霸了76号。1940年汪伪政权建立后，周佛海将原来的十兄弟，重加改组，把李士群也拉进自己的圈子，成为"拥周"的有力人物。十人中，李士群名列周佛海、汪曼云之后，位居第三。而周的警政部长位子，让给了李。李士群任部长后，周佛海便向李介绍自己的堂内弟、原伪警务部主任秘书杨树屏，升任为常务次长。周认为这一推荐，李士群于公于私，都无理推辞的。然而李是个权欲迷，一当部长便把部视为禁脔，不容他人染指，对周的要求，一口拒绝。事后，李还对汪曼云说："佛海真不够漂亮，既送我只蹄髈吃，为什么又要挖掉一块肥肉？我一狠心，拒绝了杨树屏，还了他一记。"从此"兄弟"之间有了深深的芥蒂。不过面子上还是装出"兄弟"之情融融。

周、李之间的正面冲突，是从兑换"中储券"展开的。以周佛海为总裁的伪中央储备银行发行的"中储券"，最初与法币（抗战前，蒋介石政府发行的纸币）的兑换率是一比一，1942年5月起，改为一比二，并公布了《禁止使用旧币办法》，禁止使用法币。此时，正在江苏"清乡"的李士群认为这一改，对"清乡"不利，反对这决定，要兑换就得按一比一换取。李士群以冠冕堂皇的"为民请命"为由，向周佛海狠狠地敲了一记竹杠。李士群在江苏沦陷区以一比二的兑换率，收取法币400万元，又以一比一的兑换率，向周佛海的伪财政部白赚了200万元"中储券"。周佛海气得咬牙切齿！为了报此一箭之仇，后来，周佛海来了个"釜底抽薪"——把警政部并回内政部。皮之不存，毛将焉附，没了警政部，部长交椅自然也就丢掉了。汪精卫与影佐顾问，不知两部合并的内里把戏，影佐点头，汪精卫从命，于是李士群的警政部长就此丢失。这一来，李、周之间竟达到水火不相容的地步。李士群凭着76号的实力，一有机会便找周佛海等人的岔子，现在又敲了一记大竹杠——300亿元。

"省座，你这么逼着老周，不怕对方暗算？树敌太多，于己不利啊！"正在省长官邸做客的汪曼云忧心忡忡地劝着。

"哈哈，秀峰兄，你不要怕，没关系的。不要说我现在的政敌有周佛海、丁默邨等人，就是再加上一个汪先生的老婆陈璧君，我也不怕的！"

"为什么？难道你超过了他的老婆？"

"这些年来，我琢磨出一个道道来。汪先生虽是国家元首，可这顶帽子是日本人给他戴的，而真正的元首还是日本人。只要日本人替我撑腰，汪先生也奈何我不得，难道还怕个陈璧君老太？"

"话虽这么说，不过，梅机关的影佐与晴气两位，都先后调走……"

"这不用担心，晴气与影佐先生已为我做了安排。只是上海宪兵队特高课的冈村，不是个东西，的确要提防他一点儿。"

"提防就好，有备无患。"汪曼云放心了，"那我们的这批货怎么办？日本人命令'严禁私动'，特高课查得挺严呢！"

"不管他，照运。我们明天就去上海，帮吉卿把这票生意做成。"

原来，李士群一得到日本人在江苏清乡地区不准棉花、布匹"移动"的命令，便私下抑价收囤了大量的布匹，运到上海，再由叶吉卿把持的兴亚实业公司转手运往浙江淳安，与国民党占领区进行物资交换，赚得巨款。

日本宪兵队特高课课长冈村中佐得到这个报告，上下两排黄牙，咬得咯咯地响，心想真如支那古话说的"尾大不掉"啊！正在大发脾气的当儿,他的老同学、老部下熊剑东来拜访了。

二

熊一进门,便对冈村深深一鞠躬,而后又拱手道歉:"中佐先生,我无地自容啊!"

"怎么啦?出了什么事?"

"我与周部长为您尚未筹齐的 300 亿元,李士群要拿去了……"

"为什么?李士群?"

"是的。"

"我劈了他。"正在火头上的冈村,小胡子连连发抖着。

"我想,也只有这个法子了。"熊剑东紧接上去说。

两人一拍即合,当即商量起怎么个"劈"法来了。

过了一天,李士群突然接到冈村的请帖,请他到外白渡桥北塊的百老汇大厦——冈村住所谈谈,调解调解他和熊剑东的矛盾。李士群想:"我和他一向相处不好,彼此面和心不和,现在请我上他家去与熊相见,是黄鼠狼给鸡拜年——没安好心,不能去。"

他将请帖扔在桌上,点起一支烟,猛吸了几口,沉思起来:"不行。特高课中佐请客,这是大面子,不去是要得罪人的,得去应付一阵子。我什么场面没见过,大佐、少将、中将也握手交谈过,一个日本中佐应付不了?笑话!我可见机行事,去!"

李士群自言自语着,终于决定单刀赴会。他带了夏仲明做翻译,再让副官小龙领着四个保镖,分乘两辆汽车来到百老汇。在车上,他与夏仲明约定:凡是冈村的东西,一概不吃,连茶水也不喝,香烟只抽自己的。到了百老汇门口下车后,李叫过小龙,悄悄地吩咐:"你们守在楼下,要是过了两个钟头,我俩还没下来,你们就冲上来……"

"啊,李主任,冈村课长正在等您哪!"冈村的副官迎出门口来。

冈村让自己的副官到大楼门口迎接,这是很高的待遇了,李士群容光焕发,心头一热,觉得冈村对自己还是十分重视的,于是一挺胸大步跨进门去。电梯停在第四层楼,冈村已在敞开的家门口,笑容可掬地点着头:"欢迎,欢迎!"

冈村身后的熊剑东亦上前一步,微弯着腰,伸出手来与李热烈相握:"久违了,久违了!"

宾主双方,在寒暄中进入冈村的小客厅,冈村把李士群与熊剑东两个左右手拉着,三人同坐在长沙发上。笑着说:"你们两个,都是我的朋友,今天相见,都应大大地开心,才好!过去的事,抛开。"

熊剑东首先响应,坦率地承认:"李先生,误会的起因,还是由于我。今天,我们当着冈村课长的面,把过去的事一笔勾销,今后我们就是好朋友了。"

见了老熊的高姿态,又听得这番"肺腑"表白,李士群亦向对方解释:"曹子白、曹炳生父子是老丁杀的,他是主任,说了算。当时我没劝阻,不对的,现在向熊先生道歉!"

"这事我一直怨你们心狠手辣,现在经李先生一解释,才知道是别人挑拨,被人利用。既然大家都说开了,我也不瞒各位说，我熊某人决不是周佛海手里的棍子，我有自己的打算。"

熊的这几句话，李士群越发听得进，特别是对"另有打算"兴趣特浓，便好奇地问："熊先生的宏图，可否让小弟略闻一二？"

"你我自己人，不必保密。近来，我统观江南局势，唯有浙江东区几个府，和平建设大有可为，而且正属软档，所以小弟的目标是'开府浙东'。现在政治、人事上已没问题，唉！万事俱备，只欠东风——只是手里缺少500万钱的地盘'开办费！'"

"嗨，这有何难？小弟愿助老兄一臂之力，奉送1000万，怎么样？"

"这，"熊剑东像听得一声春雷似的一震，立即站起身来，双手紧紧抓住李的手，不停地抖着，激动得眼眶泛潮，"李先生，我一生从未见过您这样豪爽的人，要不是冈村先生安排这次见面，真要失之交臂哩！您的脾气和我一样，咱俩相知太晚，今后携手共进！"

原来坐在他们两个中间的冈村，这时亦站起来，将两手分别搭在李、熊的肩上，语重意长地说："这就对了！两位都是我的朋友，年轻有为，前途无量。看在我的薄面上，不仅前嫌尽释，并且成为好友，我由衷地高兴。来，来来，我们干一杯——来人，拿酒来！"

用人手托盘子，送进一瓶香槟与四只杯子。冈村亲自开瓶，当众将酒倒满四杯，一摆手，说声"请"，让各人自取一杯在手，他拿起剩下的一杯，与李、熊手里杯子碰了碰，一仰脖子，一口气灌了下去，接着吸了口气，亮了亮杯底。

其余三人，亦同时干掉，相互亮亮杯底，哈哈大笑。他们重新坐下时，李士群索性再上紧一记，拔出自来水笔写了个条子交给熊剑东，告诉他一个星期以后，到苏州向省政府秘书长黄敬斋取钱。熊捧着条子，千谢万谢，真有点感激涕零的样子。李士群见了，心想钱这东西真能使鬼推磨，瞧，这不是起作用了吗？在这么个热烈融洽的气氛中，李原来的戒心消除了。心里热乎乎的，他解开外衣，把腰间别的手枪亦卸了下来请冈村暂为存放。转身又悄悄暗示卫护左右的夏仲明下楼去告诉保镖们安心等候，不必上楼了。原来约定的一套全废除，不仅相互敬烟，而且还喝起汽水来。座中四个人全处于融洽无间的氛围里，一个日本女人弯腰低头碎步端进一碟牛肉饼来，送到李士群面前，说："粗东西，请李阁下尝尝！"

"喔，我来介绍一下。这是我的内子，做牛肉馅饼，是她的拿手。今日她听说李主任惠然光临，真是蓬荜生辉，特意露这一手敬客。"冈村介绍过妻子，日本女人连连鞠躬，往后倒退几步，出了客厅。

原来已放松警惕的李士群，见肉饼只有一碟，而且专门为自己而做，便又狐疑起来。他略略俯出身子把放在他面前长条茶几上的那碟子，推到熊剑东面前："熊先生，请！"

"李先生是贵客，是稀客，我是常来的，哪可掠美呢！"熊把碟子推回原处。

李又把碟子推到冈村面前，说："还是主人自己来吧！"

"不行，不行。这是内子对李主任表示敬意特做的，我若吃了岂不给她骂死？"

正在你推我让时,日本女人又在盘子里托了三碟出来,在熊剑东、夏仲明和冈村面前各放一碟,四个人都有了,李也不好意思再推却。冈村摆摆手招呼大家动筷:

"我们日本人有个习惯,以单数为尊敬。我们四个人,所以分成一、三,作两次拿来,以表示对贵宾的尊敬之意。你们俩,今后到日本去,送礼也以单数为好。你送他一件,主人非常高兴,你若多送一件,反而不愉快了,这与贵国的成双成对,恰恰相反。"冈村的这几句解释,说得大家既点头又发笑。

李士群是懂得日本礼仪的,他知道这个习俗,于是对第一碟肉饼也就不怀疑了。在四人大笑声中,冈村与熊剑东端起碟子狼吞虎咽起来。李看看四碟饼子毫无二致,也跟着吃起来。其他三人吃个精光,李吃了三分之一。冈村见李终于动筷吃了一点,也不再相劝。吃完点心后再谈半个小时,李士群带着夏仲明回家。

三

李士群回到愚园路家里,已是夜九点五十分,叶吉卿正招待着他的把兄弟汪曼云与他的老婆吴之旋。叶一见丈夫活灵活现地回来了,心里一块石头落了地,便装出生气样子嚷道:"怎么现在才回,汪兄、吴姐正等你来开饭哩!"李向汪、吴两个连连拱手打招呼:"对不住,对不住,劳你两位久等,饿肚皮了!"说着就往盥洗室跑。

他跑到抽水马桶前,猫下腰来,低头张开嘴巴,右手食指插入喉咙尽抠着,呃呃几下,吐出几口清水,看看食物渣子一点也没有，就去洗了把脸，回到大餐间入席，陪客人吃酒。几杯花雕下肚，头脑大为兴奋，向汪曼云夸起口来："秀峰兄，钞票这东西真灵，我用1000万打倒了老熊，他做了我的俘虏。"接着便把刚才百老汇大厦里的事，一五一十地描绘了一番，说得在座的都满心欢喜。

一直没有说话的夏仲明，这时乘机吹拍道："老熊张罗500万，连财政部长周佛海都不肯解囊，没想到省座一出手就是1000万，这下子打得这头熊晕头转向了。周佛海钱虽多，可没有魄力，他将来的失败也就在这儿。"

"来，我们再干它几杯！"李已是踌躇满志，飘飘然了。

这一夜，他们直闹到三更。第二天，李与汪两对夫妇同车回苏州与南京。及至第三天早上八九点钟光景，李士群周身冒汗，发起高烧来。这才想起前天啖饼的事来，预感情况不妙，想起吴世宝中毒身亡情景，慌了，可又不敢叫别的医生看。还是叶吉卿有主意，当即派人开车到上海，将伪江苏省立医院院长储麟荪接来诊治。叶吉卿又急电南京的杨杰、马啸天两个来苏州商量治疗事宜。

听得李士群病倒，日军驻苏州的师团长小林中将，平日与李周旋得不错，闻讯带了两名高级军医前来探视。他们仔细地检查了李的全身后，退出卧室，来到客厅，据实相告："李省长是中毒，瞳孔放大，关节失灵，病入膏肓。"

这一席话，说得在场的伪省厅、处长和高级特工人员，个个毛骨悚然，面面相觑。不知底细就里的小林，主张立即为李打针进行急救。可是，李却认为他与冈村中佐是一鼻孔出气的，在这节骨眼上打针,正如自己在火车上给吴世宝吃毒面一般,无疑是来催命的,于是一反向来胁肩谄笑的常态,声色俱厉地拒绝:"给我滚出去!"

"李先生神经失常了,过些时候再来看他,夫人,再见!"小林一时摸不着头脑,苦笑着与叶吉卿告别,带着两个军医走了。

小林刚走,储麟苏从上海赶到,马上给李打盐水针,先是拉出他的左臂,在肘弯上部静脉处戳了一针,盐水怎么压也送不进,换到右臂再戳,仍然如此。放下针筒,取出听诊器检查了一下心肺,而后又翻开眼皮,查了查眼底,向叶吉卿点了点头,便退出房间来到书房,叶吉卿随后跟出。

"吉卿,看来是阿米巴原虫中毒。"

"有法子救吗?"

"唉,无能为力了……"

房外一阵脚步声,奔进来的是从南京赶来的马啸天与杨杰。

"士群怎么了?"两人同声问。叶吉卿一把眼泪一把鼻涕,把得病情况拣重要的说了一下,要马、杨两个拿主意。

"我们去看看士群再说吧!"马啸天说。

当他们四个来到床前时,只见李士群遍体冒汗,贴身的纺绸衬衫,湿了一大片。

"士群,我们来了,你好些了吗?"

李士群一听是马、杨两个声音,猛然睁开眼睛,伸出双手,左右握住,恨恨地说:"熊剑东那家伙不要忘记,这是我的遗命,也是纪律,你俩必须执行,不要忘了。"

"执行",就是干掉。马、杨两个点头后,李士群又对叶吉卿说：

"我做了一生的特工，现在却落在人家设下的陷阱里，真是一世'英名'休矣，我自己对不住自己啊！"他说完，猛一侧身，伸手到枕头底下抽出一支左轮，对着脑袋要开枪自杀。几个人急忙上前夺下手枪，好言安慰。

延至第三天下午五时，也即是1943年9月8日下午五点钟，三十八岁的李士群断气了，这时他全身皮肤漆黑，身子缩成只瘦猴模样。

李士群这种下场，是必然的。要他早死的人与各种政治力量，太多了。

周佛海在他的《简单的自白》一书的"附录七"中说："李士群替敌人做爪牙，危害中央工作人员很多，戴（笠）局长通知我铲除，使中央工作人员减小困难和危险。我便和罗君强、熊剑东磋商，历时四月之久，费款千多万，终把他毒死。"

其实，冈村下毒亦非他个人的出气行为，而是日本军部的命令。李士群与军统勾结，擅自放走日本宪兵队通缉的余祥琴，这是日本军部不能容忍的；他在"清乡"期间，大肆扩展势力，与日寇在上海争经济大权，发财发到日本主子头上了。他的存在，成为日寇在华的障碍，也成了扶植汪伪政权的绊脚石。新任中国派遣军司令部参谋长柴山兼四郎中将，在李士群唉饼之前十天专程由南京到北平，和晴气庆胤商谈如何处置李的问题。柴山问晴气："李士群的横暴与跋扈，越来越厉害，他搅乱了南京政府，使政府陷于极度不安，怎么办才好？"晴气知道柴山来意，便以试探口气，说："南京的事阁下了如指掌。李所以发展到这个地步,想是我的领导不当,阁下对我有何指教,请明示。"

柴山亦和盘托出想法:"李势力膨胀的基本原因,是他手里抓着江苏省这块肥肉。若一旦失去庞大的经济力量,他也就吃瘪了。江苏省省长一职,是不能让他干下去了。可是怎么劝导,他也死死抓住不放手,不肯'辞职'。你有什么更好的办法吗?"

"能不能让他回上海,专管76号的事?"晴气庆胤从柴山的口气里,辨出味儿,李非下台不可,但还是为他缓颊。

"不行。他得离开76号。"

柴山回南京后,汪伪政府又派人劝说李士群交出权力。不可一世的魔头,还以为是周佛海作梗,曾对陈恭澍傲然地说:"不交就是不交,他们又能把我怎么样!"

"怎么样?"给只饼吃。

饼里的调料,据冈村的顶头上司,原中国派遣军宪兵司令部特高课长大冢清后来说,是多摩部队所属的玉部队(生化部的代号),从老鼠尿里精心培育出来的阿米巴原虫。原虫在人体内先是无征象地急剧增殖,到三十多个小时后,破坏体内白血球,上吐下泻中冒汗,几个钟头,体内水分殆尽而死。

争交椅鬼哭狼嚎

第三天上午，阴霾的天空不见一丝阳光。毒日头躲在云里施虐，华氏寒暑表的水银柱，升到 80 度，人们感到秋老虎又要来了。

苏州饮马桥——李士群的省长官邸，从大门至内厅、庭院、走廊，挂着许许多多白纸灯笼。大门口，汽车喇叭声、笛子与唢呐混合的"哀乐"声、门卫哨兵赶走闲杂人的吆喝声，混成一片。大小汉奸、新老特务、朝野政客、文武官员，咸来吊孝。借着上丧家吃豆腐饭的名义，为的是打探消息，分点赃，抢些肉骨头啃啃。苍蝇般嗡嗡嘤嘤的吊客，全由省府秘书长黄敬斋带着几个执事在接待应付，而居丧的主妇，却躲在后院密室里，策划着大事。

后院密室，今年夏天刚装上绿色铁纱窗，蚊蝇难得入内。这会儿，几只兜圈子兜累了的苍蝇，爬在窗纱上，伸直两条后腿，慢慢地搓着，似乎等待着什么消息。

铁纱窗内，坐着居丧的叶吉卿。她一身素装：短袖黑纱旗袍，紧裹全身，裙长及踝，怪幽静地衬出并不高挑却也窈窕的身材。脸上没施脂粉，眉毛画过的，眼眶边微微有点红。髼松鬈曲的烫发上，偏左边插了一朵银元般大小的白菊花。她坐在藤椅上，显出"每逢大事有静气"的模样。旁边坐着刚刚招来进见的马啸天。

"啸天,你马上去一趟南京,把这个亲自交给汪主席!"叶吉卿从茶几上取过一只大信封,递给他。信封未封口,叶吉卿示意马抽出信纸来看看。这是李士群咽气当天,叶号啕了一番之后,抹着眼泪召集几个亲信,连夜议定向汪精卫提出的"生荣死哀"要求。马啸天看那上面列着:

一、请求为李省长士群举行"国葬";
二、南京国民政府委派代表致祭;
三、请求汪主席给一件纪念品殉葬;
四、乞汪主席亲笔题写墓碑并撰墓志铭。

马啸天读完纸片上内容,默默地将它装回信封内,双手捧着:"夫人,我这就动身。"

恰在这时,门外闯进傅也文来:"夫人,驻苏州日本宪兵队来吊孝,开了三辆汽车,还带了一队兵。看那势头,来者不善。"

"啸天,你快走,从后门出去。"叶吉卿一脸冰霜,从藤椅上起来,"也文,我们去看看,又要耍什么阴谋!"

当马啸天走到门口,叶又叫住他再三叮嘱:"等等,你不要急着回来。要等着,把主席的答复带回来,晓得哦?"

叶吉卿来到前厅,正碰见几个日本宪兵拥着少佐队长,气势汹汹地进门。叶吉卿与傅也文、黄敬斋等人急忙上前,迎他们到大客厅。

少佐队长进客厅后并不就座,而是双臂交叉胸前,双腿开立,两眼上翻,说:"快叫省府各厅、局、处长和在此地的76号处长、科长,统统来这里!"

"好的,少佐先生。"叶吉卿小心翼翼地上前应酬,她真不知这宪兵头目葫芦里装的什么药,便回头对随在身后的秘书长吩咐:"敬斋,你去通知他们,全到这儿集中。"

原来,随着李士群大出丧的准备工作的进行,在沪宁沿线的大小城镇,传遍了李士群被日本宪兵毒死的消息。上海的街头巷尾、酒肆茶楼,人们绘声绘色地谈论着76号魔头的死相与死因,惹得冈村中佐头脑发涨心里发狂,他给苏州宪兵队挂了个电话,要他们立即制止这种"谣言"。苏州的少佐队长,自然不敢怠慢,放下电话便来丧家问罪了。

不一会儿,人到齐了。少佐队长先让宪兵把守李家大门,不许人进出,而后,他才干咳了几声,宣布道:"李省长的死,我们深表哀痛,寄以悼惜。可是万万想不到你们却放出一个恶毒的谣言,说是我们日本宪兵将他毒死的。这是绝对的谣言,我们日本宪兵到中国来,是代表天皇执行任务的,会做这种事吗?你们造谣,不仅对我们日本宪兵是极大的诬蔑,也是对日本天皇的大大不敬,这是不能容忍的!"

宪兵队长扫视了一下大厅,他看到厅长、局长、处长与76号的特务们,都低着头看自己的脚尖,大气不敢出的样子,心里暗暗高兴,想自己几句话便把这些人镇住了。他接着说:"至于李省长的死,我们日本宪兵倒掌握了两个材料……"

鸦雀无声的大厅有些骚动,稍稍泛起了悄悄的议论声,人们抬起了一点儿头,似乎用钦佩的目光看着这个小胡子队长,表示：日本宪兵真了不起！在众目"仰慕"下，小胡子队长走到叶吉卿跟前，将叶从上到下，又从下到上，这么来回地扫描了几遍。一身素服的叶吉卿，被他看得难为情了，两朵红云飞上两颊，竟不知如何是好的时候，突然听到对方说话："你，李夫人，还有你，储医生，是你们两个害死李士群的。"

这个晴天霹雳先是震得大家面面相觑，接着，大家将惊奇的目光突然集中到叶吉卿的身上，叶的全身像被电击了一下，在众目睽睽下，只从喉咙里挤出一句话："瞎讲！"站在她身后的储麟荪已吓得瑟瑟发抖了。

"瞎讲？"宪兵队长毫不含糊，继续说，"你与储麟荪通奸，李士群发觉了，怕自己没命，就来个先下手为强，把李毒死的！"

叶吉卿听了自己的通奸丑事宣布出来，又羞又恨，只得拿出女人的看家本领来，"哇"的一声大哭起来。明明自己的丈夫给日本人毒死，现在利用自己的丑事倒打一耙，真是哑巴吃黄连，有口难开。她越哭越伤心，而后转为狂号。

宪兵队长见这一招已着，便来了第二下：他略候叶吉卿的干号暂停的空隙间，宣布第二条线索：李士群可能是佘爱珍毒死的。佘爱珍为了替丈夫吴世宝报仇，也把李士群给吴世宝吃的东西，暗地里给李吃，因为吴与李的病情经过与死后情况都是一样的。李士群要是被毒死的话，佘爱珍也是一个重要的同伙。假使李士群的死是日本宪兵毒死的谣言不止，我们就得拿事实辟谣，将叶吉卿、储麟荪、佘爱珍三个抓起来，进行侦查，弄个水落石出，真相大白。

这一来，在座的人全慌了。连李士群毒死手下吴世宝的事也抖落出来了，真是一记地震震得人们六神无主。厅里一阵静默，过了一两分钟，还是伪省府秘书长黄敬斋斗胆走到日本宪兵队长跟前，打躬哈腰地向小胡子队长叽里咕噜了几句，小队长勉强地点了点头："好吧，看在去世的李省长面上，我们可以不追究凶手。要是追究出来，这三个当事人出乖露丑，声名狼藉，对南京政府，对76号，对已死的李省长，面子上都不好看。我们不愿把这件事扩大，只要终止对日本宪兵的谣言。既然黄秘书长说了，我们照办，不过该有个书面文件。"

宪兵队长向侍从一招手，一个日本兵立刻递过一只公文皮包，他接过打开，从中抽出一张纸片来交给黄敬斋。黄捧着一看，那上面写的是：

  李省长士群，平日操劳过度，积劳成疾，又于前些日子，偶得伤寒，医治无效，病死家中。特此声明。

  见证人签名：

"请在座各位，在这文件上签个名吧。"宪兵队长下命令了。

纸片从一个人手中传到另一个人手上，大厅里的人便分为东一堆，西一摊窃窃私语着。这些恶魔特务，平日在老百姓面前，都是凶神恶煞，现在站在日本宪兵跟前，个个成了猫儿爪下的老鼠，索索发抖着，彼此相视，以目代口，都乖乖地表示接受，写上自己的名字。只有叶吉卿号啕不休，不肯签字。一群汉奸看到日本主子的淫威，生怕怪罪到自己头上，都来连劝带逼地要她屈从，叶吉卿这才勉强写上自己的姓名。

小胡子队长抓过签好字的纸片，往公文皮包里一塞，说声"开路"，带着宪兵们一窝蜂地走了。日本宪兵队一走，伪省府的厅长、局长们，跟着悄悄地溜走了，大厅里只剩下76号一些特务头子。叶吉卿用手帕捂着嘴巴忍住抽泣，向站在背后的傅也文瞟了一眼，意思是：是时候了。傅也文这才回过神来。

傅也文在听到日本人宣布叶吉卿与储麟苏通奸的时候，吓得脸色发灰，背脊上渗出豆大汗粒子来。他心里不住地说：要是我与叶的关系，日本人也当场宣布出来，就糟了！所以他一直低着头，不敢抬头正视别人。及至日本人走了，叶吉卿向他斜了一眼，惊魂稍定，想起原先商量好的大事来。

"各位到灵堂去吧！"傅也文说完，转身请叶吉卿前头走。

万里浪、胡均鹤、杨杰、夏仲明、黄敬斋、谢文潮、叶耀先、晋辉、傅胜兰、徐采丞等人鱼贯入堂。他们在未入殓的李士群尸体前，团团坐下，傅也文以76号特工总部主任办公室书记兼机要处处长身份主持会议："各位，凑这个机会，在主任灵前开个短会，商量一下由谁来主持76号的工作。请大家各抒己见。"

一阵沉默——难熬的沉默。各怀鬼胎，谁也不开口。李士群活着的时候，自居老大，在他之下的头头，全是一字平肩王。李一死，76号的大头目，谁都想做，谁都没有资格做。各人心里跃跃欲试，于是，没有一个人推荐别人，也没有一个人敢毛遂自荐。

就这样憋着，都希望别人来提自己。这么僵持了个把时辰，原先没吃过饭的人，肚子已咕咕叫起来，头子活络的黄敬斋想缓和一下气氛，提议到饭厅去吃点东西后再议。在座的自然同意。趁人们吃饭时机，叶吉卿与傅也文在过道里咬了一阵耳朵，傅也文又凑近黄敬斋身边嘀咕了一阵子，等人们再次回到灵堂，叶吉卿开口了："士群生前含辛茹苦建立起来的76号，要是垮掉，他在九泉之下不会安宁的。可我们76号，不可一日无主呀！我想，请士群生前好友来做76号主任，请陈春圃来主持76号，大家以为如何？"

大家一听叶吉卿提出陈春圃来，心里便有数了：陈是汪精卫的堂内侄，现任行政院秘书长，对特务一头完全外行，易于控制，权力仍然在她的手里。至于别人呢，万一陈不肯就任，也跳不出76号圈子里去物色对象，到那时再看各人的神通吧！于是全数通过，当场推定傅也文、万里浪、杨杰三个，专程到南京向陈春圃"劝进"。

这批特务头头的"好意"，陈春圃安能不晓？他可不上这个任人摆布的当，做个牵线木头人。当傅、万、杨三人代表灵前会议人员，表达请陈出山的意思后，陈当即婉辞谢绝。

三人回到旅馆，恰巧陈公博来电话请万里浪去谈谈，留下傅、杨两个心里起了疙瘩。傅也文便不上楼，从涂克罗米的亮晶晶的烟盒里，捡出两支"总督"，递给杨杰一支，自己衔一支，然后掏出打火机给杨与自己点上火，深深地吸了一口，手指夹着烟举到颊边，大拇指把下巴擎着："老杨，别个有人请吃饭，你我没这个福分！今晚我们到秦淮酒家喝几杯，我做东。"

"好呀！"

两人来到倚河枕水的秦淮香君楼酒家，正是"月上柳梢头，人约黄昏后"时。要是以前,这时光,河里游船如织,酒楼前顾客盈门,可是现在,门口冷冷清清的。上得楼来,仅三两个顾客占着座头。他们在靠窗口处的桌子边坐下,点了几样菜,跑堂的送上酒来喝着。

"酒入愁肠,话上口头。"傅也文叹了口气,发泄道,"老万这会儿正在'献地图'哩,说不定会把你我卖了!"

"哼,他卖我,我也可以糊他……"

"怎么个糊法?"

"我倒有主意。"杨杰把椅子移了移,两人头靠头地谋划起来。

他们抄袭了四川军阀刘湘死后老婆继位的故伎,由叶吉卿继任76号主任。杨杰觉得自己如果在这事上"劝进"有功,叶会另眼相看,以后的前途无量;傅也文呢,凭他与叶吉卿的暧昧关系,自己是叶的老面首,叶当主任,还不是傅当一个样?两人想到一块儿去了!这一顿酒,直吃到晚上九点多钟,两人搀扶着,跟跟跄跄地归来,万里浪已在房内等着。两人交换了一下眼色,推说醉了,倒头便睡。

第二天回到苏州,由傅也文召集第二次"灵前会议"。傅请万里浪汇报上南京请陈春圃"出山"的情况后,杨杰便粗着嗓子开炮:

"我看别东请西邀了,国不能一日无君,咱们的76号,亦不可一日无主任!这个推,那个让,弄来弄去,冷了我们76号兄弟们的心。我看,眼前就有个非常合适的人选。"

"谁?"几个人异口同声地问。

"我说出来,大家一定满意的。"杨杰说到这儿,又提高了八度音阶,简直在嗥叫了,"我提议,让我们的叶吉卿夫人当主任!"

话声一落,傅也文带头鼓掌。万里浪与一些头头们,没想到这一招。再说,叶吉卿就坐在他们旁边,而且李士群才死,尸体还未入殓,在感情上也不好反对他的未亡人接班呀!于是人们也跟着噼噼啪啪地鼓起掌来,算是"灵前会议"上一致通过。傅、杨两个自告奋勇地再上南京,求见汪精卫,表示76号的寨主,非叶吉卿不可。傅、杨前脚走,万里浪等人后脚便跟着到南京。他们向汪表示:傅与杨的话,不能代表我们。汪对两派的回答亦很巧妙:"76号主任一职,容我与最高军事顾问柴山中将商量后,再定。现在,你们把士群的丧事先办好。"

却说马啸天揣了叶吉卿的信,晋见汪精卫。汪看了,略一沉吟,便表示:除了"国葬"一条,需要提交中央政治会议讨论决定以外,其他三事,全部照办。两天后,马啸天陪着汪精卫的特派致祭代表陈春圃来到苏州。

后院密室里,陈春圃吃过香茶后,便将大礼盒中的物件,一一陈列在条几上让叶吉卿展示过目。叶让傅也文与马啸天两个,把一卷宣纸摊开,双手各执天地一端。叶凑上一步,见上面写着拳头般大小的11个字:

李士群先生之墓

汪兆铭题

宣纸卷里还夹着一方册页,那是汪精卫撰写的《墓志铭》,称李是"才足以济世,而天不永其年"。叶吉卿看了,感到欣慰。陈春圃上前,打开茶几上的一只精致方匣,里面是一方田黄石图章。叶吉卿捧起来端详了一会儿,又轻轻地放回原处。不用说,这是送来殉葬的。此外,还有一只印有"国民政府缄"的大信封。陈春圃从信封内抽出一张支票,上填写款项5万元。

"夫人,这是汪主席送的丧仪。"陈春圃扶着叶吉卿坐回藤椅后,接着解释说,"汪主席对李省长去世,十分沉痛。收到夫人信后,当即召集中央政治会议讨论'国葬'一事。经与会人员再三商议,决定'公葬'。主席特地派我前来问候夫人,并行跪祭大礼。"

看了这些财物,又听得这番言语,叶吉卿觉得汪精卫还是讲交情的。再说,日本主子靠勿牢,结拜的周佛海已归异路,今后只有死死抱住汪的大腿,兴许还能争得76号主任这把交椅。经过这么一番思忖后,便在寡妇脸上扫去些冷霜,露出点笑容,讨好地说:"我是个妇道人家,见识又短。士群丧礼的事,全凭陈秘书长主持了。那,明天就大殓吧!"

第二天,也即10月12日中午十二点整,李士群尸体入殓。一口楠木棺材抬到灵堂当中,两个殓尸人正要将黑瘦的尸体装棺之际,突然叶吉卿披头散发,手执一把剪刀狂号着扑过来,扒住棺材口,哭道:

"让我一起去吧,免得让人欺侮!"

她说着,提起剪刀向自己喉咙间刺。陪伴在身边的佘爱珍、莫国康急忙上前用力抱住,做好做歹地拉她下来。站在一边的杨杰，霍地拔出手枪，往灵桌上一掼，嗥叫道："夫人放心，哪一个狗娘养的要在背后戳壁脚，落井下石，我姓杨的毙了他！"

"落井下石的人是会有的！"一向装作文质彬彬的白面书生傅也文，这会儿亦涨红了脸，咬牙切齿干号，"他们会不得好死的。"

从中听出话里有话的万里浪，亦不甘示弱。他冷笑几声，接过腔：

"背后捣鬼的人，的确有的。这种婊子养的，不得好死，总有一天我把他牛黄狗宝掏出来。不过，现在还是让死者安息吧，入殓！"

万里浪真有一手，他骂了人，随即转入正题，用死人来压住对手的还击。大殓仪式便是在这鬼哭狼嚎中草草完毕。

10月13日，汪伪国民政府为李士群举行公祭，而后是大出丧"移灵"上海。14日上午九点，一辆灵车由北火车站向西藏路开来，灵车之后是一串送丧行列。当车子开到西藏中路向西折入静安寺路（今南京西路），到达国际饭店门口时，十六个腰别盒子枪的大汉当街拦住，大喝道："棺材车停下！"

出丧行列被挡住了，黄敬斋分开人群，挤上前问："你们是哪一部分的？"

"老黄啊，当了秘书长阔气了，连当年的小兄弟也不认得啦？"

"呵，我道是谁，原来是之江兄啊！怎么，你打算在这儿祭一祭李主任？"

"祭一祭？我可没有那种心思！"

"那你想干什么？"

"干什么？我林之江为李主任出生入死，搞了多少钱财！如今你们在苏州私分了，我忠心耿耿地守在76号，一个子儿没得到，我的弟兄们喝西北风去啊？今日非要李主任老婆摆句闲话出来，不然的话，休想从这里通过。"

听话听声，锣鼓听音。黄敬斋一听这话，心里便有数，准是万里浪从中作梗，他亦落得两面讨好，便转舵说："之江兄言之有理，让小弟去转告夫人。"

黄敬斋一回身，便看到傅也文、杨杰、胡均鹤、谢文潮几个围了上来打圆场。

林之江鼻孔里哼出一股酒气，直喷傅也文的面孔，冷笑了声，不阴不阳地说："傅处长，你可知道人比人气杀人呀！李主任过世，你可捞了几把，可我呢……"

"姓林的，闲话讲得清爽点，"傅也文小白脸上绽出几朵红云，脖子上青筋毕露，"你有气，竟冤到我的头上来啦！"

"闲话讲得够清爽了。你要怎样？老子陪着！"林之江一转身，向后挥了挥手，"弟兄们，都出来！"

呼地一下，又从国际饭店的门厅里蹿出几十条大汉，每人手上端着快慢机。傅也文亦不示弱，也将左手一扬，后边的"护灵队"亦端着枪冲上来。在这一触即发的时刻，看热闹的闲人轰的一声逃开了，站在一边的杨杰呼啦一下，掏出腰间的左轮，准备动手。看来双方真的要在这大街上干起来了，却猛听得一声大喝："住手！"

双方定睛看时，人群中挤出个万里浪来。他大模大样地走到对峙者们的中间，双手左右一伸，做了个和事佬的姿态。他面对林之江，点点头说："之江兄弟，你的苦处我知道，你的心情我理解。不过，这儿，不是解决问题的地方；这会儿，也不是说话的时候。兄弟，你听我一句话：让弟兄们撤了，回76号去商量。"

林之江横了一眼虎视眈眈的傅也文与杨杰。"好吧，万大哥，我听你的，"他把手里的枪往腰间一插，转身挥了挥手，"走，回家再算账！"

几十个打手簇拥着头头，一窝蜂地走了。一场拦路火并，暂告结束。吓呆了的军乐队，又咿咿呀呀地奏起哀乐，送丧队伍继续向西。十一点光景，棺材运到虹桥路上的万国公墓，草草埋了。

李士群大出丧后的76号，更加阴森。各派力量在自己的地盘里趴着，暗中派人员到日本人那儿，到汪精卫、周佛海、陈公博那儿奔走活动着，他们伺机一跃而起咬断对方的喉管。

未亡人叶吉卿像换了一副皮囊，成天紧绷着脸，双眼放出冷光，一副寡妇相。她让人将原先李士群的办公室打扫干净，俨然以主任自居，踮着脚尖坐上那把皮转椅上，真想发号施令，可惜没人向她请示工作，也没人向她汇报什么，连桌角上的电话机，亦是无声无息地蹲着。人员中只有傅也文偶然来亲热一番，杨杰来告诉点不好的消息。她恼极了，她伤心透了，她要东山再起，想到了旧日的主子晴气庆胤，提起笔来给他写了封悲痛欲绝、委婉凄楚的信——

晴气先生阁下：

您还记得那年（1942年）的4月吗？这是一个春寒料峭的下午，天在下着蒙蒙细雨，我与士群把您一直送到机场，士群始终站在您的身边，不想离开。当您跨上舷梯的时候，士群拉住您的手，悄悄地要求："您把我带到华北去吧！"飞机起飞了，我们俩孤零零地站在跑道外，他寂寞凄凉地挥舞着手帕，眼眶噙着泪水。您想不到吧，这便是他与您的永别！

他是9月6日应冈村中佐的邀请，与熊剑东在百老汇见面后病倒的。当夜发病，苦苦地挣扎了两天两夜，最后恨恨而死。他总觉得有人放了毒药，临终的惨状，非笔墨所能形容的。很遗憾，凶手至今没有查出。我虽能力有限，但我要继承士群的事业，振兴76号，大干一番，并决心找到凶手，为我夫报仇。为此，我想请阁下向驻南京的最高顾问柴山中将致意，请他准允妻承夫志，我便感激不尽！

士群弥留之际，只想见您一面，他连连呼喊先生的名字，不下二十遍！请您为我夫祈求冥福吧！

叶吉卿拜上

10月15日

请求"妻承夫志"的信发出后，叶吉卿天天翘首等候。万里浪、胡均鹤等人亦不断派人去南京打探消息。76号里几股潜流，默默地对峙着，盼着制服对手的一天到来。一星期过去了，没有什么动静；十天过去了，南京方面杳无音讯。及至10月30日下午两点半，从南京送来了汪伪"中央政治委员会"通过并经最高军事顾问官批准的决议。全体人员都集中到大礼堂，鸦雀无声，静听宣读：

"……76号特工总部撤销，全体人员待命改组。"

礼堂里死一般沉寂，半分钟后，突然，叶吉卿亮开哭腔大叫："士群死了，76号完了！完了！"

尾声

1945年中秋夜。

日本投降、抗战胜利后的第一轮中秋明月，分外亮、分外圆。

皎皎明月，照进多少欢乐人家！山河复光，离人重逢，上海滩头，万家灯火。百姓们今宵欢乐不言愁，而昔日张牙舞爪嗜血噬人的汪伪政权的汉奸特务头子们，正蜷缩于洞穴中望月窥探方向时，却意外地收到国民党军统局长戴笠的请帖，请他们到张园聚餐赏月。他们中有原76号的顶头上司周佛海，有原76号主任、汪伪时浙江省省长丁默邨。此外，还有汪伪时安徽省省长罗君强与李士群的接班人、江苏省省长任道援几个。

明月当头照，酒席亦丰盛，只是主人未交底，群奸们内心惶惶然。肥硕黝黑的戴老板看着这情景，微微一笑，用白手绢抹了抹常湿不涸的鼻孔，劝慰道："八年抗战，现已胜利，在座的在抗战期间出任伪职，有多种原因。可是你们都有立功赎罪、将功补过的事迹，政府宽大为怀，既往不咎。"

这一席话，说得周佛海满面春风，认定自己在1942年便向蒋介石"输"过"诚"，当日军投降时，又被蒋委为"军事委员会上海行动总队司令"，"保护大上海"，阻止新四军入沪，是立了大功的。不但"功"可抵"过"，说不定还能称得上"曲线救国"的英雄呢！于是乎，举杯痛饮起来。丁默邨呢，他想自己不也是被重庆方面委为浙江省"行动总指挥"，对维护日本投降时的浙江省秩序，阻止共产党的新四军浙东五个纵队进城，大大有功吗？于是也跟着畅饮起来。其他汉奸们，自然也同样忘乎所以。

酒至半酣，戴笠离座去接了个电话。回来时，脸上挂着一种神秘的微笑。

"各位，"说话时，戴笠总是不住地擦鼻子，"雨农有个消息要告诉大家。委座来电明谕，两天后开始'肃奸行动'。为安全起见，为大家今后出路着想，各位还得暂避一下。地点小弟已做了安排。"

正在兴头上以"功臣自居"的人们，听了这个消息，一下子蒙了。大约过了两三分钟，丁默邨第一个醒来，问："去什么地方？"

戴笠笑而不答。

"什么时候走？"周佛海急着问，"我得回去准备一下。"

"马上就动身，来不及回家了！"戴笠两手一摊，"我与大家一道走。这总可以放心了吧！"

放心的，戴笠对他们的确是爱护备至的，是真心要庇护他们的，于是趁着月色，汉奸特务头头们来到龙华机场。第二天清晨，周佛海、丁默邨等人由戴笠亲自陪同，乘一架军用飞机，飞往重庆，被保护性地幽禁在嘉陵江畔的一幢花园洋房里，过着优裕的日子。

六个月后，1946年3月，突然一个惊雷，炸得周佛海、丁默邨的妄想粉碎,戴笠撞机殒命。周佛海顿足哀叹"惊心旧友成新鬼,彻耳呼声变怨声"!丁默邨亦捶胸大叫:"雨农死,我们也完了!"

汉奸们的后台倒了,加上此时民众的"肃奸"情绪高涨,国际法学家周鲠生严厉责问国民党当局:"国人皆曰杀的汉奸周佛海、丁默邨等,为什么还不明正典刑以肃国纪?"

在全国人民的愤怒声中,周、丁两犯被押到南京,投入国民党首都高等法院老虎桥监狱。1946年10月,两犯均判处死刑。

老虎桥监狱的"耻"字号院子里,有棵倚墙老树,叶子掉光。

这一年的11月初头,那老树的秃桠杈上蹲着几只缩脖子乌鸦,斜眼看着两个法警架着丁默邨进院来。原先杀人不眨眼的魔王,如今轮到自己的末日,浑身筛糠般瑟瑟发抖,面色土灰,两腿站立不住,更不用说挪步了。法警架他到树下时,一泡臭尿已顺着大腿流了一地。法警让他两手扒在树干上,可双腿软若棉,全身已瘫成一堆泥了。枪声响了,树上的老鸦,哇哇惊叫着逃走。子弹从丁犯后脑打进,身子倒在地上,抽搐了两分钟,断气了。

丁默邨被枪毙时,周佛海正在申请复判。蒋介石念他反共有功,便以国民政府主席名义,在1947年3月26日,下了一道《国民政府准将周佛海之死刑减为无期徒刑令》,对他特赦。

杀头胚子,刀下留了头,哪有不欣喜若狂的?这一夜,周佛海在牢房里,一会儿亮开湖南腔高歌,一会儿伸腿扭腰打太极拳,临天亮时,还赋诗一首以明其志:

惊心狱里逢初度，
放眼江湖百事殊；
已分今生成隔世，
竟于绝路转通途。
嶙峋傲骨非新我，
慷慨襟怀仍故吾；
更喜铁肩犹健在，
留将负重度崎岖。

抒写在诗里的自我感觉，绝对好。"绝路转通途"后，我仍然是过去的老周！觉得自己的"铁肩"胛，将要担负起重任。卷土重来东山再起的心思，跃然纸上。

不过，良心墨黑的恶人，天道难容。周佛海复辟梦尚未做醒时，心脏病发作了。1948年2月28日早上，南京老虎桥监狱的囚室里，周佛海伏在被褥上，有气无力地喘息着、呻吟着，延至中午，一阵惨叫之后，口鼻流血而死。

后记

在我的著作中，这是一部最花心血的书。

20世纪80年代，我奔走在上海的大街小弄、厅堂陋室、书库馆舍，收集资料，访问有关人士；90年代，我花了十年工夫，写成了书稿；在新世纪的头一年里，上海文艺出版社的高国平、陈朝华两位编审进行精心编辑，审定，于2002年5月出版。

此书出版后一度为热门书，至今已近二十年，全部售罄。广大读者，特别是一些影剧界人士，对此书甚为关切；有的还从此书中得到故事情节，寻求某些思路；往往来信来电询问此书情况。可见这部作品具有强大的生命力，还须重新再版！

再版时，我将全书又做了修改删节。王威尔君为我制作了电子稿；陈振发、李志俭两位先生，黄帼英、章以连、陈玉华三位女士为之细心校对，才有如今的修订本再世。这书是一册珍贵的纪念品，凝结着人间的真情。

本书在创作过程中，参考过的书刊达三四百种、请教访谈过的人员有三十来位，在此难以一一开列。作者只能向有关人士施以90度鞠躬，致谢！书中错误疏漏之处，恳请读者批评指正！

2019年春节

图书在版编目(CIP)数据

魔窟76号/赖云青著.——上海：文汇出版社，2019.12
(新时期嘉定作家群文学丛书)
ISBN 978-7-5496-3034-9

Ⅰ.①魔… Ⅱ.①赖… Ⅲ.①纪实小说－中国－当代
Ⅳ.① I247.5

中国版本图书馆CIP数据核字(2019)第252271号

魔窟76号

著　　者　赖云青
策　　划　朱耀华
责任编辑　鲍广丽
装帧设计　张志全

出版发行　文汇出版社
　　　　　上海市威海路755号
　　　　　(邮政编码 200041)

照　　排　南京理工出版信息技术有限公司
印刷装订　上海天地海设计印刷有限公司
版　　次　2019年12月第1版
印　　次　2019年12月第1次印刷
开　　本　890×1240　1/32
字　　数　195千
印　　张　9.25
印　　数　1-2800

ISBN 978-7-5496-3034-9
定　　价　39.00元